Cyber-Risiken und Versicherungsschutz

Grundlagen, Entwicklungen, Deckungskonzepte

Autor der 5. Auflage: Jörg Heidemann

Redaktionsschluss: Mai 2020

Inhaltsverzeichnis

Vorwort ... 05

1 Hintergründe ... 08
1.1 IST-Analyse des Risikomanagements (RM) und des Versicherungsschutzes ... 09
1.2 Rechtlicher Rahmen zur Risikominimierung ... 10
1.3 Technischer Rahmen zur Risikominimierung ... 11
1.4 Organisatorischer Rahmen zur Risikominimierung ... 12
1.5 Haftung bei Drittschäden – Schadenpotenziale und rechtliche Grundlagen ... 14
1.6 Interne Interessenskonflikte ... 14

2 Bedrohungspotenziale ... 17
2.1 Hackerangriff und Cyberwar ... 18
2.2 Phishing-Attacken ... 29
2.3 Ransom-Attacken (Erpressung) ... 30
2.4 Schadenbeispiele ... 31
2.5 Durchschnittliche Gesamtschäden ... 34
2.6 Eigenschäden im eigenen Unternehmen ... 35
2.7 Haftung für Drittschäden ... 36
2.8 BSI-Studien: Lageberichte zur IT-Sicherheit in Deutschland 2017 und 2019 ... 37
2.9 BITKOM-Studie 2020 ... 40
2.10 Cybergefahren im Homeoffice ... 42

3 Risikoermittlung, Risikobewertung, Risikoprävention ... 44
3.1 Internes Risikomanagement ... 45
3.2 IT-Risikomanagement ... 45
3.3 IT-Forensik ... 47
3.4 Kontakt zu Behörden ... 48
3.5 Fragebögen, Workshops, Interviews ... 48
3.6 Unterstützung durch Dienstleister ... 51
3.7 Checkliste „Sofortmaßnahmen für den Krisenfall" ... 51

4 Versicherungslösungen im Überblick ... 53
4.1 Kurzüberblick „Klassische Versicherungen" ... 53
4.2 Versicherungsschutz für Cyber-Risiken ... 55

4.3 Non-affirmative Deckungen (Silent Cyber) 56
4.4 Bedingungen 58
4.5 Die Deckungsangebote der Versicherungswirtschaft 62

5 Anbieter betrieblicher Cyber- Versicherungen 65

6 Anbieter privater Cyberversicherungen 91

7 Überblick Deckungskonzepte 98
7.1 Struktur der Policen – vergleichende Betrachtung 98
7.1.1 Subsidiaritätsklausel 101
7.1.2 Kumulklausel 102
7.1.3 Repräsentantenklausel 104
7.1.4 Örtlicher und räumlicher Geltungsbereich 105
7.1.5 Versicherungsfalldefinition 105
7.2 Drittschäden/Haftpflichtansprüche 106
7.3 Eigenschäden/Ertragsausfall (Betriebsunterbrechung) 108
7.4 Insgesamt angebotene Deckungsbausteine 112
7.5 Ausschlüsse 113
7.6 Annahmevoraussetzungen 117
7.7 Industrie- und Wirtschaftsspionage 118
7.8 Obliegenheiten zur Risikominderung und Schadenverhütung 119
7.9 Sanktionsklausel 120
7.10 Geldbußen 121
7.11 Kapazitätsbandbreiten 121

8 Schadenbearbeitung 123

9 Dienstleister 125

10 Verbriefung von Cyber-Risiken 130

11 Versicherungsbedarf 131

12 Preisgestaltung 136

13 Zahlen, Daten, Fakten 139

14 Gesetzlicher Rahmen und Zertifizierung 142

15 Fazit und Ausblick 148

16 Literatur, Quellen, Studien, Internetlinks 150

17 ANHANG: Überblick Deckungskonzepte 158
17.1 Subsidiaritätsklausel und Kumulklausel 161
17.2 Repräsentantenklausel 168
17.3 Räumlicher Geltungsbereich 173
17.4 Versicherungsfalldefinition 176

18 Ergebnisse der DVS-Cyber-Umfrage im März 2016 237

19 Ergebnisse der GVNW-Cyber-Umfrage im Februar 2018 241

Vorwort

In Zeiten der Coronakrise dominiert diese den Versicherungssektor, sodass Cyberversicherungsschutz aktuell seit März 2020 zunehmend auch unter dem Aspekt Homeoffice und mögliche Cybereinfallstore diskutiert wird. Unter dem alles dominierenden Eindruck der Auswirkungen des Coronavirus auf Gesellschaft und Wirtschaft könnte man fast den Eindruck gewinnen, als gäbe es nicht weiterhin massive Sicherheitsprobleme für Unternehmen und Datenschutzrechtsverletzungen durch Kriminelle. So ist das sich durch die explosionsartig gestiegene Zahl von Videokonferenzen großer Beliebtheit erfreuende Videokonferenztool Zoom (Steigerung der Nutzerzahl von 10 Mio. im Dezember 2019 auf 200 Mio. im März 2020) aufgrund von Sicherheitslücken und Datenklau in die Kritik geraten.

Tatsächlich hat die Gefährdung durch Cyber-Angriffe im vergangenen Jahr trotz erhöhter Investitionen in die Cybersicherheit erneut zugenommen. In der Rückschau sind drei cyberkriminelle Gefahren vorrangig: der Diebstahl von Daten, die Angriffe mittels Erpressungstrojaner und der Betrug mit gefälschten geschäftlichen E-Mails.

Und auch für die Zukunft bleibt zu erwarten, dass eine vernetzte Welt und das Fortschreiten von Technologien (5G-Standard) oder künstliche Intelligenz Chancen und gleichzeitig aber auch Abhängigkeiten schaffen und immer professioneller agierenden Cyberkriminellen neue Angriffsflächen ermöglichen werden.

Die separate Versicherung von Cyberrisiken wurde von Versicherern und Maklern als eine neue, zusätzliche Einnahmen versprechende Versicherungssparte gesehen und auch entsprechend intensiv beworben. Über einen längeren Zeitraum stiegen die für Cyberversicherungen angebotenen Kapazitäten kontinuierlich an, während die hierfür kalkulierten Preise, von vornherein schon attraktiv, sich immer weiter reduzierten. Dies hat sich inzwischen grundlegend verändert. Seit Anfang 2018 zeigt sich am Markt eine Tendenz, die Kapazitäten unter Kumulrisikoaspekten in der Höhe zu reduzieren und insbesondere die Alleintragung auf 10 – 25 Mio. EUR zu begrenzen. Es ist festzustellen, dass die Angebotslage im Cyberversicherungsmarkt aus Sicht der versicherungsnehmenden Wirtschaft weiter unter Druck gekommen ist. Ohnehin schon beschränkte Kapazitäten werden heute von den Anbietern reduziert und das hierfür kalkulierte Prämienniveau steigt tendenziell an.

Andererseits ist zumindest unter Wettbewerbsgesichtspunkten positiv festzuhalten, dass die Zahl der Anbieter weiter steigt – seit der letzten Auflage sind wieder neue Anbieter hinzugekommen und immer mehr Makler und Rückversicherer bieten eigene Konzepte an.

Der Markt für Cyber-Versicherungen ist weiter in Bewegung: Versicherer waren zumindest bis März 2020 bereit, individuelle Deckungserweiterungen zu diskutieren und in den Versicherungsschutz aufzunehmen. Großen Bedarf haben Kunden bei der Aufnahme externer IT-Dienstleister (inklusive Cloud-Services) in den Versicherungsschutz, denn fast jeder lagert inzwischen Daten in eine Cloud aus. Und es wird zunehmend Wert darauf gelegt, dass die Cyber-Versicherung Rückwirkungsschäden einschließt, denn der Ausfall von Zulieferern oder Abnehmern kann für Unternehmen existenzbedrohend sein.

Eine GVNW-Umfrage zu Beginn dieses Jahres ergab, dass 97 % derjenigen, die eine Cyberdeckung vereinbart haben, eine selbstständige Cyber-Versicherung vereinbarten und bei 25 % „stille" Cyber-Versicherungsbestandteile explizit ausgeschlossen oder geändert wurden.

Munich Re geht aktuell davon aus, dass sich der globale Cyberversicherungsmarkt bis 2025 auf ein Volumen von über 20 Mrd. USD weiterentwickeln und anwachsen wird und sich damit, verglichen mit 2018, vervierfachen würde.

Für 2020 schätzt Munich Re den globalen Cyber-Versicherungsmarkt auf ein Volumen von über 7 Mrd. USD, wobei Nord-Amerika mit 5,3 Mrd. USD weiterhin der stärkste Markt bleiben wird. In Asien und Europa wird ein starkes Wachstum erwartet, für Europa liegt die Schätzung für 2020 bei über einer Milliarde USD.

Die vorliegende Broschüre versucht, neben allgemeingültigen Aussagen zur Thematik, einen Überblick über die derzeit am Markt angebotenen Cyber-Deckungskonzepte zu verschaffen. Der Markt entwickelt sich weiter, IT-Sicherheit ist ein dynamischer Prozess – Versicherungsschutz als auch die Bedingungswerke müssen dieser Dynamik folgen, wollen sie den Kunden einen adäquaten Deckungsumfang bieten.

In dieser 5. aktualisierten und erweiterten Auflage wurden die neuesten Ergänzungen und Veränderungen aus den Bedingungswerken der Anbieter eingearbeitet und neue Angebote (bis zum Redaktionsschluss Mai 2020) soweit möglich berücksichtigt. Einige Anbieter haben bereits für den weiteren Verlauf des Jahres 2020 Relaunches und Aktualisierungen angekündigt – auch das ist ein Indiz dafür, dass dieser Markt sehr dynamisch ist und insofern jede Betrachtung nur eine Momentaufnahme darstellen kann.

Insbesondere die Themen Phishing, Ransom-Attacken, Homeoffice, Silent Cyber und Kumulrisiko, Kapazitäten, Verbriefung, Dienstleister sind in dieser Auflage neu hinzugekommen bzw. aktualisiert und erweitert worden.

Jörg Henne und Reiner Siebert, Geschäftsführer,
Gesamtverband der versicherungsnehmenden Wirtschaft e. V. (GVNW), Bonn

1 Hintergründe

Der Ausfall eines Rechners oder ein Programmabsturz können erhebliche Schäden verursachen. Große Bedeutung haben in den letzten Jahren aber die Schäden erlangt, die durch Cyber-Kriminalität entstehen. Dabei geht es nicht nur um Datendiebstahl, sondern auch um Schäden, die durch den gezielten Angriff auf die Daten des Unternehmens entstehen.

Vielen Unternehmen war bisher gar nicht bewusst, solche Risiken versicherbar sind. Auf der anderen Seite haben viele Versicherer mit ihren Produkten eher zurückhaltend agiert. Das hat sich in der letzten Zeit verändert. Eine Reihe von Versicherern bieten die Absicherung von Cyber-Risiken an und unterstützen die Unternehmen bei der Risikoanalyse.

Dennoch: In der Zeitschrift Versicherungswirtschaft wurde bereits im Oktoberheft 2014 aufgezeigt, dass die Erwartungen der Versicherungsnehmer aus der Wirtschaft und die angebotenen Lösungen der Versicherer bei der Cyber-Deckung noch ziemlich weit auseinanderliegen – hier ein Auszug aus den darin angesprochenen Problemen:

- Risk-Manager sind mit dem Angebot noch nicht zufrieden,
- Versicherer stoßen an die Grenze ihrer Risikotragfähigkeit,
- Cyber-Risiken sind nach wie vor schwer zu kalkulieren,
- Unternehmen sehen im Cyber-Bereich ein wachsendes Risikopotenzial,
- Schwierigkeiten bestehen bei der Risikoanalyse.

Diese Aussagen sind grundsätzlich auch heute noch, sechs Jahre später, gültig, obwohl bei der Anzahl der Risikoträger als auch bei den Bedingungen Verbesserungen eingetreten sind. Dennoch: Es ist nach wie vor schwer, die Versicherungsbedingungen der einzelnen Gesellschaften zu vergleichen und für Großunternehmen die gewünschten Kapazitäten zu erhalten. Die anfängliche Euphorie auf der Anbieterseite, diese Marktmöglichkeiten auszuschöpfen, ist inzwischen nach vielen Schadenfällen und der Erkenntnis, dass es erhebliche Kumulrisiken gibt, einer nüchternen und realistischen Sicht gewichen.

1.1 IST-Analyse des Risikomanagements (RM) und des Versicherungsschutzes

Um ein Risiko bewerten zu können, steht am Anfang jeder Überlegung eines möglichen Risikotransfers die Frage, von welchen Cyber-Risiken das Unternehmen bedroht ist. Dabei gelten als Cyber-Risiken insbesondere

- Datenverluste,
- Datenschutzverletzungen,
- Hackerangriffe,
- Erpressungen durch Hacker,
- Persönlichkeitsverletzungen/Rufschädigung,
- Verletzung geistiger Eigentumsrechte,
- Ausspähen von Daten/Geschäftsgeheimnissen,
- Ertragsausfälle durch Betriebsunterbrechungen,

die durch kriminelle Handlungen, fahrlässiges Verhalten von Mitarbeitern Organisations-Risiken und technischen Unzulänglichkeiten oder anderen Vorgängen entstehen können.

Dazu gehören Schäden, die das Unternehmen selbst betreffen können, also

- Eigenschäden oder
- Drittschäden (Haftpflicht).

Um sich selbst ein Bild vom Ist-Zustand der wesentlichen Unternehmensversicherungen zu verschaffen und festzustellen, ob der bestehende Versicherungsschutz bereits Elemente einer Cyber-Deckung beinhaltet, sollte zunächst eine umfassende Bestandsaufnahme vorgenommen werden.

Fragestellungen im Rahmen der IST-Analyse können sein:

- Wie wirken sich getroffene vertragliche Vereinbarungen auf den Versicherungsschutz aus?
- Welche zusätzlichen anderen Maßnahmen in prozessualer, technischer, organisatorischer, vertraglicher Hinsicht sind zudem erforderlich?
- Welche Schadenszenarien sind trotz getroffener technischer und organisatorischer Maßnahmen denkbar und welche Auswirkungen (Eigen- und Haftpflichtschäden) können diese haben?
- Welcher maximale Schaden (Sachschäden, Betriebsunterbrechungen, Schadenersatzforderungen) kann eintreten und sind Verkettungen möglich?
- Welcher finanzielle Verlust ist für das Unternehmen verkraftbar?

- Für welche der relevanten Szenarien besteht unter welchen Voraussetzungen Versicherungsschutz?

Der Ermittlung möglicher Risiken und spezieller individueller Aspekte des eigenen Unternehmens hinsichtlich Risikoprophylaxe und Schadenverhütung, Risikomanagement und Risikotragung sollte genügend Zeit zugestanden werden.

Die analysierten Risiken des Unternehmens gilt es, entsprechend abzusichern, entweder durch mögliche weitere Risikoverbesserungen und/oder den entsprechenden Risikotransfer.

Die Schwierigkeit kann jedoch darin bestehen, passenden Versicherungsschutz zu finden. Wie aus dem Überblick/Deckungsvergleich in tabellarischer Form im ANHANG deutlich wird, ist die Definition des Versicherungsfalles bei den sogenannten Standardpolicen mitunter sehr unübersichtlich und bei den einzelnen Leistungsbausteinen zudem unterschiedlich gestaltet. Dadurch passt der offerierte Versicherungsschutz oft nicht zu der nachgefragten Gefahrenabsicherung. Deshalb sind Risikoanalysen der Versicherer oder externer Stellen die Voraussetzung für eine wagnisadäquate Absicherung durch einen individuell gestalteten Vertragstext.

1.2 Rechtlicher Rahmen zur Risikominimierung

Auch durch entsprechende Vertragsvereinbarungen lassen sich Risiken minimieren. Dazu gehören u. a. die Vereinbarung der Allgemeinen Geschäftsbedingungen (AGB), die Allgemeine Freizeichnungserklärung mittels Disclaimer sowie die entsprechende Gerichtsstandsvereinbarung.

Die AGB dienen regelmäßig der Risikoüberwälzung. Die Bestimmungen sind in aller Regel einseitig zugunsten des Anbieters formuliert, insbesondere hinsichtlich der Gewährleistungs- und Haftungsfragen.

Im Rahmen von Verträgen werden auch bei IT-Produkten regelmäßig die Geltung der AGB vereinbart, um die Haftung zu reduzieren oder auszuschließen. Die Adressaten sind typischerweise eine unbestimmte Anzahl von Geschäftspartnern, die keine Möglichkeit haben, auf die Gestaltung des Vertrages im Einzelnen Einfluss zu nehmen. Sie können den Vertrag nur dergestalt übernehmen oder auf den Abschluss verzichten.

Grundsätzlich kann nach den AGB die Haftung für Schäden durch leichte Fahrlässigkeit ausgeschlossen werden. Eine Haftungsbeschränkung auf Vorsatz und grobe Fahrlässigkeit könnte bei Datenverlust aber eine unangemessene Benachteiligung im Sinne des § 307 BGB darstellen und unwirksam sein.

Eine Freizeichnung mittels Disclaimer zu erreichen, ist eher schwierig. Disclaimer sind üblich bei E-Mails. Sie werden meist am Ende von E-Mails eingefügt und könnten um eine Haftungsbeschränkung erweitert werden. Zur wirksamen Vereinbarung von Haftungsbeschränkungen ist dieser Weg i. d. R. jedoch nicht geeignet.

Schließlich kann auch die Vereinbarung des Gerichtsstandes das Risiko mildern. Es sollte der Sitz des eigenen Unternehmens als vertraglicher Erfüllungsort eingesetzt werden. Denn die Durchführung eines Prozesses am eigenen Gerichtsbezirk bedeutet eine wesentliche Ersparnis an Zeit und Geld.

1.3 Technischer Rahmen zur Risikominimierung

Ein ganzer Komplex von Maßnahmen steht dem Unternehmen zur Verfügung, um die Risiken einzugrenzen. Denn hier liegt der Schlüssel für eine erfolgreiche Gefahrenabwehr, die schließlich auch bei einer evtl. Versicherungslösung nicht nur bei der Prämienberechnung ihren Niederschlag finden kann, sondern auch in Form besserer, klarerer, passenderer und qualifizierterer Versicherungsbedingungen.

Zu den Maßnahmen der Gefahrenabwehr als Voraussetzung für einen funktionierenden Datenschutz gehören:

- Standardisierung/Vereinheitlichung der Hardware- und Software-Infrastruktur,
- mit einer Vereinheitlichung
  - der Programm-Grundeinstellungen,
  - der Sicherheitseinstellungen,
  - des Hard- und Softwaretauschs,
- Zulassung der Datenübertragung nur von autorisierten Stellen,
- Einsatz von Verschlüsselungstools zur Datenspeicherung und Datenübertragung,
- Einsatz von Tunnellösungen für den Zugriff von außen,
- Individualisierung und Differenzierung der Hard- und Software in bestimmten Bereichen (Forschung und Entwicklung), soweit sinnvoll,
- Abschottung und Loslösung bestimmter Bereiche vom übrigen Netzwerk (Forschung und Entwicklung),
- Virenschutz und Firewall,
- periodisch wiederkehrendes Erneuern von Authentifizierung und Passwörtern,
- Löschen nicht mehr benötigter Daten.

1.4 Organisatorischer Rahmen zur Risikominimierung

Die organisatorischen Maßnahmen des Unternehmens zur Risikominderung sind von ausschlaggebender Bedeutung für die Gefahrenabwehr, denn Cyber-Risiken gehen nicht nur von Dritten aus. Umfangreich sind die Schritte, die zur Verbesserung der Risikoabwehr durchgeführt werden können und müssen.

Das Bundesamt für Sicherheit in der Informationstechnik, Bonn, kurz: BSI, bietet in Zusammenarbeit mit dem BITKOM (Bundesverband Informationswirtschaft, Telekommunikation und neue Medien e. V.) im Rahmen der Initiative „Allianz für Cyber-Sicherheit" praktische Hilfe im Auf- und Ausbau der Cyber-Sicherheit an.

Zu den organisatorischen Maßnahmen zur Risikominimierung gehören u. a.:

- **Bestandsaufnahme – Welche Hardware ist vorhanden?**
  - PCs, Notebooks, Smartphones/Handys, Speichermedien, sonstige periphere Geräte?
  - Wichtig: Kann fremde unbekannte Hardware – auch z. B. USB-Sticks – in das System integriert werden?

- **Welche Software ist vorhanden?**
  - Gibt es Regeln, welche Software auf welchen Geräten unter welchen Voraussetzungen genutzt werden darf?
  - Wer darf Software auf Hardware implementieren und unter welchen Voraussetzungen?
  - Wird die Integrität der Software regelmäßig überprüft?

- **Durch wen werden diese Systeme wann und wo eingesetzt?**
  - Welche Personen nutzen die Hard- und Software?
  - Zu welchen Zeiten?
  - Von welchen Orten aus?
  - Gibt es Zugriffsmöglichkeiten auf die Hard- und Software außerhalb des Unternehmens?

- **Über welche Wege kann durch wen auf Hard- und Software bzw. Daten zugegriffen werden?**
  - Ist nur ein kabelgebundener oder auch ein drahtloser Zugriff möglich?

- Gibt es Regeln für die
  - **Authentisierung**: Handelt es sich um eine berechtigte Person, Komponente oder Anwendung, die eingesetzt werden soll?
  - **Autorisierung**: Ist die Person, die Anwendung (Software) oder die Komponente für die Durchführung dieser Aktion berechtigt?
  - **Verfügbarkeit**: Entspricht der gewählte Weg des Zugriffs oder der Zeitpunkt der Nutzung den Regeln?
  - **Vertraulichkeit** (Datensicherheit): Ist klar geregelt, von welchen Informationen welche Personen auf welchem Weg Kenntnis erlangen dürfen?

- **Typische Regelungen**
  - Beschreibung der vorhandenen und erlaubten Hardware und Vorgehen bei Änderungen,
  - Beschreibung der eingesetzten und erlaubten Software sowie Vorgehen bei Änderungen,
  - Vorgehen bei Wartungs- und Reparaturarbeiten,
  - Firewall, Virenschutzsystem, Regelungen zu Einsatz, Nutzung, Updates,
  - Datenzugriffsmöglichkeiten/Rechtevergabe,
  - Administratorrechte,
  - Rollen, Profile, Programmprivilegien,
  - Vernetzung und Internetanbindung,
  - Angebot/Zugriff von außen auf Daten, Dienste und Programme,
  - Umgang mit Web-Browsern, E-Mails, insbesondere E-Mail-Anhängen,
  - Zugang zu Arbeitsplatz-PC/Kennwortschutz des PC/Bildschirmschoner,
  - System des Datenschutzes,
  - Beschreibung des Versicherungsschutzes für Hard- und Software,
  - Notfallmanagement,
  - Datenschutz-/Datensicherheitsbeauftragter,
  - Beschreibung erster Schritte bei Auftreten von Problemen/Störungen,
  - Hotline für Störungen/bei Fragen zu Hard- und Software,
  - Schulung der Mitarbeiter,
  - Kontrolle der Einhaltung der Regelungen,
  - Programmkontrollen,
  - Zugriffskontrollen,
  - Hardwarekontrollen.

(Quelle: u. a. IRM Versicherungsberatung GmbH)

1.5 Haftung bei Drittschäden – Schadenpotenziale und rechtliche Grundlagen

Fokus:
Kosten der Informationen gegenüber betroffenen Dateninhabern und Behörden

Rechtliche Grundlagen (Auszüge):
- § 42a BDSG,
- § 109a Abs. 1 TKG,
- § 15a TMG,
- § 32 DS-GVO (Datenschutz-Grundverordnung),
- EU-Datenschutz-Grundverordnung (EU-DSGVO).

Fokus:
Bußgelder (insbesondere wegen unterlassener, unvollständiger oder nicht rechtzeitiger Benachrichtigung)

Rechtliche Grundlagen – Ordnungswidrigkeiten (Auszüge):
- vor DSGVO: Zwischen 5 EUR (§ 17 Abs. 1, 1. HS OWiG) und – je nach Verstoß – 50.000 EUR/300.000 EUR (§ 42 Abs. 3 BDSG a. F.),
- seit Wirksamwerden der DSGVO: Zwischen 5 EUR (§ 17 Abs. 1, 1. HS OWiG) und – je nach Verstoß – 10 Mio. EUR/20 Mio. EUR bzw. 2 %/4 % des weltweiten Jahresumsatzes (Art. 83 Abs. 4 und Abs. 5 DSGVO),
- § 149 Abs. 1 Nr. 21b TKG i. V. m. § 109 Abs. 5 Satz 1 TKG,
- § 16 TMG,
- § 79 DSGVO,
- Artikel 84 Sanktionen EU-DSGVO – Bußgeld von bis zu 20 Mio. EUR oder bis zu 4 % des weltweiten Jahresumsatzes des Unternehmens/Konzerns.

(Quelle: Christian Drave, LL. M., DVS Cyber-Veranstaltung und eigene Ergänzungen zur EU-DSGVO)

1.6 Interne Interessenskonflikte

Sicherheitsmanagement ist ein komplexer Prozess der Steuerung von materiellen und menschlichen Ressourcen mit dem Ziel, den Anforderungen an die Aspekte Vertraulichkeit, Integrität und Verfügbarkeit einer Organisation angemessen zu entsprechen. Die Umsetzung von Sicherheit in der IT ist heute eine unverzichtbare Aufgabe. Dazu müssen Sicherheitsanforderungen aus dem Schutzbedarf der Systeme und Daten abgeleitet, formuliert, umgesetzt und überwacht werden.

Diese Aufgaben können von der eigenen IT-Abteilung oft nicht geleistet werden, weil bei den Mitarbeitern das erforderliche aktuelle Spezialwissen fehlt, Ressourcen knapp sind oder Interessenkonflikte den Blickwinkel einengen. Der Unternehmer hat das Problem, dass er von seiner IT-Abteilung und seiner Finanzabteilung unterschiedliche Sichtweisen präsentiert bekommt.

Der IT-Bereich wird sehr schnell die Sorge haben, dass die eigene Arbeit kritisiert oder in Zweifel gezogen werden könnte.

Deshalb ist die Aussage:

„Brauchen wir nicht, haben wir alles im Griff"

recht wahrscheinlich. Ein anderer Aspekt besteht darin, dass die gefühlte Bedrohung durch Cyber-Risiken zwar gegeben ist, nicht aber die Erkenntnis, dass das für das eigene Unternehmen ebenfalls gilt.

Deshalb ist die Aussage:

„Bei uns ist doch nichts zu holen, was sollen Hacker mit unseren Daten schon anfangen"

ebenfalls recht wahrscheinlich. Vor allem ist noch nicht das Verständnis gewachsen, dass die intensive Beschäftigung mit der Thematik die Chance offeriert, mehr über die eigene Bedrohungslage und Abhängigkeiten insgesamt zu erfahren, um dann nach Risikovermeidungs- und Minderungsstrategien Ausschau zu halten, zu der eine Cyber-Deckung wirtschaftlich sinnvoll beitragen könnte.

Der Grund für die Vernachlässigung der Cyber-Risiken liegt oft in der organisatorischen Verortung: Datensicherheit ist i. d. R. Sache der IT und nicht des Risikomanagements. Dies muss sich aber ändern.

In den letzten Jahren sind Cyber-Risiken zu einem inhärenten Geschäftsrisiko geworden. Es ist höchste Zeit, sie aus der IT-Ecke herauszuholen und in das allgemeine Risikomanagement zu überführen. Cyber-Risiken benötigen eine individuell zu bestimmende Balance aus Prävention und Schadenbegrenzung.

Ihr Management muss genauso **zur Chefsache werden**, wie dies bei Markt-, Haftungs- oder Image-Risiken bereits der Fall sein sollte. Insofern sei insbesondere an alle Inhaber und Geschäftsführer von KMU appelliert, diese Themen ernst zu nehmen und daher zur Chefsache zu erklären.

IT-Sicherheit und Cyberrisiken sind Chefsache!

Die IT Sicherheit sollte nicht hinter andere vermeintlich wichtigere Geschäftsbereiche (z. B. Personal, Produktion, Vertrieb, Entwicklung, Recht usw.) zurückgestellt werden, da sie heute grundsätzlich die Basis bereitstellt, auf der andere Geschäftsbereiche sicher und produktiv agieren können.

Wenn selbst große Konzerne mit hohen Budgets für IT-Sicherheit von solchen Cyberangriffen getroffen werden und dadurch Schäden in Millionenhöhe entstehen, sollte man sich genau ansehen, ob das eigene Unternehmen gegen solche Bedrohungen geschützt ist. Denn durch Cyberkriminalität verursachte Schäden können ein kleineres Unternehmen in den Ruin treiben.

2 Bedrohungspotenziale

Die digitale Vernetzung erhöht die Anfälligkeit für Angriffe. Cyber-Attacken steigen im gleichen Maße, wie auch die Abhängigkeit der Beteiligten von den IT-Strukturen zunimmt.

Der Begriff „Cyber" stammt aus dem Altgriechischen und bedeutet Steuerung. Dabei geht es um die Ausnutzung einer vorhandenen Schwachstelle im IT-System. Ein IT-System ohne Schwachstellen gibt es leider nicht. Angreifer sind ständig auf der Suche nach solchen Schwachstellen. Finden sie sie, können erhebliche Schäden angerichtet werden.

Ganz typische Schwachstellen sind beispielsweise:
- Programmierfehler,
- Konfigurationsfehler,
- Konzeptionsfehler in Programmiersprachen,
- menschliches Fehlverhalten, wenn z. B. ein IT-Anwender aufgrund einer Phishing-Mail seine PIN oder TAN in falsche Hände gibt.

Für Unternehmen ist die Vernetzung der Informationstechnologie nicht nur vorteilhaft, sondern birgt auch viele neue Risiken. Die Zunahme des Wettbewerbs zwischen Unternehmen und Volkswirtschaften ist eine Begleiterscheinung der Globalisierung. Der Wettbewerb um zukunftsfähige Produkte und Anwendungen findet auch mit Mitteln der Spionage statt. Unternehmen können durch
- **physische Schäden und**
- **nicht physische Schäden**

geschädigt werden. Werden Maschinen oder Geräte durch eine Fehlsteuerung beschädigt oder zerstört, so handelt es sich um physische Schäden. Als nicht physische Schäden werden z. B. Datenverluste bezeichnet.

Außerdem kann differenziert werden nach
- **Schäden, die dem Unternehmen von Externen von außen zugefügt werden und**
- **Schäden, die dem Unternehmen von Mitarbeitern und Management von innen zugefügt werden.**

Auch erhebliche zusätzliche Kosten können Unternehmen aus sehr unterschiedlichen Gründen treffen. Zu nennen sind hier vor allem

- Schäden, die aus einer Betriebsunterbrechung durch Umsatzausfall entstehen, weil die Systeme nicht zur Verfügung stehen,
- Drittschäden, die z. B. aus dem Abfluss von Kundendaten resultieren können,
- Kosten, die durch die juristische Analyse des Vorfalles und durch mögliche Gerichtskosten entstehen.

2.1 Hackerangriff und Cyberwar

Das unerlaubte Eindringen in fremde Computer oder Netzwerksysteme, meist durch das Überwinden von Sicherheitsmechanismen, wird als Hackerangriff bezeichnet.

Mittlerweile sind über 800 Millionen Varianten von Schadprogrammen im Umlauf, jeden Tag kommen rund 400.000 neue hinzu. Auch die Geschwindigkeit der Angriffswerkzeuge steigt stetig. Gleichzeitig werden im Rahmen der Digitalisierung von Wirtschaft und Gesellschaft immer mehr Geräte ins Internet gestellt. Je mehr Systeme miteinander vernetzt und ans Internet angeschlossen werden, desto mehr Angriffsfläche bietet sich. Es ist daher auch eine logische Konsequenz, dass die Anzahl von erfolgreichen Hackerangriffen steigt.

Unter Cyberwar versteht man die kriegerische Auseinandersetzung in und um den virtuellen Raum, dem sogenannten Cyberspace, mit Mitteln der Informationstechnik. Es geht um die Kriegsführung per Internet. Außer Regierungen betreiben auch Firmen, Kriminelle, Terroristen und Einzelgänger Cyberspionage. Insofern lautet die Empfehlung: Die Kontrolle des Personals ist genauso wichtig wie die Kontrolle des Netzwerkes. Noch immer sind die Sicherheitsvorkehrungen in den Unternehmen offenbar nicht ausreichend, um sich gegen den Cyberwar zu schützen. Betroffen sind nach Geheimdienstangaben insbesondere Banken, Energieunternehmen und Telekommunikationsfirmen.

Cyber-Attacken reichen von Diebstahl, Betrug, Schädigung von Vermögenswerten und Erpressung bis hin zum Terrorismus.

Der Hacker-Angriff des Islamischen Staates (IS) auf den französischen Sender TV5 Monde in der Nacht vom 09.04.2015 machte endgültig deutlich, welche Möglichkeiten moderner Terror hat. Terroristen hatten alle Internet-Auftritte und Portale des französischen Senders TV5 Monde gehackt. Ab 22 Uhr war der Sender komplett lahmgelegt. Der IS ließ selbst auf den TV5-Webseiten bei Facebook und Twitter verlauten: „Bleibt dem Islamischen Staat fern!".

Es ist wohl Zeit für die freie Internet-Welt, den Cyber-Terror sehr ernst zu nehmen. Selbst die Internet-Portale von Unternehmen jeglicher Größenordnung könnten bald Ziel von Hackern werden.

Schon 2008 brachte eine Cyber-Attacke eine türkische Ölpipeline zur Explosion, 2014 erfolgte ein Hackerangriff auf ein deutsches Stahlwerk, der zum Herunterfahren eines Hochofens führte.

Wirtschafts- und Industriespionage ist gerade in Deutschland als dem europäischen Zielland für solche Angriffe an der Tagesordnung.

Im April 2014 wurde bekannt, dass das Deutsche Zentrum für Luft- und Raumfahrt (DLR) Opfer eines Spionageangriffs geworden ist. Jedes Jahr entsteht durch **Industriespionage** für die Unternehmen hierzulande ein Schaden in Höhe von 11,8 Mrd. EUR. Das ist das Ergebnis der Studie „Industriespionage 2014 – Cybergeddon der deutschen Wirtschaft durch NSA & Co.?", die die Sicherheitsberatung Corporate Trust 2014 vorgestellt hat.

Jedes zweite Unternehmen ist in Deutschland von Spionage, Sabotage oder Datendiebstahl betroffen. In einzelnen Branchen liegt der Anteil sogar noch höher. So haben zwei von drei Unternehmen der Automobil-, Chemie- und Pharma-Branche Vorfälle von Sabotage, Wirtschaftsspionage oder Datenklau erlebt. Zu diesem Ergebnis kam bereits im April 2015 eine repräsentative Studie des Hightech-Verbandes BITKOM.

Schäden durch Wirtschaftsspionage

Die Unternehmen schätzen die Schäden der vergangenen zwei Jahre auf rund **102 Mrd. EUR**. Die Summe verteilt sich auf folgende Delikttypen:

Umsatzeinbußen durch nachgemachte Produkte (Plagiat)

23,0 %

Patentrechtsverletzung (auch vor der Anmeldung)

18,8 %

Umsatzeinbußen durch Verlust von Wettbewerbsvorteilen

14,3 %

Ausfall, Diebstahl oder Schädigung

13,0 %

Imageschaden bei Kunden oder Lieferanten/negative Medienberichterstattung

12,8 %

Kosten für **Rechtsstreitigkeiten**

11,8 %

Sonstige Schäden (gestohlene Daten/Mitarbeiterfluktuation, Datenschutzrecht-liche Maßnahmen)

8,7 %

Quelle BITKOM RESEARCH April 2015

Mehr als die Hälfte der Unternehmen in Deutschland (53 %) sind in den beiden Jahren (2016 und 2017) Opfer von Wirtschaftsspionage, Sabotage oder Datendiebstahl geworden. Dadurch ist ein Schaden von rund 55 Mrd. EUR pro Jahr entstanden.

Für die Studie wurden 1.069 Geschäftsführer und Sicherheitsverantwortliche quer durch alle Branchen repräsentativ befragt.

Verglichen mit der ersten Studie zwei Jahre zuvor ist der Anteil der Betroffenen nur leicht von 51 auf 53 % gestiegen, der Schaden ist zugleich um rund 8 % von 51 auf 55 Mrd. EUR gewachsen.

Wirtschaftsspionage ist staatlich gelenkt und wird von Nachrichtendiensten gestützt. Ziel ist es, Unternehmen oder wissenschaftliche Einrichtungen auszuforschen und sich widerrechtlich deren Know-how anzueignen. Es besteht damit eine deutliche Abgrenzung zur nicht staatlich gelenkten Industrie- oder Konkurrenzspionage. Durch die Digitalisierung ergeben sich zahlreiche Möglichkeiten zur digitalen Ausspähung von Informationen.

Der volkswirtschaftliche Schaden, der allein in Deutschland jährlich durch Wirtschaftsspionage und Konkurrenzausspähung bei kleinen und mittleren Unternehmen entsteht, wird auf rund 100 Mrd. EUR geschätzt. Zu diesem Ergebnis kam eine Studie des vom Bundesministerium für Bildung und Forschung (BMBF) geförderten Projektes „Wirtschaftsspionage und Konkurrenzausspähung in Deutschland und Europa (WISKOS)". Experten befragten Hunderte von Unternehmen und Experten und raten, dass KMUs enger mit Behörden zusammenarbeiten sollten, um zukünftige Angriffe zu verhindern. Darüber hinaus ist die Integration sicherer Kommunikationstools und ein Bewusstsein für Datensicherheit im Zeitalter der Privatsphäre zwingend notwendig.

Am stärksten leiden Unternehmen mit 100 bis 500 Mitarbeitern. Dort meldeten 61 % der befragten Unternehmen Vorkommnisse in den vergangenen zwei Jahren. Häufig sind sie als Zulieferer fest in den Lieferketten von Großkonzernen verankert. Genau das sei besonders gefährlich, da sie nicht über die gleichen Mittel zur Abwehr entsprechender Angriffe verfügten. Sie können aber als Einfallstor dienen, um an die Geschäftsgeheimnisse der Großkonzerne zu gelangen.

Angriffsmethoden können vielgestaltig sein:

- 30 % der Unternehmen berichteten vom Diebstahl ihrer Geräte, darunter Computer, Smartphones und Tablets.
- In 20 % der Unternehmen ist es zu Fällen von Social Engineering gekommen, wobei Angreifer versuchten, über Mitarbeiter an Informationen zu kommen.
- 8 % der Unternehmen haben nach eigenen Angaben in den vergangenen zwei Jahren das Abhören von Telefonen oder Besprechungen festgestellt.
- 75 % der Betriebe stellten fest, dass sie IT-Angriffen ausgesetzt waren, fast jedes zehnte Unternehmen sogar täglich.

Je größer die Unternehmen sind, desto häufiger werden sie auf diese Weise attackiert. Die IT-Systeme und die Kommunikationsinfrastruktur sind dabei das häufigste Angriffsziel. Bei 10 % der Unternehmen haben es die Angreifer auf die Forschungs- und Entwicklungsabteilungen abgesehen. Bei Unternehmen mit mehr als 500 Mitarbeitern ist sogar fast jedes dritte Unternehmen in diesem Bereich betroffen.

Bei der Berechnung der Schäden für die deutsche Wirtschaft hat BITKOM die Unternehmen nach der Einschätzung der bei ihnen anfallenden Kosten und Ausfälle befragt und auf Deutschland hochgerechnet. Für die Jahre 2017 und 2018 kamen dabei 110 Mrd. EUR zusammen.

Der größte Teil der Schäden entfiel mit 23 Mrd. EUR auf Umsatzeinbußen, die durch nachgemachte Produkte entstanden. An zweiter Stelle standen Patentrechtsverletzungen.

In jedem sechsten Unternehmen (17 %) wurden demnach sensible digitale Daten gestohlen. Vor allem Kommunikationsdaten wie E-Mails (41 %) oder Finanzdaten (36 %) fielen dabei häufig in die Hände der Angreifer. In 17 % der Fälle von Datendiebstahl wurden Kundendaten entwendet, in 11 % Patente oder Informationen aus Forschung und Entwicklung, in 10 % Mitarbeiterdaten.

Das unternehmerische Umfeld, also Konkurrenten, Kunden, Lieferanten und Dienstleister, gehört ebenso zur großen Gruppe der möglichen **Angreifer** wie Hobby-Hacker und Nachrichtendienste. Bei den Betreibern von kritischen Infrastrukturen – also Energie- und Wasserversorger, Betreibern von Kommunikationsnetzen oder staatlichen Einrichtungen – sind ausländische Geheimdienste aktiver.

Beispiel:

Dass Cyber-Attacken keine Seltenheit sind, zeigt schon die tägliche Berichterstattung. Der Computerwurm Stuxnet machte sehr deutlich, welche weitreichenden Konsequenzen drohen können. Er zerstörte iranische Uran-Zentrifugen.

Entsprechende Sicherheitsprogramme gegen Viren, Trojaner und Würmer bieten zwar Schutz, müssen aber immer auf dem neuesten Stand gehalten werden.

IT-Experten sehen insbesondere Angriffe über bisher unbekannte Sicherheitslücken im System als besonders gefährlich an, zumal sie lange unentdeckt bleiben und das Zeitfenster zum Schließen der Sicherheitslücke recht groß ist. Das eigentliche Problem ist die unbekannte Schwachstelle, die es zu ermitteln gilt. Jüngst machten Schwachstellen und Sicherheitslücken in der Hardware, den Prozessoren von Intel, AMD und ARM von sich reden.

Kriminelle Netzaktivitäten haben sich längst zu einem guten Geschäft entwickelt, weil sie hohe Gewinne versprechen.

Beispiel:

Zu denken ist an die widerrechtliche Entwendung der Kundendaten von schweizer Banken und die Veräußerung an deutsche Steuerbehörden.

Besseren Schutz angesichts dieser enormen Bedrohung der deutschen Wirtschaft soll das seit Ende April 2019 geltende Geschäftsgeheimnisgesetz bieten (siehe unter Ziffer 14).

Betrugsrisiko „Fake President Fraud" (Falscher-Chef-Trick)

Eine häufige Form des Trickbetruges, der in Unternehmen zu großen Schäden führen kann, ist der „Fake President Fraud" bzw. „CEO Fraud". Bei dieser Betrugsmasche geben sich die Täter als ein Organ des versicherten Unternehmens – meist ein Vorstands- oder Geschäftsführungsmitglied – aus und bitten per E-Mail oder Fax einen Mitarbeiter, der im Unternehmen für die Bankgeschäfte verantwortlich ist, eine dringende Überweisung auszuführen. Die Vorgehensweise der Täter ist dabei perfide und hochprofessionell, und nichts wird dem Zufall überlassen. Vor der Aktion werden monatelang das Unternehmen, die Organe und die Mitarbeiter ausspioniert und alle Voraussetzungen dafür geschaffen, dass die Aktion absolut überzeugend und insbesondere aufgrund von professionell gefälschten Emails, Domänen und gestohlenen Unterschriften glaubhaft wird. Die Täuschung ist i. d. R. nur noch an kleinsten Details erkennbar.

Dem Mitarbeiter wird dabei suggeriert, dass es sich dabei um eine höchst geheime und besonders vertrauliche Angelegenheit handelt, von der strategische Weichenstellungen im Unternehmen abhängen. Die Betroffenen, die sich einerseits aufgrund des besonderen Vertrauens durch den Vorstand/Geschäftsführer geschmeichelt fühlen, anderseits aufgrund der angeblichen Wichtigkeit der Transaktion erheblich unter Druck stehen, führen diese Überweisungen oftmals zügig aus. Dabei wird der Geldtransfer auf ausländische Konten vorgesehen, vor allem in Asien und Osteuropa. Wird der Betrug dann offenbar, sind die Konten meist leergeräumt oder eine Rückholung wird aufgrund des ausländischen Rechtssystems erheblich erschwert.

Häufig werden gezielt Mitarbeiter in ausländischen Niederlassungen des Unternehmens angesprochen. Das erschwert den Mitarbeitern die persönliche Kontaktaufnahme mit den verantwortlichen Organen im Unternehmen, von denen die vermeintlichen Anweisungen kommen.

Variante Payment Diversion

In diesen Betrugsfällen geben sich die Betrüger als Geschäftspartner oder Lieferanten des versicherten Unternehmens aus und erreichen durch gefälschte Mitteilungen, dass die Bezahlung für Waren oder erbrachte Dienstleistungen auf abweichende Konten erfolgt. Die Umsetzung dieser Form des Betruges wird durch eine gefälschte Mitteilung an das versicherte Unternehmen ermöglicht, dass sich die bisher vereinbarten Bankverbindungen geändert hätten und der Zahlungsverkehr nun über die neue Bankverbindung abgewickelt werden soll.

Variante Fake-Identity-Fraud

Bei diesen Betrugsfällen geben sich die Täter als ein bereits existierender Kunde oder als ein Neukunde des versicherten Unternehmens aus und ordern schriftlich Waren. Mit plausiblen Erklärungen wird dann die Lieferung an eine abweichende Lieferadresse verlangt. Da die Identität einer tatsächlich existierenden Firma genutzt wird, wird zunächst oft kein Verdacht geschöpft. Der Betrug kommt meist erst dann zum Vorschein, wenn ein Zahlungsverzug eintritt und die tatsächlich existierende Firma gemahnt wird.

Weltweite Fälle

Die ersten Fälle dieser Internetkriminalität traten in den USA auf (dort als CEO Fraud benannt). „CEO" steht für Chief Executive Officer und bedeutet sinngemäß

Geschäftsführer, Fraud ist das englische Wort für Betrug. Inzwischen ist das Phänomen weltweit zu beobachten. Alternative Bezeichnungen sind BEC (Business-E-Mail-Compromise), FPF (Fake President Fraud) oder Bogus-Boss-E-Mail.

Weltweit stehlen Hacker mit der Betrugsmasche „Fake President" von Unternehmen Millionen. Kern und tragendes Element von „Fake President" ist die besondere Vertraulichkeit, denn der angebliche Chef weist in seiner E-Mail gleich mehrfach auf die besondere Vertraulichkeit hin und erläutert, dass die Korrespondenz ausschließlich schriftlich stattfinden dürfe.

Über einen telefonischen Kontakt zu einem Anwalt in einer Kanzlei wird die Transaktion in die Wege geleitet. Die Kontaktdaten werden gleich mitgeliefert. Und auch bei diesen Telefonaten weist ein vermeintlicher Anwalt auf die hohe Geheimhaltungsstufe hin. Der Mitarbeiter hält sich an die Vorgaben, kommuniziert ausschließlich per E-Mail, ruft nur den Anwalt an und spricht auch ansonsten mit niemandem über die Angelegenheit.

Die Methode entwickelt epidemische Ausmaße. Denn das Internet und technische Hilfsmittel machen es immer leichter, die potenziellen Opfer immer raffinierter auszuspähen.

Fallbeispiel aus den USA aus dem Jahr 2014:

Eine Mitarbeiterin von Medidata Solutions hatte in einer E-Mail, die allem Anschein nach vom Unternehmensleiter kam, die Anweisung erhalten, rund 4,8 Mio. USD auf ein chinesisches Konto zu überweisen. Ein Gericht entschied, dass der entstandene Verlust unter der Computerbetrugsklausel versichert ist. Ein weiterer Beispielfall ist das Ereignis beim österreichisch-chinesischen Luftfahrtzulieferer FACC (50 Mio. EUR).

Fälle in Deutschland

Und diese Fälle sind auch in Deutschland Realität geworden. Dax-Konzerne, Banken und Mittelständler sind inzwischen Opfer dieser Betrugsmasche geworden. So bereits geschehen bei einer Groß-Bäckerei in München (1,9 Mio. EUR) oder einem Automobilzulieferer aus Nürnberg (40 Mio. EUR) sowie einem norddeutschen Handelsunternehmen (1,2 Mio. EUR).

In den Jahren 2016 bis 2018 wurden beispielsweise bei Euler-Hermes insgesamt etwa 60 Schadenfälle durch sogenannte „Fake President Betrüger" verzeichnet. Die Schadensumme beläuft sich insgesamt auf rund 140 Mio. EUR. Tendenz steigend.

Und mit der weiteren Zunahme von Betrugsfällen durch Dritte muss generell weiter gerechnet werden. In welchen Formen, Ausprägungen und Versionen, ist kaum prognostizierbar, weil die Methoden sofort angepasst werden, wenn sie bekannt geworden sind.

Risikomanagement und Versicherungsschutz

Je größer die Firma, desto attraktiver scheint das Ziel für die Angreifer zu sein. Die höheren Finanzmittel und die wegen der Komplexität des Unternehmens geringere Chance, entdeckt zu werden, spielen hier offenbar eine Rolle. Hauptziele sind Unternehmen, die in der Fertigung aktiv sind, im Einzelhandel oder im Technologiesektor. Die Betrüger versuchen dabei häufig, komplexe Lieferketten und Software-as-a-Service-Infrastrukturen auszunutzen.

Es gilt zu erkennen, dass **Cyberkriminalität eine Boombranche** ist und zugleich eine Schattenseite der digitalen Wirtschaft. Darauf müssen sich die Unternehmen besser vorbereiten und einstellen. Unternehmen müssen für auffällige Vorgänge explizite neue Warnsysteme installieren und sich noch viel mehr um das Thema Datensicherheit kümmern.

Insbesondere kommt dabei zwei Bereichen eine ganz besondere Bedeutung zu:

Mitarbeiterschulungen und Sensibilisierung für den Umgang mit Daten – das sind zwei Themenbereiche die bei vielen Unternehmen bislang vermutlich vernachlässigt wurden.

Mitarbeiter sollten in der Lage sein, betrügerische E-Mails zu erkennen. Dies gelingt mit regelmäßigen **Mitarbeiterschulungen**, in denen gezeigt wird, mit welchen Mitteln Cyberkriminelle arbeiten und anhand welcher Kriterien man Phishing-Mails & Co. identifizieren kann.

Die **Sensibilisierung** gerade für solche Attacken ist umso wichtiger, da typischerweise FPF-Nachrichten nicht von Spam-Filtern und anderen traditionellen Filtertechnologien erkannt werden. Doch es existieren Techniken, die auch solche Nachrichten erkennen und blockieren können. So gibt es einen Algorithmus, der Namen und E-Mail-Adressen analysiert und die oft nur minimal vom Original abweichende Bezeichnung bewertet. Geht eine E-Mail ein, die der eines vertrauenswürdigen Absenders täuschend ähnlich ist, bei der aber der Account nicht übereinstimmt, übernimmt eine Routine, und die Nachricht wird mit einer Warnung für den Empfänger versehen. Ähnlich kann mit Nachrichten von gehackten E-Mail-Accounts verfahren werden, bei denen die Antwort-Adresse („reply-to") vom Betrüger geändert wurde.

Mittlerweile sind zudem auch ausgeklügelte Sicherheitsmechanismen auf dem Markt erhältlich, die sich in bestehende E-Mail-Strukturen in Unternehmen jeder Größe einbinden lassen.

Einen weiteren Schutz gegen den Fake-President-Trick bietet das Einschalten des gesunden Menschenverstandes und ein leistungsstarkes E-Mail-Sicherheitsprogramm.

Eine beliebte Masche ist auch ein direkter Anruf beim Mitarbeiter, in dem eine sehr dringende Überweisung angeordnet wird. Jedes Unternehmen sollte Richtlinien erstellen, wie mit E-Mails, in denen Überweisungen angeordnet oder sensible Informationen angefordert werden und mit Telefonaten umgegangen werden soll. Dazu kann zum Beispiel ein direkter Anruf beim Absender oder eine Benachrichtigung der IT-Abteilung gehören. Es kann auch nicht schaden, wenn bei Überweisungen zwei Personen für eine Genehmigung erforderlich sind, denn vier Augen sehen bekanntlich mehr als zwei. Auch telefonische Anweisungen sollten durch einen Rückruf oder das Vier-Augen-Prinzip verifiziert werden.

Betrugsfälle ziehen sich durch alle Branchen, d. h., kein Unternehmen ist gegen Fake President Fraud und Co. immun. Auch produzierende Unternehmen, die dem Abschluss einer Vertrauensschaden- oder Cyberversicherung bislang vielleicht wenig Bedeutung beigemessen haben, sollten sich mit diesen Schadenszenarien auseinandersetzen und einen passgenauen Zuschnitt zum bestehenden Versicherungsschutz und benötigte Deckungen einkaufen.

Versicherbar sind derartige Risiken über die **Vertrauensschadenversicherung (VSV)** auf Basis neuester Bedingungswerke. Das Risiko über eine separate Cyber-Versicherung zu versichern, wird in den meisten Fällen an der fehlenden IT- oder Netzwerksicherheitsverletzung scheitern. Die alleinige Identitätstäuschung wird i. d. R. nicht als Versicherungsfall versichert sein. In jedem Fall ist genauestens auf die Klauselformulierung zu achten. Wesentlich ist dabei, zudem dass ausreichend hohe Versicherungssummen und Sublimite für diese Erweiterungen gewählt werden.

Die Bedingungswerke unterscheiden sich von Versicherer zu Versicherer. Daher gibt es in der VSV und der Cyberversicherung große Unterschiede bei den entsprechenden Klausel-Erweiterungen und der Definition und den daraus resultierenden Inhalten der jeweiligen Sachverhalte.

Handlungsempfehlungen

- Schaffung klar strukturierter Prozesse.
- Schaffung klar geregelter Zuständigkeiten.
- Klare und eindeutige Regelungen aufstellen, die festlegen, wie in Ausnahmefällen vorzugehen ist.
- Das gilt insbesondere, wenn hohe oder dringliche Zahlungen veranlasst werden.
- Im Falle eines Angriffs sollte eine polizeiliche Anzeige erstattet werden.
- Information aller Angestellten weltweit über mögliche Betrugsszenarien.
- Sensibilisierung für solche Gefahren.
- Einführung von Verhaltensrichtlinien und Organisationshilfen.
- Besonders Mitarbeiter, die in sensiblen Bereichen wie den Finanzabteilungen arbeiten, sollten auf die Bedrohung explizit vorbereitet werden.
- Implementieren von speziellen Informations- und IT-Sicherheitsmaßnahmen.
- Nutzung und Aktualisierung der neuesten technischen Sicherheitsprodukte wie z. B. Virenschutz und Firewalls.
- Einführung von Rollen- und Berechtigungskonzepten, von Zugriffs- und Zutrittskontrollkonzepten.
- Einschränkung von Berechtigungen auf das Notwendige.
- Implementieren von Kontrollen (basierend auf dem 4-Augen-Prinzip).
- Verifizieren von Zahlungsinformation/Bestellungen per E-Mail.
- Nachfragen beim vermeintlichen Auftraggeber/Absender einer E-Mail halten.
- Dafür einen alternativen Kommunikationsweg wählen (z. B. die bekannte Telefonnummer).
- Vorsicht bei E-Mails von unbekannten Absendern mit Anhängen oder Links – es könnte sich um Schadcodes handeln.
- Vorsicht bei der Preisgabe von Informationen im Internet – Betrüger nutzen Informationen aus sozialen Netzen.
- Verwendung sicherer Passworte – Passwörter sollten lang, komplex und nicht einfach zu erraten sein.
- Nutzung unterschiedlicher Passwörter für unterschiedliche Dienste.

- Nicht die Firmen E-Mail-Adresse oder Passworte für die private Registrierung bei Onlinediensten nutzen.
- Onlinedienste sind häufig Ziel von Angriffen – die hinterlegten E-Mail-Adressen und Passwörter könnten für Angriffe verwendet werden.
- Keine öffentlichen/privaten Computer für dienstliche Zwecke nutzen – Öffentliche/private Computer könnten manipuliert sein – Gefahr von Datenabfluss und Manipulation.
- Im Zweifelsfall sollten sich Mitarbeiter deshalb immer fragen: „Ist das eine E-Mail, die ich erwartet habe?" Lautet die Antwort „nein" oder besteht auch nur der geringste Zweifel an der Echtheit der E-Mail, sollte sofort Alarm geschlagen oder die E-Mail ignoriert werden.

2.2 Phishing-Attacken

Warum widmen wir dieser Angriffsform bei dieser Auflage ein eigenes Kapitel? Der Grund liegt auf der Hand: Rund 90 % aller Angriffe sind auf das Phishing zurückzuführen.

Phishing ist eine Wortschöpfung aus den englischen Begriffen „Password" und „Fishing". Der Begriff beschreibt eine Form des Daten- und Identitätsdiebstahls über das Internet, bei dem beispielsweise mittels täuschend echt gemachter E-Mails namhafter Zahlungsdienstleister, E-Commerce-Händler und Online-Banking-Anbieter die Internet-Nutzer und Mitarbeiter von Unternehmen auf gefälschte Internetseiten gelockt werden. Dort werden dann die persönlichen Daten übernommen und gestohlen.

Es haben sich verschiedene Arten und Formen des Phishings entwickelt: per E-Mail, per Internetseite, über eine Schadsoftware, über Telefon, Briefsendung, Smartphone, WLAN.

Beim Phishing per E-Mail, einer sehr beliebten Methoden bei der massenhaft E-Mails versendet werden, werden unterschiedliche Methoden als auch Zielgruppen benutzt:

„**Spear-Fishing**" bezeichnet die ganz gezielte Versendung von E-Mails an einen kleinen Empfängerkreis; „**Whaling**" wird auf Führungskräfte ausgerichtet.

Dabei ist das Phishing oftmals nur ein erster Schritt einer Cyber-Attacke, die dem Angreifer so einen einfachen Zugriff auf Daten des attackierten Unternehmens liefert. Sie werden auch für den Versand von Schadsoftware genutzt, die dann Folgeschäden für Computer, Server, Netzwerke und Daten haben.

In letzter Zeit haben Attacken zugenommen, die veränderte Absender-E-Mail-Adressen aufweisen, dergestalt, dass dem E-Mail-Empfänger suggeriert wird, dass die E-Mail von einem Vorgesetzten oder Kollegen versandt wurde. Die E-Mail wird damit intuitiv tendenziell als ungefährlich eingestuft, spontan geöffnet und ggf. darin enthaltene Links oder Anlagen aktiviert. Meistens enthält die E-Mail ein Word.docx oder ein Excel.xls – durch das Öffnen werden dann Makros aktiviert, die die Ausbreitung einer Schadsoftware im Netzwerk ermöglichen.

Gegen Phishing kann man sich schützen – Schulung der Mitarbeiter, Sensibilisierung, Simulationstests usw.

2.3 Ransom-Attacken (Erpressung)

Das Wort „ransom" ist ein englischer Begriff und bedeutet auf Deutsch „Lösegeld". Und darum geht es bei der Ransomware – es handelt sich um eine Erpressersoftware, die auch als Verschlüsselungstrojaner bezeichnet wird, da die Erpressung darauf basiert, dass die Daten für den Nutzer unauflöslich codiert werden. Effekt: Sie schleicht sich ins System und der User stellt fest, dass sein Computer gesperrt ist.

Ransomware sind also Schadprogramme, die den Computer sperren oder darauf befindliche Daten verschlüsseln. Die Täter erpressen ihre Opfer, indem sie deutlich machen, dass der Bildschirm oder die Daten nur nach einer Lösegeldzahlung wieder freigegeben werden.

Einige Ransomware-Varianten haben eine Inkubationszeit. Ein Schadprogramm kann auch von einem Virenscanner erfasst werden. Da sich viele Erpressungstrojaner nach dem Ausführen ihrer schädlichen Funktion selbst wieder löschen, ist es für Antiviren-Software eine Herausforderung, den Schädling zu erkennen.

Man kann im Wesentlichen zwei verschiedene Arten von Ransomware unterscheiden, Screenlocker und File-Encrypter.

Screenlocker sperren den Bildschirm, so Reveton, auch BKA-Trojaner, GEZ-Trojaner oder FBI-Trojaner.

File-Encrypter verschlüsseln die Daten auf dem Computer und nehmen Dateien und Ordner als Geisel. Es sind Verschlüsselungstrojaner wie TeslaCrypt, Cryptowall und Locky (Krankenhäuser), CTB-Locker, TorrentLocker, Petya, Emotet.

Daneben existieren noch App-Locker wie Synolocker und Hybride wie Chimera.

Das Problem: Die Angriffsmechanismen werden immer intelligenter.

Der beste Schutz vor Ransomware sind regelmäßige Backups, die auf einem vom System getrennten Speichermedium aufbewahrt werden. Aktualisiert werden sollte regelmäßig auch das Betriebssystem, der Browser und jede andere Software, die auf dem System installiert ist. Gefälschte und trügerische Mails können von einer speziellen Sicherheitssoftware schon beim Posteingang sichergestellt werden. Antivirensoftware stellt zusätzlich Schädlinge wie Trojaner fest. Es geht um Fragen der Netzwerkarchitektur und wie man Teilsysteme davon abschotten kann. Gegen ScreenLocker gibt es Dienstleister und Softwarelösungen, um den Sperrbildschirm und den Schädling zu entfernen.

Eine KPMG-Studie des Jahres 2019 zeigt, dass knapp 60 % der Unternehmen bereits mit Ransomware zu tun hatten, 31 % waren in den letzten zwei Jahren Opfer, doppelt so viele wie bei der vorherigen Befragung. 28 % verzeichneten zudem Angriffsversuche mit Ransomware. 50 % der betroffenen Unternehmen bezifferten die entstandenen Schäden auf bis zu 10.000 EUR, 12 % mit mehr als 50.000 EUR, 2 % auf mehr als 500.000 EUR.

Von der Zahlung der Lösegelder rät der BSI übrigens ab. Denn es gibt keine Garantie, dass die Täter den Decodierungsschlüssel herausrücken.

Wollen Cyberkriminelle Lösegeld von großen Unternehmen erpressen, nehmen sie zunehmend gezielt Führungskräfte der obersten Hierarchieebene ins Visier, die Zugriff auf Geschäftskonten und die Zahlungshoheit besitzen. Das geht aus einem Bericht des Cyberanalytik-Spezialisten Cybercube hervor. Insgesamt werden die Attacken immer ausgefeilter und individueller.

2.4 Schadenbeispiele

Die Schadenszenarien können vielfältig sein (Quelle: BSI):

- DoS-Angriffe, die Webseiten lahmlegen (Denial of Service, kurz DoS, sind Angriffsversuche auf einen Rechner, Dienst, Server oder ein ganzes Netzwerk, die mit Verbindungsversuchen überflutet werden, sodass der Dienst, der Server oder das Netzwerk nicht mehr erreichbar sind) mittels Botnetzen, mit dem Ziel der Störung der Erreichbarkeit von Webservern oder der Funktionsfähigkeit der Netzanbindung der betroffenen Institution;

- Hacking von Webservern, um Schadsoftware zu platzieren bzw. um Spionageangriffe in angeschlossenen Netzen oder Datenbanken vorzubereiten;
- Drive-by-Exploits (Besuch einer Webseite [„Drive-by"], auf der ein entsprechend manipuliertes Werbebanner eingeblendet wird) beim Surfen, mit dem Ziel der Übernahme der Kontrolle des betroffenen Rechners;
- gezielte Schadsoftware-Infiltration mithilfe von Social Engineering (zwischenmenschliche Beeinflussungen mit dem Ziel, unberechtigt an Informationen oder technische Infrastrukturen zu gelangen) bzw. gezielte Schadsoftware-Infiltration über E-Mail;
- ungezielte Verteilung von Schadsoftware via Spam (unerwünschte, i. d. R. auf elektronischem Weg übertragene Nachrichten, die dem Empfänger unverlangt zugestellt werden und häufig werbenden Inhalt haben) oder Drive-by-Exploits mit Fokus auf Identitätsdiebstahl;
- Ransom-Viren dringen auf Computern ein und verschlüsseln Daten. Der Computer lässt sich nicht mehr benutzen. Nur wer zahlt, kommt wieder an Dokumente und Fotos – so die Drohung der Erpresser;
- mehrstufige Angriffe, bei denen z. B. zunächst zentrale Sicherheitsinfrastrukturen (wie TLS-/SSL-Zertifizierungsstellen) kompromittiert werden, um dann in weiteren Schritten die eigentlichen Ziele anzugreifen.

An dieser Stelle sei der TARGET-Fall erwähnt, denn daraus wird deutlich, dass bei eintretenden Cyber-Schäden durchaus auch persönliche Konsequenzen für das Management denkbar sind:

Die TARGET Corporation, einer der größten Einzelhändler in den USA, wurde Ende 2013 Opfer eines Hackerangriffs, bei dem über 40 Mio. Kreditkartendaten und 70 Mio. andere Kundendaten wie Postadressen, Telefonnummern und E-Mail-Adressen gestohlen wurden.

Allein schon für die Aufklärung der Attacke, die Kundeninformationen sowie Schutzmaßnahmen, gab TARGET 61 Mio. USD aus. Die Banken verklagten TARGET und das Unternehmen, das PCI-Compliance attestiert hatte. Die Versicherer zahlten 44 Mio. USD. Der CIO von TARGET legte sein Amt nieder, der CEO gab zwei Monate später seinen Rücktritt bekannt.

Ein anderes Beispiel dafür, dass Hackerangriffe auch eine Gefahr für Top-Manager sein können, ist der Rücktritt der Co-Präsidentin von Sony Pictures:

Im Mai 2017 wurden viele Computer auf der Welt von der Erpressersoftware „Wanna Cry" angegriffen. Viele Computer wurden lahmgelegt. Darunter waren Krankenhäuser, Logistikunternehmen und die Deutsche Bahn. Der Schaden wurde von Experten auf mindestens 8 Mrd. USD geschätzt. Bei den Unternehmen waren weltweit die IT- und Telefonsysteme ausgefallen. Auch die Produktion war betroffen. Die Täter wollten hohe Geldsummen erpressen. Schadprogramme wie diese entwenden keine Daten, sondern verschlüsseln diese und fordern für die Entschlüsselung vom Nutzer Lösegeld.

Über „Hacking-Angriffe aus dem Internet" berichtete die FAZ u. a. am 24.08.2017.

„Ein paar echt aussehende geschäftliche E-Mails mit der Aufforderung, Geld zu überweisen, reichen schon aus, um Milliarden Dollar in die Hände von Internetbetrügern zu lenken."

Der Name des Finanzdienstleisters Equifax ist in Europa nicht allzu geläufig. In seiner amerikanischen Heimat kommt dem Finanzdienstleister eine wichtige Rolle zu. Das Unternehmen gehört zu den drei großen Wirtschaftsauskunfteien, die die Kreditwürdigkeit von Amerikanern beurteilen. Durch den Cyber-Angriff haben Hacker Daten von Millionen von Kunden gestohlen. Daten, mit denen versucht werden könnte, im Namen von anderen Personen Kredite zu beantragen. Gemessen an der Zahl der betroffenen Personen zählt der Angriff auf Equifax zu den größten, die es je gab.

Über die Cyberattacke auf Amerikas Börsenaufsicht „Security and Exchange Commission" berichtete die FAZ in ihrer Ausgabe vom 22.09.2017. Danach haben sich Hacker Zugang zur elektronischen Datenbank Edgar verschafft, in der die von der SEC regulierten Unternehmen und Finanzinstitutionen auch vertrauliche Daten hinterlegen. Die Hacker haben möglicherweise auf der Basis von gewonnenen Insider-Informationen illegal Wertpapiere gehandelt und Gewinne erzielt, so die Vermutung der Börsenaufsicht.

Weitere Hackerattacken gab es in den Jahren 2018 und 2019 u. a. auf Facebook, Marriott/Starwood-Hotelkette, Bundeswehr, Bundesverwaltung, Politiker, Botschaften, Einhell, Arztpraxen, Krankenhäuser, internationale Großbanken, First

American, DKB, EZB sowie im Zusammenhang mit der Coronavirus-Krise 2020 usw.

2.5 Durchschnittliche Gesamtschäden

Wie hoch die Kosten durch Cyberattacken für CFOs und ihre Unternehmen sind, zeigt eine Studie der Unternehmensberatung **Accenture** und des US-amerikanischen **Ponemon-Instituts** aus dem Jahr 2017:

Angriffe mit Schadsoftware („Malware") kosten deutsche Konzerne mit durchschnittlich 2,1 Mio. EUR besonders viel Geld, gefolgt von Phishing und Social-Engineering-Attacken, zu denen auch die Betrugsmasche Fake President gehört, mit knapp 1,6 Mio. EUR. Vor allem Erpressungssoftware („Ransomware") ist gem. Studie auf dem Vormarsch und hält sich mit durchschnittlich 330.000 EUR bei deutschen Unternehmen zwar in Grenzen, allerdings dauert die Beseitigung eines Ransomware-Angriffs mit durchschnittlich 23 Tagen vergleichsweise lange und bindet erhebliche Kapazitäten innerhalb des Unternehmens.

Deutsche Firmen kostet ein Insider-Angriff durchschnittlich 544.000 EUR, während der Mittelwert der Unternehmen aller teilnehmenden Länder mit 1,14 Mio. EUR deutlich höher ist.

Die durchschnittliche Höhe der Gesamtschäden und die durchschnittliche Höhe der Ermittlungs- und Folgekosten ist gegenüber den Vorjahren lt. einer **Studie von KPMG** weiter gestiegen. Die durchschnittliche Gesamtschadensumme pro befragtes Unternehmen beträgt nach Angaben dieser Gesellschaft über alle Delikte hinweg rund 371.000 EUR. Allerdings weisen die am häufigsten auftretenden Deliktstypen die geringsten durchschnittlichen Schadenhöhen pro Deliktstyp-Fall auf.

Auf der anderen Seite weisen Delikte mit der geringsten Betroffenheit die höchsten durchschnittlichen Schadenhöhen auf. Hierzu gehören die Verletzung von Geschäfts- und Betriebsgeheimnissen sowie die Verletzung von Urheberrechten. Bei diesen Deliktstypen liegen die durchschnittlichen Schadenhöhen pro Unternehmen bei 600.000 EUR.

Die durchschnittlichen Schadenhöhen für Computerbetrug, das Ausspähen oder das Abfangen von Daten sowie die Manipulation von Konto- und Finanzdaten, den

Delikten mit der höchsten Betroffenheit, liegen bei 128.000 EUR bis 253.000 EUR. Eine Reduzierung der Schadensummen kann nur durch entsprechende Vorsorgemaßnahmen bei der Schadenverhütung erreicht werden.

Bei den Ermittlungs- und Folgekosten ist feststellbar, dass infolge der Investitionen in Prävention, Detektion und Reaktion die durchschnittlichen Ermittlungs- und Folgekosten von 100.000 EUR auf rund 68.000 EUR gesunken sind.

Eine McAfee Studie aus dem Jahr 2018 (Economic Impact of Cybercrime – No Slowing Down, 2018) weist jährliche Schäden durch Cybercrime von rund 600 Mrd. USD aus. Auf Deutschland dürften hiervon rund 65 Mrd. USD entfallen (KPMG-Studie von 2017).

2.6 Eigenschäden im eigenen Unternehmen

Als IT-Risiken gelten generell betrachtet alle Risiken, die sich aus der Nutzung der Informationstechnologie herleiten. Dazu gehören die Schäden im eigenen Unternehmen ebenso wie die sogenannten Drittschäden.

Zu den **Eigenschäden** gehören:

- **Sachschäden**
  - unmittelbare Sachschäden, wie Zerstörung durch die Manipulation von Software;
  - mittelbare Sachschäden, z. B. durch die Manipulation von Zutrittskontroll-/Videoüberwachungssystemen;
- **Ertragsausfallschäden**
  - Störung oder Unterbrechung der Produktion;
- **Kostenschäden**

  - Wiederherstellung/Wiederbeschaffung von Informationen, forensische Kosten, Benachrichtigungskosten (Kunden, Behörden usw.), juristische Kosten;
- **reine Vermögensschäden**
  - Urheber-, Patentrechtsverletzungen.

Beispiele für den Umfang des Schadenpotenzials:

- **Datenverlust** beim Kopieren von Daten auf eine andere Festplatte
  Schaden = Kosten der Wiedereingabe
- **Fehlversand** von Kundendaten
  Schaden = Kosten für die Information der Kunden, Reputationskosten
- Auf gelieferte Prozessoren wird das falsche Programm gebrannt und erst nach Einbau bemerkt.
  Schaden = Aus- und Einbaukosten, Nachlieferung
- Lieferung eines fehlerhaften Softwareprogrammes führt zur Fehlproduktion.
  Schaden = Programmkorrektur, Ersatz der Fehlproduktion

Über den Eigenschadenteil sind unter anderem die Krisenmanagementkosten gedeckt. Im Schadenfall kann es zu erheblichen Kosten für IT-Forensiker, Rechtsanwälte, PR-Berater kommen. Einen nicht zu unterschätzenden Anteil an den Kosten macht die Benachrichtigung der betroffenen Kunden aus. Allein schon die Portokosten oder Anzeigen in der Tagespresse können nennenswerte Kosten verursachen.

2.7 Haftung für Drittschäden

Neben den sogenannten „Eigenschäden", die das Unternehmen treffen können, sind aber auch „Drittschäden" eine nicht zu unterschätzende Gefahr für das Unternehmen. Durch die Möglichkeit, große Datenmengen auf kleinstem Raum zu speichern, ist das Ausmaß derartiger Rechtsverstöße außerordentlich groß. Natürlich ist grundsätzlich eine Handlung oder Unterlassung des Unternehmens für die Verantwortlichkeit Voraussetzung. Diese Haftungsfragen sind nicht immer leicht zu beantworten, denn das World Wide Web kennt keine nationalen Grenzen, während sich die Haftung fast immer nach nationalem Recht richtet.

Hinzu kommen die Fragen:

- Wie ist ein Datenverlust rechtlich zu werten?

- Eigentumsverletzung oder echter Vermögensschaden?
- Wie kann die Schadenhöhe bewertet werden?

Umfangreich ist auch die Haftung des Herstellers von IT-Produkten. So richtet sich die Haftung nach deutschem Recht nach

- der vertraglichen Mängelhaftung aus Kauf-, Werkvertrag usw.,
- der außervertraglichen (verschuldensabhängigen bzw. verschuldensunabhängigen) Produzentenhaftung
- und dem öffentlich-rechtlichen Produktsicherheitsrecht.

Das umfangreiche Haftungsrecht, das in der Übersicht nur kurz skizziert werden soll, macht auch die Anforderungen deutlich, die an die Versicherer gestellt werden, eine befriedigende Versicherungsdeckung zur Verfügung zu stellen.

2.8 BSI-Studien: Lageberichte zur IT-Sicherheit in Deutschland 2017 und 2019

Anfang November 2017 wurde der Bericht des Bundesamtes für Sicherheit in der Informationstechnik (BSI) zur Lage der IT-Sicherheit in Deutschland 2017 vorgestellt. Die nationale Cyber-Sicherheitsbehörde analysiert darin die aktuelle IT-Sicherheitslage, die Ursachen von Cyber-Angriffen sowie die verwendeten Angriffsmittel und -methoden. Daraus abgeleitet zeigt das BSI Lösungsansätze zur Verbesserung der IT-Sicherheit in Deutschland auf.

Die Gefährdungslage im Berichtszeitraum Juli 2016 bis Juni 2017 ist weiterhin auf hohem Niveau als angespannt zu bezeichnen. Bekannte Einfallstore für Cyber-Angriffe bleiben unverändert kritisch bestehen. Vor allem die gestiegene Zahl an IT-Sicherheitsvorfällen mit Erpressungssoftware (Ransomware) zeigt, dass Cyber-Kriminelle hier eine lukrative Möglichkeit gefunden haben, in großem Umfang Geld zu erpressen. Zudem spielt auch der Faktor Mensch zunehmend eine Rolle: Phishing-Angriffe, bei denen gezielt einzelne Mitarbeiter oder Unternehmen adressiert wurden, sind häufiger als in den letzten Jahren zu beobachten. Insbesondere durch die Masche des CEO-Betruges (CEO Fraud, Fake President Fraud) konnten Angreifer hohe Schadensummen verursachen. Intensive Sensibilisierung der Mitarbeiter sowie die technische und organisatorische Absicherung von internen Prozessen schaffen hier Abhilfe.

Der Lagebericht macht deutlich, welche teils immensen Auswirkungen Cyber-Angriffe wie WannaCry, Petya/NotPetya oder der Ausfall hunderttausender Router für Unternehmen und Bürger in Deutschland haben können und dass es notwendig ist, Informationssicherheit als unabdingbare Voraussetzung einer erfolgreichen Digitalisierung zu verstehen. Als nationale Cyber-Sicherheitsbehörde hat das BSI Lösungsansätze entwickelt und Maßnahmen getroffen, mit denen die Cyber-Sicherheit in Deutschland verbessert wird.

Wichtige Grundlage dafür sind zum einen das in der letzten Legislaturperiode verabschiedete IT-Sicherheitsgesetz und die Cyber-Sicherheitsstrategie der Bundesregierung. Zum anderen ist dies die gewachsene Kompetenz des BSI auf dem Gebiet der Informationstechnik. Durch intensive Vernetzung nach innen kann so den täglich neu entstehenden Risiken die gesamte Wertschöpfungskette der Cyber-Sicherheit entgegengesetzt und so die Widerstandsfähigkeit Deutschlands gegen Cyber-Gefahren weiter erhöht werden.

Die zunehmende Digitalisierung und Vernetzung führen zu Effizienzsteigerungen durch vereinfachte Prozesse, zu mehr Transparenz und zu mehr Komfort im Alltag. Gleichzeitig steigt das Bedrohungspotenzial deutlich an, da sich die Anzahl möglicher Angriffspunkte erhöht und die zu verarbeitenden Datenmengen sich vervielfachen. Die Wahrscheinlichkeit erfolgreicher Angriffe auf digitalisierte Infrastrukturen wird damit größer.

Das Internet der Dinge (Internet of Things, IoT) entwickelt sich immer mehr zu einer Gefahrenquelle für die IT-Sicherheit. Dazu trägt entscheidend bei, dass IoT-Geräte einfach angreifbar sind, weil deren IT-Sicherheit derzeit weder bei der Herstellung noch bei der Kaufentscheidung des Kunden eine ausreichende Rolle spielt.

Weitere Informationen finden sich im „Bericht zur Lage der IT-Sicherheit in Deutschland", der auf der Webseite des BSI zum Download zur Verfügung steht (https://www.bsi.bund.de/DE/Publikationen/Lageberichte/lageberichte_node.html).

Mit dem **„Lagebericht zur IT-Sicherheit 2019"** legt das BSI als Cyber-Sicherheitsbehörde des Bundes einen umfassenden Überblick über die Bedrohungen Deutschlands, seiner Bürgerinnen und Bürger und seiner Wirtschaft im Cyber-Raum vor. Zudem werden Gegenmaßnahmen des BSI und die gemeinsam mit Partnern gefundenen Lösungsansätze für die Akteure in Staat, Wirtschaft und Gesellschaft dargestellt.

Demnach ist die Abwehr von Cyber-Angriffen in Deutschland erfolgreich – auch in einer weiterhin angespannten IT-Sicherheitslage. Zwar hat die Qualität vieler

Cyber-Angriffe zugenommen, dennoch können die Schutzmaßnahmen des Bundesamts für Sicherheit in der Informationstechnik (BSI) die Informationssicherheit in den Regierungsnetzen und bei Kritischen Infrastrukturen gewährleisten.

Ein wesentliches Risiko für Anwender in Staat, Wirtschaft und Gesellschaft ging dabei von der Schadsoftware Emotet aus, die das BSI bereits im Dezember 2018 als die gefährlichste Schadsoftware der Welt bezeichnet hatte. Diese Einschätzung wurde durch die erheblichen Schäden bestätigt, die durch Cyber-Angriffe mit Emotet entstanden sind.

Auch unabhängig von Emotet zählt Ransomware nach wie vor zu den größten Bedrohungen für Unternehmen, Behörden und andere Institutionen sowie für Privatanwender. Immer wieder kommt es zu Komplettausfällen von Rechnern und Netzwerken, aber auch von Produktionsanlagen. Auch Einrichtungen des Gemeinwesens sind zuletzt wiederholt Ziel von Ransomware-Angriffen geworden. Dazu zählen beispielsweise Krankenhäuser in Deutschland genauso wie Kommunalverwaltungen in den USA.

Die vom BSI prognostizierte neue Qualität der Cyber-Angriffe drückt sich auch durch mehrere große Fälle von Identitätsdiebstahl aus, die 2018/2019 für Aufmerksamkeit sorgten. Unter anderem betroffen waren Anwender von Sozialen Netzwerken und Kunden einer großen Hotelkette, hunderte Prominente und Politiker aus Deutschland im Zuge des Doxing-Vorfalles, der im Januar 2019 bekannt wurde, sowie hunderte Millionen andere Internetnutzer, deren Daten im Zuge der als „Collection #1" bis „Collection #6" bezeichneten Vorfälle öffentlich im Internet verfügbar gemacht wurden. Bemerkenswert dabei ist nicht nur die Häufung der Vorfälle, sondern auch die riesige Menge der abgeflossenen und im Internet veröffentlichten persönlichen Daten.

Nach wie vor ist eine hohe Dynamik der Angreifer bei der (Weiter-) Entwicklung von Schadprogrammen und Angriffswegen festzustellen. So hat das BSI rund 114 Millionen neue Schadprogramm-Varianten registriert, DDoS-Angriffe mit bis zu 300 Gbit/s Angriffsbandbreite beobachtet und über 110.000 Bot-Infektionen täglich registriert – meist auf mobilen Endgeräten oder Geräten des Internets der Dinge (IoT).

Diese Daten, aber auch zahlreiche Erkenntnisse aus der Arbeit an den Top-Themen der Digitalisierung wie Blockchain, Quantencomputing oder Künstliche Intelligenz, zieht das BSI zur Analyse heran, leitet daraus Maßnahmen- und Handlungsempfehlungen für die unterschiedlichen IT-Nutzer in Staat, Wirtschaft und Gesellschaft ab und sorgt so für einen effektiven und präventiven Schutz der IT-Strukturen in Deutschland. Diese integrierte Wertschöpfungskette spiegelt sich in den operativen Schutzmaßnahmen für die Regierungsnetze ebenso wider wie in den Zertifizierungs- und Standardisierungsanforderungen des BSI an IT-Produkten und -Services, aber auch in den Unterstützungs- und Informationsleistungen für Wirtschaft und Privatanwender.

(https://www.bsi.bund.de/DE/Publikationen/Lageberichte/lageberichte_node.html)

2.9 BITKOM-Studie 2020

Der Digitalverband Bitkom hat mit der Studie nun zum dritten Mal nach 2015 und 2017 untersucht, wie es um die deutsche Wirtschaft beim Thema Wirtschaftsschutz bestellt ist. Dafür wurden insgesamt 1.070 nach Branchen und Größenklassen repräsentativ ausgewählte Unternehmen mit mindestens zehn Mitarbeitern befragt.

Die Sicherheitslage kleiner und mittelständischer Unternehmen ist prekär. Angreifer nehmen verstärkt Zulieferer von großen Unternehmen ins Visier, um über deren Schwachstellen Konzerne zu attackieren. Haben digitale Angriffe 2017 noch 43 % aller Unternehmen in Mitleidenschaft gezogen, waren es 2019 bereits 70 %. Die finanziellen Schäden, verursacht durch Produktionsausfälle oder Erpressung, aber auch durch Imageverlust, liegen laut der aktuellen Bitcom-Studie bei über 100 Mrd. EUR pro Jahr.

Es ist davon auszugehen, dass diese Zahl weiter steigen wird.

75 % der Unternehmen waren in den vergangenen zwei Jahren von Datendiebstahl, Industriespionage oder Sabotage betroffen. Weitere 13 % waren vermutlich betroffen – denn nicht immer lässt sich ein Angriff zweifelsfrei feststellen. Somit war fast die gesamte Industrie von Wirtschaftsspionage, Sabotage oder Datendiebstahl betroffen oder vermutlich betroffen. Umfang und Qualität der Angriffe auf Unternehmen haben dramatisch zugenommen. Zum Vergleich: In 2015 und 2017 war nur gut jedes zweite Unternehmen davon betroffen.

Unterschiedliche Arten von digitalen und analogen Angriffen sind festzustellen:

- Demnach berichtet jedes fünfte Unternehmen (21 %), dass ihm sensible digitale Daten bzw. Informationen gestohlen wurden.
- Fast genauso viele Unternehmen (17 %) waren von der Sabotage der Informations- und Produktionssysteme oder Betriebsabläufe betroffen.
- Bei jedem achten Unternehmen (13 %) ist die digitale Kommunikation ausgespäht worden.
- Bei einem Drittel der Unternehmen (32 %) wurden IT- oder Telekommunikationsgeräte entwendet.
- Bei jedem Sechsten wurden sensible physische Dokumente, Maschinen oder Bauteile gestohlen.

Auf dem Vormarsch ist das sog. Social Engineering, bei dem Mitarbeiter manipuliert werden, um an sensible Informationen zu kommen, mit denen dann in einem weiteren Schritt zum Beispiel Schadsoftware auf die Firmenrechner gebracht werden kann.

- Mehr als jedes fünfte Unternehmen (22 %) war davon analog betroffen, 15 % digital.
- 70 % der Unternehmen sind so in den vergangen zwei Jahren zu Schaden gekommen. Das ist ein Anstieg um 27 % im Vergleich zur Studie von 2017.
- 25 % berichten über Angriffe auf Passwörter; ähnlich viele von der Infizierung mit Schadsoftware und durch Phishing-Angriffe.
- Das sogenannte „Spoofing" führte bei 8 % zu Schäden. Hierbei handelt es sich um Methoden, mit denen sich Authentifizierungs- und Identifikationsverfahren untergraben lassen, etwa indem IP-Pakete beim Datentransfer manipuliert werden und sie dadurch falsche Absenderinformationen beinhalten.

Die Ergebnisse geben einen Hinweis darauf, dass Hacker zunehmend mehr Zeit und Ressourcen investieren. Die Freizeithacker von früher haben sich zu gut ausgerüsteten und technologisch oft sehr versierten Cyberbanden gewandelt und werden ggf. durch staatliche Ressourcen unterstützt.

Der **Hiscox Cyber Readiness Report 2020** zeigt: Im Vergleich zum Vorjahr ergriffen doppelt so viele Firmen nach einer Attacke Gegenmaßnahmen und die Ausgaben für IT-Sicherheit wurden weiter erhöht. Vier von fünf Unternehmen in Deutschland wurden im Jahr 2019 mindestens einmal mit einer digitalen Attacke konfrontiert. Erstmals ging die Anzahl der Unternehmen, die von Cyber-Kriminellen angegriffen wurden, zurück. Während 2019 noch 61 % der befragten deutschen Firmen berichteten, Opfer eines Cyber-Zwischenfalles geworden zu sein, waren es 2020 noch 41 %. Gleichzeitig wird bei Betrachtung der Kostenseite deutlich, dass diese Risiken trotzdem nicht zu unterschätzen sind: Die Kosten nach einem Cyber-Angriff sind im internationalen Vergleich deutlich gestiegen. Derzeit zahlen Unternehmen zur Behebung der Folgen von Attacken im Durchschnitt 51.200 EUR, im Vorjahresreport lag dieser Wert noch bei 9.000 EUR. Deutsche Firmen mussten mit knapp 72.000 EUR im Durchschnitt deutlich höhere Aufwendungen tragen und wurden darüber hinaus im internationalen Vergleich besonders häufig angegriffen. Deshalb verzeichnen deutsche Firmen auch die größten kombinierten Cyberverluste im Ländervergleich: 363 Mio. EUR bei 389 betroffenen Unternehmen.

2.10 Cybergefahren im Homeoffice

Im Zusammenhang mit der Corona-Pandemie erlebte das Arbeiten im Homeoffice seinen Durchbruch – mit entsprechenden Risiken hinsichtlich Datensicherheit und Hackerangriffe. Grundsätzlich lässt sich mit einer Cyber-Versicherung die Arbeit im Homeoffice absichern; dies ist jedoch nicht in jedem Tarif gegeben. Unterschiedlich reagierten Versicherer derzeit auch auf die Frage, ob eine Verlagerung von Tätigkeiten ins Home-Office als meldepflichtige Gefahrerhöhung anzusehen ist. Das gelte insbesondere auch, wenn Arbeitnehmer mit eigenen Endgeräten (BYOD) auf betriebliche IT-Systeme zugreifen.

Und beim Gegenstand der Versicherung sollte man die Definition beachten:

Sind ausschließlich Angriffe auf die IT-Systeme „der Versicherungsnehmerin" oder „einer versicherten Gesellschaft" abgedeckt, ist damit der private Laptop des Mitarbeiters ausgeschlossen, auch wenn dieser zur beruflichen Tätigkeit verwendet wird. Ein Angriff auf einen Firmenlaptop ist hingegen grundsätzlich abgesichert, da dieser sich im Eigentum der Versicherungsnehmerin oder versicherten Gesellschaft befindet.

Sind Angriffe auf die „IT-Systeme der Versicherten" gedeckt, kann damit auch eine Cyber-Attacke auf den privaten PC versichert sein, wenn dieser im Rahmen der betrieblichen Tätigkeit verwendet wird und der Tarif keine spezifischen weiteren Ausschlüsse enthält.

Wenn in den Bedingungen private Geräte der Versicherten explizit genannt sind, ist die Deckung durch Einschluss der Homeoffice-Tätigkeit gegeben. Außerdem müssen die geforderten IT-Sicherheitsstandards erfüllt werden:

- Virenschutz und Firewalls auf allen IT-Systemen eines Versicherten.
- Regelmäßige Datensicherung, auch für die Inhalte auf den im Home-Office eingesetzten Geräten.
- Zusätzlicher Schutz für die Verbindung mit dem Firmennetzwerk (z. B. durch einen VPN-Client).

Zudem sollte beachtet werden, dass sowohl versicherungsvertragliche und gesetzliche Obliegenheiten weiterhin gelten als auch Anzeigeobliegenheiten (z. B. im Zusammenhang mit einer ggf. eingetretenen Gefahrerhöhung durch die Ausübung einer Homeoffice-Tätigkeit) Berücksichtigung finden.

3 Risikoermittlung, Risikobewertung, Risikoprävention

Der Ermittlung möglicher Risiken und spezieller individueller Aspekte des eigenen Unternehmens hinsichtlich Risikoprophylaxe und Schadenverhütung, Risikomanagement und Risikotragung sollte genügend Zeit zugestanden werden.

Die Risikoevaluierung mittels Analysen, Fragebögen, Interviews, Round-Table-Gesprächen, Workshops usw. ist als zentrale Fragestellung zu sehen, um die eigenen Abhängigkeiten von Internet, E-Mail-Verkehr, Netzwerk, IT-Infrastruktur insgesamt, Zugriffsmöglichkeiten von außen, Cloud-Anwendungen, Sicherheitssystem, Zugriffsrechten, Datensicherung, sensiblen Kundendaten usw. zu klären.

Sicherheitslücken und Problembereiche können dabei zum Vorschein kommen, dann genauer identifiziert und charakterisiert sowie im Anschluss möglichst weitgehend beseitigt werden.

Anschließend sollte dadurch eine Grundlage dafür gelegt sein, zu entscheiden, ob der bestehende Versicherungsschutz noch aktuell ist und welche Verbesserungen sich sinnvoll realisieren lassen und ggf. welche Cyber-Deckungen hinzugenommen werden sollten.

Wer eine Cyber-Deckung abschließen und ein Deckungsangebot erhalten möchte, muss sich mit dem Thema bewusst und analytisch auseinandergesetzt haben, um den gewünschten Absicherungsbereich überhaupt definieren zu können. Insofern wird es innerbetrieblich notwendig sein, die Erfahrungen und Kenntnisse aus den zuständigen Abteilungen Versicherungswesen, Risikomanagement, IT, Compliance, Datenschutz, Recht, Sicherheit usw. zusammenzubringen.

Ein **ganzheitlicher Risikomanagement-Ansatz** ist dabei anzustreben. Netzexperten sind der Auffassung, dass etwa 80 % aller Angriffe durch ein grundlegendes Informations-Risikomanagement verhindert oder begrenzt werden könnten.

Die **Sensibilisierung für IT-Risiken** hat in den letzten Jahren verstärkt zugenommen. Man hat erkennen müssen, dass zwar die technische Absicherung der IT-Systeme verbessert werden kann, aber trotzdem nicht alle Lücken geschlossen werden können, um Missbrauchsfälle auszuschließen.

3.1 Internes Risikomanagement

Das interne Risikomanagement hat für die Unternehmen große Bedeutung. Zunächst werden – wie bei einer traditionellen Risikoanalyse – die Bedrohungen ermittelt und mit Eintrittswahrscheinlichkeiten bewertet, um die geeigneten Sicherheitsmaßnahmen festlegen zu können. Schließlich wird das Restrisiko bewertet und ein möglicher Risikotransfer überlegt.

In gleicher Weise geht das IT-Risikomanagement vor. Nur sind die Risiken und Folgen umfangreicher und vor allem schwieriger zu erfassen und zu bewerten. Es kann ein Hacker sein, der eine Sicherheitslücke im System findet, oder auch ein Mitarbeiter, der durch Unachtsamkeit einen Datenschutzvorfall verursacht.

Die Folge kann ein Betriebsunterbrechungsschaden sein, der eine ganzen Standort oder auch nur einen Betriebsteil betrifft. Oder auch ein Datenverlust, der hohe Reputationskosten verursacht.

3.2 IT-Risikomanagement

Um diese Risiken zu vermeiden, sind erhebliche Sicherheitsmaßnahmen erforderlich. Dazu gehören u. a.:

Prävention	Erkennung	Reaktion
Minimierung von Angriffsflächen ▪ Firewall, Mail Security ▪ Penetration Testing ▪ DdoS Mitigation strategies	**Protokollierung Überwachung & Simulation** ▪ Monitoring von Attacken ▪ Anomalie Entdeckung ▪ Security Operations Center	**Strukturierte Abwehrmaßnahmen** ▪ Reaktionen auf Angriffe ▪ Forensische Analysen ▪ Computer Emergency Response Team (CERT)

Quelle: Christopher Wolf, DVS Cyber-Veranstaltung am 21.05.2014

Sowohl Notfallübungen als auch Penetrationstests werden vermutlich zukünftig noch an Bedeutung gewinnen, denn eines ist klar: Die Fähigkeit des eigenen Sicherheitssystems, auf unmittelbare Bedrohungen und Angriffe schnell und effizient reagieren zu können, hängt nicht zuletzt davon ab, wie routiniert, schnell und effektiv zuvor geeignete Tests und Simulationen durchexerziert worden sind.

Denn das schnelle Zurückkehren in den „normalen" Geschäftsbetrieb nach einem Angriff auf das eigene Sicherheitssystem sollte für jedes Unternehmen oberste Priorität besitzen – es kann das unternehmerische Überleben bedeuten, bevor die eigenen Marktanteile oder Geschäftsbeziehungen aufgrund der Abwesenheit vom Markt verloren gehen oder massiv geschädigt werden.

In Zukunft wird es jedoch nicht ohne menschliche Experten gehen, die folgende Aufgaben wahrnehmen:

Content Engineering	Management	Situational Awareness
■ Workflow Automation ■ Alert & Rule Creation ■ Correlation & Integration ■ Report Development ■ Contextual Enrichment	■ Reporting & Metrics ■ Personnel & Operations Management ■ Strategy & Planning	■ Tracking of APTs ■ Open Source Research ■ Subscription Feeds ■ Threat Validation ■ Impact Analysis & Attribution
Level 1 Analyst	**Level 2 Analyst**	**Level 3 Analyst**
■ Event intake, analysis & triage ■ Analysis ■ SLA to resolution/escalation	■ Incident intake, analysis & triage ■ Additional freeform analysis ■ SLS to resolution/escalation ■ SOS Platform Operations ■ SOC Platform Administration	■ Advanced & Malware Analysis ■ Host & Network Forensics ■ Attribution, cause & origin

Quelle: Christopher Wolf, DVS Cyber-Veranstaltung am 21.05.2014

Der Cyber-Risikomanagement-Prozess kann in vier Teile untergliedert werden:	
1. Risikoanalyse	Unternehmensrelevante Daten erfassen wie: Branche, Datentypen, Einfallstore, Schadentypen, Deliktstypen
2. Risikobewertung	■ Branchenspezifischer Fragebogen wird erfasst ■ Technische Bewertung durch IT-Experten ■ Bewertung cyberspezifischer Schaden und Kostenarten ■ Schadenpotenzialanalyse

Der Cyber-Risikomanagement-Prozess kann in vier Teile untergliedert werden:	
3. Gestaltung des Versicherungsschutzes	■ Vorauswahl der Anbieter ■ Aufnahme der Ausschreibung ■ Umsetzung des Audits/Analyseverfahrens ■ Prüfung und Zusammenfassung der Ergebnisse ■ Angebotserstellung
4. Schadenbearbeitung	■ Erstmeldung eines Schadens/Aufnahme ■ Beauftragung eines Spezialisten/externen Dienstleisters (Forensiker, PR, Krisenmanagement usw.) ■ Verantwortlicher des Schadenprozesses

3.3 IT-Forensik

Die IT-Forensik beschäftigt sich mit der methodischen Analyse von Vorfällen auf IT-Systemen und der gerichtsverwertbaren Sicherung der Beweise. Ziel ist es, exakt festzustellen, welche Aktionen auf einem IT-System stattgefunden haben und wer Verursacher oder Verantwortlicher hierfür ist.

Neben der Aufklärung von Straftaten kann die IT-Forensik auch zum Einsatz kommen, um Störungen oder Fehlfunktionen der IT zu analysieren und aufzuklären. Die gesicherten digitalen Beweismittel müssen verschiedenen Anforderungen beispielsweise denen der Gerichte genügen. Die IT-Forensik lässt sich nochmals in die Computer-Forensik und die Daten-Forensik unterteilen. Während sich die Computer-Forensik um die Analyse von Geräten kümmert, sind bei der Daten-Forensik Datenbanken und Datenbestände Inhalt der Untersuchungen. Sowohl polizeiliche Behörden als auch IT-Unternehmen und Beratungsfirmen betreiben IT-Forensik.

Die anfallenden Kosten für forensische Untersuchungen und die Abwehrkosten für angedrohte Sicherheitsbeeinträchtigungen können erheblich sein, deshalb sollte auch eine entsprechende Kostenposition mitversichert werden. Zu diesen Kosten gehören u. a. auch

- forensische Kosten zur Ermittlung der Ursache und von Behebungsmaßnahmen,
- Kosten für die Feststellung digitaler Spuren.

Der elektronischen Spurensicherung kommt immer mehr Bedeutung zu, sodass dieser Aspekt unbedingt berücksichtigt werden sollte.

Das BSI hat den Leitfaden für IT-Forensik veröffentlicht, der sich an Sicherheitsverantwortliche, Betreiber von IT-Systemen oder Administratoren wendet. Für diese Zielgruppen beschreibt der Leitfaden das methodische Vorgehen für Datenanalysen auf Datenträgern und Analysen in Computernetzwerken. Ziel ist es, bei der Aufklärung von IT-Vorfällen zu unterstützen. Der Leitfaden dient als Nachschlagewerk und beinhaltet verschiedene praxisbezogene Problemstellungen und Beispiele

3.4 Kontakt zu Behörden

Neben den Aha-Effekten nach durchgeführten Penetrationstests und nach einem gewollten Ausfall der IT durch Abschalten des Netzwerkes zu Übungszwecken, erweist es sich in der Praxis insbesondere für Großunternehmen als sinnvoll, sich mit den für Kriminalität zuständigen Behörden wie Kriminalpolizei, Landeskriminalamt, BKA, BSI usw. in den ruhigeren Zeiten ohne Cybervorfall in Verbindung zu setzen, sich kennenzulernen und ggf. gemeinsame Strategien zu entwickeln.

Auch solche Maßnahmen können dazu beitragen, dass sich die Panik nach einem Cyberschadenfall in Grenzen hält, da man die handelnden Personen und die Vorgehensweise bereits kennt und man insofern sehr viel besser vorbereitet ist.

3.5 Fragebögen, Workshops, Interviews

Es geht darum, die IT-Infrastruktur, die Sicherheitsmechanismen, konkrete Abhängigkeiten und Gefahrenpotenziale zu erkennen und mit geeigneten Maßnahmen Risiken minimieren zu können. Dadurch erhält der VN einerseits im Risikoermittlungsprozess u. U. umfassende und nützliche Informationen über seine Gefährdungssituation. Andererseits wird der Anbieter in die Lage versetzt, das zu versichernde Risiko mit einer Vielzahl seiner Facetten zu erkennen und ggf. zu tarifieren.

KMU-Fragebögen

Aufgrund der geringen Prämiensumme führen die Anbieter bei KMU keine zeit- und kostenintensiven Cyber-Risikoanalysen durch – es werden derzeit meist klassische Risikofragebögen verwendet, die teilweise auf Papier, zunehmend aber auch online ausgefüllt werden können.

Der GDV-Musterfragebogen enthält mindestens zehn Fragen, je nach Risikopotenzial kommen weitere hinzu. Einige Anbieter kommen sogar mit weniger als fünf Fragen aus.

KMU Cyber-Fragebögen sind einfach und schnell ausfüllbar und können zu einer schnellen Angebotserstellung führen. Umfrageergebnisse zeigen, dass die Fragebögen oft von KMU-Geschäftsführern selbst ausgefüllt werden, was dann problemlos ist, wenn dieser sich mit dem Thema bereits intensiv auseinandergesetzt hat. Ansonsten könnte das Risiko bestehen, dass falsche Antworten gegeben werden.

Internetbasierte Sicherheitsbewertungen als ergänzende Maßnahme

Ein weiterer Ansatz zur Risikobewertung besteht als ergänzende Maßnahme in den sog. Outside-in-Analysen. Hier wird das Sicherheitsniveau eines Unternehmens mit öffentlich zugänglichen Daten und Scans von außen bestimmt, ohne dass das analysierte Unternehmen selbst aktiv werden muss. Es wird versucht ein ganzheitliches Risikoprofil zu erstellen. Anbieter sind z. B. Bitsight Technologies, Cyence, Security Scorecard, PPI (Cysmo) und eine ganze Reihe von Start-Ups.

Beispiele für typische Fragen in Fragebögen:

- Wie werden die Umsätze generiert/Kundenkonten?
- Welchen Stellenwert hat die IT im Unternehmen?
- Existiert ein BCP (Business Continuity Plan) oder ein Disaster-Recovery-Plan?
- Wird für alle Systeme mindestens einmal täglich ein Backup durchgeführt?
- Hat es in den letzten drei Jahren signifikante Verstöße gegen Vertraulichkeit, Datenschutz, Datenverlust gegeben?
- Verfügen Sie über Richtlinien zur Dokumentenaufbewahrung und zur Dokumentenlöschung?
- Ist Ihr Netzwerk so konfiguriert, dass nur ein enger, genau definierter Personenkreis Zugang zu sensiblen Daten erhält?
- Wie hoch ist die Gesamtzahl der Angestellten, einschließlich Direktoren und Partnern, die Zugang zu sensiblen Daten von Angestellten oder Dritten haben?
- Sind sämtliche sensiblen Daten und vertraulichen Informationen in verschlüsselter Form gespeichert?

- Haben Sie die Kontrolle über die Firewalls an allen Verbindungsstellen zwischen nicht vertrauenswürdigen Drittanbieter-Netzwerken und ihrer Organisationen, die jeglichen unbefugten Datenverkehr blockiert?
- Haben Sie alle rechtlichen und branchenüblichen Compliance-Richtlinien identifiziert?
- Ab wann hätte eine Nichterreichbarkeit Ihrer Webseite spürbare Auswirkungen auf Ihre Geschäftstätigkeit?
- Wie lange dauert es, bis Ihre Systeme nach einer Hackerattacke oder einem Datenverlust wieder komplett verfügbar sind?
- Speichert Ihr Unternehmen sensible oder personenbezogene Daten?
- Auf welchem Weg können Dritte an diese Daten gelangen?
- Welche Kosten könnten dem Unternehmen durch den Datenverlust entstehen?
- Welche Ansprüche Dritter sind nach einem Datenverlust oder Angriff denkbar?
- Welche Netzwerke oder Systeme könnten ein mögliches Ziel für einen Hackerangriff sein?
- Welcher Schaden könnte Ihrem Unternehmen durch eine Unterbrechung dieser Systeme entstehen?

Arbeitskreis Beratungsprozesse mit neuer Risikoanalyse

Als Unterstützung für die Kundengespräche hat der Arbeitskreis Beratungsprozesse eine kostenlose Risikoanalyse für gewerbliche Cyberversicherungen entwickelt. Er will damit Vermittlern eine erste Hilfestellung geben. Und auch für VN dürfte diese interessant sein. Diese ersetzt aber keine Entscheidung über die im Einzelfall notwendige individuelle, also kundenspezifische, Analyse und Bewertung des Risikos.

Das Dokument wurde für Unternehmen aller Branchen mit einem Jahresumsatz bis 10. Mio. EUR konzipiert und eignet sich nach Angaben des Arbeitskreises für eigenständige Cyber-Versicherungen ebenso wie für Cyberschutz als Annex.

In der Analyse können eventuell vorhandene Policen, Vorschäden, Risiken und Schutzmaßnahmen erfasst werden und der vom Interessenten gewünschte Versicherungsumfang protokolliert werden.

Problem: Wie oft bei noch jungen Geschäftsfeldern konnten sich am recht jungen Cyberversicherungsmarkt noch keine festen Standards im Markt etablieren.

Entscheidend ist daher eine sorgfältige Risikoanalyse. Erst sie liefert eine tragfähige Basis für bedarfsgerechten Versicherungsschutz.

(Weitere Infos https://www.beratungsprozesse.de/downloads/)

3.6 Unterstützung durch Dienstleister

Die Anbieter unterstützen den (potenziellen) Kunden durch die Bereitstellung versicherereigener Dienstleister (z. B. Allianz Risk Consulting, AXA Matrix Risk Consultants) oder durch externe Dienstleister wie HiSolutions, Control Risks, riskmethods GmbH, digitalresolve, Perseus usw. sowie IT-Forensiker, KrisenPR-Berater und fachlich spezialisierte Juristen und Sozietäten (vgl. hierzu auch Ziffer 9).

In diesem Kontext sollte der potenzielle Kunde hinterfragen, ob und was ihn die Dienstleistungen kosten, wenn er den Vertragsabschluss durchführt oder nicht durchführt.

Solche Assistance-Leistungen stellen neben der finanziellen Erstattung von Schäden ein ganz entscheidendes Leistungsmerkmal dar. Gemeinsam mit einem externen oder internen Dienstleister kann bereits im Vorfeld ein Krisenplan entworfen und ein Krisentraining durchgeführt werden. Im Schadenfall wird ebenso die IT-Forensik übernommen, die Spurensicherung im IT-System.

Schäden verhindern können Versicherungslösungen wie eine separate oder zusätzliche Cyber-Versicherungen nicht allein. Dazu kann nur eine gute Sicherheitsarchitektur der IT beitragen. Insofern ist die Kombination von Prävention und Versicherung sehr empfehlenswert.

3.7 Checkliste „Sofortmaßnahmen für den Krisenfall"

Die wichtigsten Sofortmaßnahmen für den Krisenfall:

1. Krisenplan durchhalten!

IT-Sicherheitsvorfälle sind Extremsituationen, die zu großen psychischen Belastungen für die handelnden Personen führen können. Ein Krisenplan hilft! Diesen im Krisenfall abzuarbeiten trägt dazu bei, keine wesentlichen Schritte zu vergessen. In den ersten Stunden wird es darum gehen, die Gefahrenquellen zu identifizieren, zu beseitigen und mögliche Sicherheitslücken zu schließen.

2. Krisenfall und Reaktion dokumentieren!

Alle Erkenntnisse über den entdeckten oder vermuteten Cyberangriff sind gründlich und genauestens zu ermitteln und zu dokumentieren. Dies ist wichtig, um Behörden und Betroffene ausreichend informieren zu können. Experten werden benötigt, Beweismittel wie Log-Files sind zu sichern. Eine umfassende Dokumentation hilft bei der Analyse und bei der Prävention gegen zukünftige Angriffe.

3. Strafverfolgungsbehörden einschalten!

Strafverfolgungsbehörden können bei der Verfolgung der Täter mehr erreichen als der Geschädigte. Sie können u. a. Anschlussdaten beschaffen, Durchsuchungsmaßnahmen initiieren sowie Informationen aus ansonsten unzugänglichen Quellen beschaffen. Dabei sollte stets schnell und abgestimmt gehandelt werden.

4. Meldepflicht prüfen und ggf. melden!

Eine Meldung an Datenschutzaufsichtsbehörden, andere Behörden wie das BSI und/oder die Betroffenen kann erforderlich sein. Einzuhaltende Fristen sind zu ermitteln! Meldungen an Datenschutzaufsichtsbehörden haben innerhalb von 72 Stunden zu erfolgen (vgl. Artikel 33, 34 DSGVO). Ob eine solche Meldung tatsächlich zu erfolgen hat, bedarf oftmals einer Prognoseentscheidung im Hinblick auf das bestehende Risiko für die Betroffenen, da die Sachlage in den seltensten Fällen eindeutig sein wird. In jedem Fall sollte vor einer Meldung die Kommunikations- und Verteidigungsstrategie festgelegt werden.

5. Datenschutz berücksichtigen!

In Stresssituationen werden oft elementare (datenschutz-) rechtliche Anforderungen bei internen wie externen Ermittlungsmaßnahmen übersehen, die im Krisenfall zu sanktionierbaren Datenschutzverstößen führen könnten. Insbesondere vor Mitarbeiterscreenings oder der personalisierten Kontrolle von Log-Files sollten die Maßnahmen deshalb rechtlich geprüft werden.

6. In der Ruhe liegt die Kraft!

Grundsätzlich sollte gelten: Ruhe bewahren! Unbedachte Maßnahmen können den Schaden vergrößern. Experten können hier helfen, solche Fehler zu vermeiden.

4 Versicherungslösungen im Überblick

Für alle für die Datenverarbeitung erforderlichen Anlagen (Hardware) und die dazugehörige Software sowie für die durch den Ausfall der Einrichtungen entstehenden Vermögensschäden stellt die Versicherungswirtschaft eine Reihe von Versicherungen zur Verfügung.

4.1 Kurzüberblick „Klassische Versicherungen“

Nachstehend werden im Überblick die im eigenen Unternehmen ggf. vorliegenden „klassischen Versicherungen“ charakterisiert:

Klassische Sach- und Ertragsausfallversicherungen

- **Feuer- und EC-Versicherungen**
  - Versicherungsschutz für Schäden an Sachen,
  - Versicherungsschutz für fortlaufende Kosten und entgangenen Gewinn,
  - Mitversicherung von Schäden an Daten infolge der versicherten Gefahren;
- **Elektronik- und Maschinenversicherung**
  - Mitversicherung von Schäden durch die versicherten Gefahren und sich daraus ergebende Datenveränderungen,
  - Mitversicherungsmöglichkeit (optional) von Wiederherstellungs- bzw. Wiederbeschaffungskosten, sofern Schäden an Daten ohne vorausgehenden Sachschaden eingetreten sind;
- **Vertrauensschadenversicherungen**
  - Versicherungsschutz für die Schäden durch die vorsätzliche Herbeiführung eines Schadens durch Vertrauenspersonen oder Dritte,
  - Ausschluss jedoch für mittelbare Schäden, z. B. Ertragsausfall oder Lösegeldforderungen.

Ganz anders sieht es dagegen bei den „Cyber-Risiken“ aus. Für diese besteht bei den „Klassischen Versicherungen“ i. d. R. ein strenger Risikoausschluss:

- **Sach-/Ertragsausfallversicherungen**
  Hier sind nicht versichert: Schäden durch Computer-Viren, Trojaner, Würmer oder gleichartige Programme mit zerstörender oder beschädigender Wirkung auf Hard-, Software oder Daten sowie Schäden durch den Ausfall externer Netze.
- **Technische Versicherungen**
  Auch hier besteht ein sehr strenger Cyber-Risk-Ausschluss. Daten und Programme sind nur als Folgeschaden versichert.

Zwar ist über die Datenklauseln weitergehender Versicherungsschutz möglich, jedoch sind die zur Verfügung gestellten Summen eher begrenzt.

- **Haftpflichtversicherungen**
  Die traditionelle Betriebshaftpflichtversicherung und IT-Zusatzdeckung sieht ebenfalls Deckungsausschlüsse vor. So sind Ansprüche Dritter wegen Schäden durch Datenübermittlung, z. B. E-Mail, nicht versichert, jedoch weitgehender Einschluss der IT-Nutzerdeckung.
  Gedeckt sind nur:
  - Datenwiederherstellungskosten,
  - Ausschlüsse u. a. „Schadsoftware",
  - Beschränkung auf europäisches Recht.

  Sublimits: gesetzliche Haftpflichtansprüche bei einem Hackerfall nicht klar; Verschulden gegenüber geschädigtem Dritten liegt beim Unternehmen oft nicht vor.
- **Vertrauensschadenversicherung**
  In der Vertrauensschadenversicherung werden ausschließlich unmittelbare Verluste des Unternehmens gedeckt. Zu nennen sind hier beispielsweise der Fake-President-Fraud und weitere unmittelbare Schäden, die dem versicherten Unternehmen durch Cyberangriffe entstehen. Allerdings muss es sich dabei um zielgerichtete Angriffe Dritter in das EDV-System handeln. Die mittelbaren Schäden sind nur sehr eingeschränkt mitversichert, so die erforderlichen Mehrkosten zur Fortsetzung des Geschäftsbetriebes für sechs Monate usw. (§ 17 AVB VSV-Premium).
- **Directors & Officers Liability**
  In der D&O-Versicherung gibt es keinen generellen Ausschluss für Cyberrisiken (Ziff. 5 AVB-AVG). Schäden durch Cyberangriffe könnten teilweise abgedeckt sein, wobei der Versicherungsschutz auf echte Vermögensschäden begrenzt ist. Außerdem ist die Deckung von besonderen beweisrechtlichen Anforderungen abhängig. Einem im Innenverhältnis in Anspruch genommenen Geschäftsleiter müsste eine Pflichtverletzung in Bezug auf die Bewertung und Reaktion auf Cyberrisiken nachgewiesen werden. Werden elementare Sicherheitsstandards eingehalten dürfte sich ein solcher Nachweis als schwierig erweisen.

Damit bleiben z. B. Schäden durch nicht zielgerichtete Schadsoftware, durch Schadsoftware ohne vorausgehenden Sachschaden oder durch DoS-Attacken, bei denen Schädiger zielgerichtet die Internetseiten des Unternehmens lahmlegen und damit die Geschäftstätigkeit unterbinden, ungedeckt.

Auch die mittelbaren Kosten, die durch Hackerangriffe (z. B. beim Ausspähen und anschließenden Missbrauch von Passwörtern oder Kreditkartennummern) entstehen, sind nicht versichert. Kosten für die Wiederherstellung der Reputation nach einem Datenskandal können ebenfalls nicht entschädigt werden.

4.2 Versicherungsschutz für Cyber-Risiken

Die üblichen Industrieversicherungen decken Cyber-Risiken also i. d. R. nur unzureichend ab, denn die meisten Sachdeckungen beruhen auf dem Konzept eines materiellen Schadens. Der deckungsauslösende Sachverhalt, also die Schadenursache, muss gewöhnlich auf einem chemischen oder physischen Ereignis beruhen (Sachschaden).

Dagegen ist der deckungsauslösende Sachverhalt bei IT-Szenarien und IT-/Eigenschadendeckungen immer ein immaterieller Schaden. Das Verschwinden von Daten oder deren Nichtverfügbarkeit, Blockierung oder Manipulation reicht aus, um die Deckung auszulösen (Deckung ohne vorangegangenen Sachschaden).

Cyber-Deckungen sind extrem vielfältig. Sie müssen genau zu dem Deckungsbedarf des zu versichernden Unternehmens passen. Deshalb muss eine genaue Risikoanalyse dem Versicherungsangebot vorausgehen. Dies ist auch der Grund, weshalb Standarddeckungen sich eher für kleinere und risikotechnisch überschaubare Firmen eignen und ansonsten i. d. R. wenig Sinn ergeben.

So gibt es auch keine Orientierungsangebote, die einen Kostenvergleich ermöglichen.

Durchgesetzt haben sich Modullösungen, die aus der Eigen- und Drittschadenversicherung bestehen.

Eigenschadenversicherung

Der Deckungsschutz umfasst z. B. folgende Kosten:

- Kosten für das Krisenmanagement;
- Benachrichtigungskosten: Kosten, die für die Benachrichtigung von Kunden nach Datenschutzverletzungen entstehen;
- forensische Kosten: kriminaltechnische Analyse, die gestohlene und zerstörte Daten identifiziert;
- Mehrkosten durch IT-Ausfall oder Missbrauch der Telefonanlage;
- Kosten für die Wiederherstellung des Systems und/oder von Programmen, Software sowie Daten;

- Betriebsunterbrechungskosten, d. h. fortlaufende Kosten und entgangener Gewinn;
- Wiederherstellung der Reputation;
- sonstige Assistanceleistungen;
- Kosten/Entschädigungszahlung bei Cyber-Erpressung;
- weitere Versicherungen wie Hardwareversicherung.

Drittschadenversicherung

Zum Deckungsumfang gehören z. B.:
- Datenschutzrechtsverletzungen;
- Ansprüche des Kunden als Folge des Diebstahls von Kundendaten;
- Umsatzausfall beim Kunden durch Unterbrechungsschaden;
- Haftung für Reputationsschaden/Rufschädigung bei Dritten;
- Third Party Recovery, z. B. wenn Kunden- oder Kreditkartendaten verloren gehen, können Banken das Neuausstellen der Kreditkarten geltend machen;
- Verstoß gegen Gesetze und Regularien;
- Kreditüberwachung: Kosten für die Beobachtung, Beurteilung und Auswertung von Kreditrisiken;
- Verteidigungskosten;
- Vertragsstrafen, Bußgelder;
- Haftung wegen Persönlichkeitsrechtsverletzungen;
- Haftung aus dem Vertrag;
- Übermittlung von Malware auf Drittsysteme,
- Verletzung geistiger Eigentumsrechte,
- weitere Versicherungen wie D&O, VSV, Rechtsschutz.

4.3 Non-affirmative Deckungen (Silent Cyber)

Aufgrund zunehmender Cyberattacken und anderer Cybervorfälle entschied sich die Versicherungsaufsicht Bundesanstalt für Finanzdienstleistungsaufsicht (kurz BaFin) 2018 dafür, Industrieversicherer für das Thema „Silent Cyber" zu sensibilisieren. Die Ernsthaftigkeit dieser Ansage erkennt man daran, dass als einer der Schwerpunkte der Versicherungsaufsicht für 2019 festgelegt wurde: „Prüfung von 'versteckten' (sog. non-affirmative) Cyber Risiken in Versicherungspolicen."

Unter „non-affirmative (oder auch silent) Cyber Deckungen" verstehen Versicherer die nicht intendierte und vor allem auch nicht in der Prämie kalkulierte Mitversicherung von Cyberrisiken in einer oder in mehreren der traditionellen Versicherungssparten, also außerhalb einer eigenständigen Cyberversicherung.

Es geht dabei um eine Vielzahl von konventionellen Policen, in denen Cyberrisiken beispielsweise nicht erwähnt oder nicht explizit ein- oder ausgeschlossen sind und somit auch zu einer Exponierung in Sach- und Haftpflichtportfolios führen können. Sind in einem Schadenfall mehrere Deckungen eintrittspflichtig oder sind von einem Schadenereignis über eine Lieferkette hinweg eine Vielzahl unterschiedlicher Unternehmen betroffen, könnten sich die eintrittspflichtigen Versicherer Kumulrisiken in bedeutendem Ausmaß ausgesetzt sehen.

Es wurde bei 27 Versicherern nachgefragt, ob sie einen Schaden in diesem Bereich hatten. Von den befragten Versicherern meldeten lediglich zwei einen Silent Cyber Schaden. Allerdings hat die Hälfte der Unternehmen zu bedenken gegeben, dass es nicht einfach sei, derartige Fälle zu identifizieren.

Im Ergebnis daraus folgerte **Dr. Frank Grund**, der Exekutivdirektor Versicherungs- und Pensionsfondsaufsicht, der BaFin: *„Da ist nicht so viel Sorge angebracht."* (Handelsblatt am 29.10.2019). Und an anderer Stelle: „Beim Thema Silent Cyber ist nach seiner (*Frank Grund*) Einschätzung aber nicht so viel Sorge angebracht, wie derzeit an den Tag gelegt wird." (Versicherungsmonitor am 29.10.2019).

Ob ein Versicherer mit Ausschlüssen reagiert oder Klarstellungen versucht – in jedem Fall sollte der Kunde einige Grundsätze berücksichtigen:

- Analyse der eigenen Cyberrisiken und deren Potenzial;
- Internen Dialog zwischen Leitung, IT, Risk Management und Versicherungsabteilung starten;
- Cybersicherheit muss in der Verantwortung der Unternehmensleitung sein;
- Cyber-Versicherungen sind kein Ersatz für traditionelle Deckungen;
- Es kann ein massives Ungleichgewicht in Deckungshöhe, Umfang und Prämien entstehen;
- Offener Dialog mit dem Versicherer über Risiken und deren Deckung sinnvoll;
- Pauschale vermeintliche Ausschlüsse sollten nicht akzeptiert werden;
- Vorsicht bei Klarstellungen – Einschränkung des Interpretationsspielraums könnte drohen!

(Quelle: aus der Präsentation von Jörg Henne, GF des GVNW e. V. anlässlich der Marktinformationsveranstaltung des GVNW am 05.11.2019 in Frankfurt/Main)

Es ist durchaus nachvollziehbar und sinnvoll, dass die Versicherer die von ihnen versicherten Cyberrisiken verstehen und mit Blick auf die von ihnen angebotenen Versicherungsdeckungen wissen wollen, wo und in welchem Umfang sie Versicherungsschutz zur Verfügung stellen. Dies liegt auch im Interesse der Kunden, weil so sichergestellt werden kann, dass im Schadenfall keine Diskussion über die Intention des vereinbarten Versicherungsschutzes entbrennt.

Und auch aus versicherungsnehmender Sicht ist die Durchführung eines „technischen Underwritings" unter Berücksichtigung möglicher Kumulrisiken begrüßenswert.

Es kann aber nicht sein, dass Versicherer über pauschales Ausschließen vorhandenen Versicherungsschutzes und den zusätzlichen Abschluss separater Cyber-Versicherungen gegen erhebliche zusätzliche Prämien versuchen, ihr Kumulproblem auf die Kunden abzuwälzen. Die Versicherer riskieren damit einen weiteren drastischen Vertrauensverlust.

(vgl. hierzu: Reiner Siebert, GF, GVNW e.V., Die Versicherung von Cyber-Risiken – Zeit für einen marktweiten Dialog, in: Die VersicherungsPraxis, 6.2019, Seite 17 + 20)

4.4 Bedingungen

So unterschiedlich die Deckungsanforderungen sind, so unterschiedlich sind auch die von den Gesellschaften zur Verfügung gestellten Bedingungen.

Ein neuer Versicherer, ein überarbeitetes Bedingungswerk oder neue Klauseln erscheinen in kurzen Zeitabständen auf dem Markt. Neuerungen, die mal als Standard, mal als optionaler Baustein präsentiert werden.

Mittlerweile ist der Markt für Makler, Vermittler und auch für die Kunden auf der Bedingungsseite recht unübersichtlich geworden, was für diese anspruchsvolle Sparte eine Herausforderung darstellt.

Hinzu kommt noch, dass Cyber je nach Versicherer in unterschiedlichen Sparten (Haftpflicht, Technische Versicherungen oder Financial Lines) beheimatet ist. Diese Situation beeinflusst natürlich auch das Wording, das von den entsprechenden Gesellschaften angeboten wird. Auch die Kopie anglo-amerikanischer Vorlagen ist noch erkennbar, was dem Verständnis und der Bedingungsauslegung nicht immer dienlich ist und zu unterschiedlichen Auslegungen führt. Eine einheitliche Struktur der am Markt verfügbaren Bedingungen gab es bisher nicht. Gefahren und Schäden sind unterschiedlich zugeordnet, da ein allgemeingültiger Bedingungsaufbau fehlte.

AVB Cyber

Die 2017 vom GDV veröffentlichten **Allgemeinen Versicherungsbedingungen für die Cyberrisiko-Versicherung (AVB Cyber)** geben eine Orientierung für den Bedingungsaufbau.

Vorgesehen sind diese Musterbedingungen für Unternehmen mit einem Umsatz bis 50 Mio. EUR und einer Größe bis 250 Mitarbeiter. Sie richten sich u. a. an Arztpraxen, Anwaltskanzleien, Handwerksbetriebe und Industriezulieferer.

Ähnlich wie bei den anderen Sparten wurden die Bedingungen in Teil A und Teil B unterteilt.

Teil A enthält Regelungen zur Ausgestaltung des Versicherungsschutzes in der Cyberrisiko-Versicherung.

- Abschnitt A 1 enthält allgemeine bausteinübergreifende Regelungen.
- Abschnitt A 2 regelt Kostenpositionen für den Zeitpunkt vor und nach Eintritt des Versicherungsfalles.
- Abschnitt A 3 regelt den Haftpflichtversicherungsschutz im Rahmen der Cyberrisiko-Versicherung.
- Abschnitt A 4 regelt den Versicherungsschutz für Eigenschäden (Betriebsunterbrechung und Datenwiederherstellung) im Rahmen der Cyberrisiko-Versicherung.

Teil B enthält Regelungen über allgemeine Rechte und Pflichten der Vertragsparteien.

- Abschnitt 1 regelt Beginn des Versicherungsschutzes und Beitragszahlung.
- Abschnitt 2 regelt Dauer und Ende des Vertrages/Kündigung.
- Die Abschnitte 3 und 4 enthalten Obliegenheiten des Versicherungsnehmers bei und nach Eintritt des Versicherungsfalles und weitere Bestimmungen.

Gleichzeitig hat der Gesamtverband der Versicherungswirtschaft (GDV) einen **unverbindlichen Risikofragebogen** entwickelt, der zur individuellen Risikoeinschätzung vor Abschluss eines Vertrages dient.

In den Kommentaren wird das Vorliegen von unverbindlichen Musterbedingungen für die Cyber-Sparte grundsätzlich begrüßt. Sie werden die Versicherer zum einem bei der Entwicklung eigener Angebote unterstützen und auf der anderen Seite für Unternehmen und Makler ein Vergleichsmaßstab sein, Versicherungsangebote zu bewerten. Andererseits besteht die Meinung, dass die AVB-Cyber im Vergleich zu den bereits am deutschen Markt bestehenden Cyber-Policen weder konkurrenzfähig noch praxistauglich sind. Denn am deutschen Markt bestehen bereits wesentlich ausgereiftere Cyber-Produkte.

Hervorgehoben werden die gelungene Gliederung in Deckungsbausteine getrennt nach Kostendeckung (Abschnitt A 2), Haftpflichtdeckung für Drittschäden (Abschnitt A 3) und Eigenschadenversicherungsschutz (Abschnitt A 4).

Die Berechnung des Betriebsunterbrechungsschadens nach einem Tagessatz verdeutlicht, dass die AVB Cyber nur für KMU Bedeutung haben werden.

Viel Sorgfalt wurde auch bei der Formulierung der Allgemeinen Ausschlüsse (Ziffer A 1 – 17) und der Besonderen Ausschlüsse (Ziffern A 3 – 7 und A 4 – 2.3) sowie bei der Ausgestaltung der Obliegenheiten aufgewendet. So müssen die im Musterfragebogen abgefragten wesentlichen Risiken bereits vor dem Schadenfall beseitigt worden sein.

Andererseits ist das lediglich beim Eigenschaden relevante Manifestationsprinzip in der Definition des Versicherungsfalles nicht wirklich neu am deutschen Markt. Nach Ziffer A 1 – 4 muss der „erstmals nachprüfbar festgestellte Schaden" innerhalb der Vertragslaufzeit erstmals festgestellt worden sein, damit der Versicherer leistet. Wann die Schadsoftware tatsächlich in die Systeme gelangt ist, oder ein Anspruch Dritter gegenüber dem Versicherungsnehmer erhoben wurde, ist also nicht entscheidend.

Die Musterbedingungen für die Cyber-Versicherung sind ein Standardwerk, das bei der Entwicklung weiterer Bedingungen helfen kann. Die damit verbundene Hoffnung, ein Angebotsvergleich werde dadurch erleichtert, hat sich aber bisher nicht erfüllt.

Nicht gelungen ist es, die bereits am Markt verfügbaren Deckungsinhalte abzubilden. Als Beispiel ist der beschränkte Kostenschutz zu nennen, der sich auf Schadenfeststellungskosten und Benachrichtigungs- und PR-Kosten bei Datenschutzverletzungen beschränkt und nicht die am Markt bereits verfügbare IT-Sicherheitsberatung und Kreditüberwachungsdienstleistung sowie den Strafrechtsschutz einschließt. Selbst vorbeugender Kostenschutz wird angeboten, der auch dann gewährt wird, wenn sich später als Ursache der Untersuchung ein Fehlalarm herausstellen sollte.

Die Versicherungsgesellschaften haben die Versicherungsbedingungen zur Cyber-Versicherung den Markterfordernissen angepasst. Teilweise sind die Versicherer redaktionellen und strukturellen Anpassungswünschen gefolgt. Das waren Aktualisierungen, Klarstellungen, Vereinheitlichung von Definitionen, und eine gewisse Anpassung an die GDV-Musterbedingungen.

Englische und amerikanische Versicherer sind schon seit mehreren Jahren im anglo-amerikanischen Raum mit Cyber-Deckungen vertreten, kommen über die All-Risk-Versicherungsschiene, sind damit meist innovativ und können so ggf. eher auf die Wünsche der Versicherungsnehmer eingehen. Am deutschen Markt werden ebensolche Angebote seit 2009 bereits offeriert.

Deutsche Versicherer sind seit 2012/2013 dabei, sich den Anforderungen zu stellen, eigene Deckungskonzepte zu konzipieren und insofern auch in diesem Segment nachzuziehen, wie schon einmal Ende der 90er-Jahre im Bereich der D&O-Versicherung vollzogen.

Es bleibt abzuwarten, ob sich die Standarddeckungen, die Individualpolice, All-Risk-Konzepte oder Erweiterungen zu bestehenden Deckungen durchsetzen werden. Vielleicht bestätigt sich ja sogar der Eindruck, dass diese neuen Policen das Potenzial besitzen, zu einer Keimzelle für eine kleine Revolution in der Industrieversicherung zu werden.

Das Interessante an den neuen Produkten sind die Erweiterungen im Eigenschaden- und Vermögensschadenbereich – vielleicht mit der Option einer All-Risk-Deckung, die Eigen- und Vermögensschäden ohne vorherigen Sachschaden abdeckt. Man darf gespannt sein – vielleicht ist in einigen Jahren alles Cyber-Versicherung und man subsumiert darunter alle oder fast alle betrieblichen Industrieversicherungssparten.

Einige Jahre des Ausprobierens sind inzwischen vergangen und viele teure Schadenfälle später werden die Cyberversicherer vorsichtiger, denn inzwischen werden die Kapazitäten zurückgefahren, die Bedingungen eingeschränkt und die Preise meist erhöht.

Exkurs: Bündelung einer Lösegeldversicherung mit einer Cyber-Versicherung zulässig

Die Bundesbehörde BaFin hat im BaFin-Journal 9/2017 über eine Änderung für den Betrieb von Lösegeldversicherungen berichtet. So ist eine Bündelung von Lösegeld- mit Cyber-Versicherungen ab sofort gestattet, während das Werbeverbot für die Lösegeldversicherung insofern bestehen bleibt, als für diesen Baustein nicht geworben werden darf.

Werbung ist nur für die Cyber-Versicherung als solche möglich. Klarstellend teilte die BaFin weiter mit, dass bei Einschluss einer Lösegeldversicherung in eine Cyber-Police weiterhin sichergestellt sein müsse, dass die Ermittlungsarbeit der Polizei nicht beeinträchtigt wird. Die Versicherer haben bei dieser sehr sensiblen Geschäftstätigkeit angemessene Standards beim Datenschutz zu gewährleisten, die an die fortschreitende technische Entwicklung anzupassen sind.

Die neuen Regeln gelten einerseits für alle in Deutschland zum Direktversicherungs-Geschäft in der Schaden- und Unfallversicherung befugten Erstversicherungsunternehmen, sowie für alle im Dienstleistungs- oder Niederlassungsverkehr auf dem deutschen Markt tätigen Versicherer aus anderen Mitglieds- und Vertragsstaaten der Europäischen Union und des Europäischen Wirtschaftsraums. Zuvor war es lediglich möglich, separate Deckung dafür anzubieten.

4.5 Die Deckungsangebote der Versicherungswirtschaft

Derzeit werden für die diverse Zielgruppen Angebotsvarianten angeboten. Zu differenzieren ist zwischen den betrieblichen Cyber-Versicherungen und den privaten Cyber-Versicherungen für Einzelpersonen und Familien.

Bei den betrieblichen Cyberdeckungen wiederum existieren Angebote für internationale Konzerne, Großunternehmen ebenso wie für große Mittelständler im Industriesegment, für kleine- und mittelständische Unternehmen (KMU), für Gewerbetreibende, Ärzte/Heilberufe, Handels- und Dienstleistungsbetriebe, Selbstständige und Freiberufler, beratende Berufe wie Rechtsanwälte, Notare, Wirtschaftsprüfer, Steuerberater, ausgewählte Branchen, Handwerker usw.

Die Einstufung wird nach der jeweiligen Umsatzgrößenordnung der Praxis, des Betriebes, des Unternehmens (bis 1 Mio. EUR, 5 Mio. EUR, 10 Mio. EUR, 50 Mio. EUR, über 100 Mio. EUR usw.) vorgenommen.

Ein Markt für private Cyber-Versicherungen hat sich zwischenzeitlich entwickelt. Einige Anbieter offerieren inzwischen selbstständige Cyberschutzprodukte, andere solche in Kombination mit einer Hausratversicherung oder Haftpflichtversicherung oder ergänzend mit Rechtsschutzfunktionen.

Cyberrisiken können sowohl durch neue Versicherungsprodukte gedeckt werden, als auch durch die Erweiterung bestehender Policen.

Einem konkreten Deckungsangebot geht eine unterschiedlich ausgestaltete Risikoanalyse voraus, die im umsatzschwächeren Segment mit Fragebogen erfolgen kann, bei umsatzstärkeren Kunden umso detailliertere Informationen erfordert. Deshalb sind Standardpolicen nur in bestimmten Segmenten tatsächlich sinnvoll. Wer sich für eine Cyber-Deckung interessiert, sollte sich mit dem Thema schon innerbetrieblich auseinandergesetzt haben, um den gewünschten Absicherungsbereich definieren zu können.

Zur Ermittlung des absicherungsbedürftigen Risikos stellen die Versicherungsgesellschaften auch sogenannte Risikoermittlungsbögen zur Verfügung.

Hilfreich ist dabei auch die von der Munich Re herausgegebene Broschüre „Cyber-Risiken – Herausforderungen, Strategien und Lösungen für Versicherer", in der eine Reihe von Gefahrenquellen im Zusammenhang mit der Datensicherheit vorgestellt werden. Dazu zählen:

Globalisierung und Vernetzung

Verbindungen über das Internet erlauben praktisch weltweit den Zugriff auf Daten, Systeme und ganze Organisationen. Ein großräumiger Ausfall des Internets könnte zu weitreichenden Betriebsunterbrechungen führen.

Risiken: Unberechtigter Zugriff, Internetausfall
Betroffene Policen: IT-/Cyber-Deckung

Kritische Infrastruktur

Versicherer sehen den Einsatz von Remote Access als besondere Gefahrenquelle. Sie ermöglichen den Zugang zu Infrastruktursystemen über Internet- und Software-Schnittstellen. Davon betroffen können Verkehrskontrollsysteme und die Versorgungsinfrastruktur (Strom, Wasser usw.) sein.

Risiken: Unbefugter Fernzugriff, Infrastrukturausfall
Betroffene Policen: IT-/Cyber-Deckung

Compliance

Hier geht es um die verschiedenen Datenschutz- und aufsichtsrechtlichen Bestimmungen, die globaloperierende Unternehmen einzuhalten haben. Trotz aller Bemühungen, diese Bestimmungen zu erfüllen, bleibt eine gewisse Rechtsunsicherheit.

Betroffene Policen: Haftpflichtversicherung

Outsourcing und Cloud Computing

Mit Outsourcing von Datenverarbeitung und Cloud Computing (Datenspeicherung) können Kosten gespart werden. Das Problem dabei ist, dass die physische Kontrolle über diesen Teil der IT-Infrastruktur aufgegeben wird. Es ist deshalb sicherzustellen, dass die Anbieter von Cloud-Computing-Lösungen die Sicherheitsanforderungen des Unternehmens einhalten.

Betroffene Policen: IT-/Cyber-Deckung (Datenverlust, Betriebsunterbrechung, Haftpflicht)

Cyber-Attacken

Nach Angaben der Munich Re hat „die moderne IT eine neue Plattform für kriminelle Aktivitäten aller Art geschaffen. Sie reichen von Diebstahl, Betrug, Schädigung von Vermögenswerten und Erpressung über Spionage, Rufschädigung, Kinderpornografie bis hin zum Terrorismus, ja sogar zu kriegerischen Handlungen".

Betroffene Policen: IT-/Cyber-Deckung

5 Anbieter betrieblicher Cyber- Versicherungen

Mehrere Versicherungsgesellschaften und Makler bieten inzwischen Cyber-Versicherungen in unterschiedlicher Ausprägung an. Es zeigte sich über die Jahre, dass sich immer mehr Versicherer an diese Risikodeckung wagen. Das Problem sind teilweise nicht ausreichende Deckungssummen. Wenn die Firmen den größten Teil des Risikos selbst tragen müssen, ist das keine Option. Es ist andererseits auch klar, dass es eine umfassende Deckung nicht zum Schnäppchenpreis geben kann.

Hinweis:

Cyber-Versicherungen stellen ein dynamisches Segment und einen Markt mit erheblichem Wachstumspotenzial für die Versicherer dar.

Munich Re geht davon aus, dass der globale Cyberversicherungsmarkt bis 2025 auf ein Volumen von über 20 Mrd. USD wachsen und somit verglichen mit 2018 vervierfachen wird. Für 2020 schätzt Munich Re den globalen Cyberversicherungsmarkt auf ein Volumen von über 7 Mrd. USD, wobei Nord-Amerika mit 5,3 Mrd. USD weiterhin der stärkste Markt bleiben wird. In Asien und Europa erwartet Munich Re starkes Wachstum. Für Europa wird das Cyber-Markt-Volumen 2020 auf über eine Milliarde USD geschätzt.

Inzwischen gibt es bereits mehr als vierzig Anbieter von Cyber-Versicherungskonzepten, in aller Regel mit Eigenschadendeckung und Haftpflichtversicherungsschutz. Sowohl Erstversicherer, Rückversicherer als auch Industriemakler offerieren Cyberversicherungsschutz (Stand Anfang Mai 2020):

Anbieter	Aktuelle Produktangebote
AGCS	Allianz Cyber Protect Premium ACPP (V27022019)
AIG	CyberEdge Version 3.0 (4.2018)
Allianz	CyberSchutz 3.0 (11/2019)

Anbieter	Aktuelle Produktangebote
Alte Leipziger	AL Cyber (9.2019)
AON	AON Enterprise Solution AON Fokus Cyber 2016 (1.2016)
ARAG	ARAG Cyber Schutz (für KMU)
AXA	ByteProtect Revision 5.0 (10.2019)
AXA XL	AXA XL CYBER (9.2018)
Basler	Basler Cyber Police (für KMU) AVB Cyber
Bayerische/Markel	Cyber Multi Risk (online)
Chubb	Cyber Enterprise Risk Management (5.2017)*
CNA/HARDY	NetProtect
Cogitanda	Cogitanda Cyber Pro + (ERGO Risikoträger)
Cogitanda/ Hendricks	HPCY 2020 © Cogitanda (ERGO Risikoträger)
Continentale	KuBuS Cyberrisikoversicherung (7.2020)
Dr. Hörtkorn	Cyber ProtectionPlus (8.2019)
DUAL	DUAL Cyber Defence (2.2020)
ERGO	ERGO Cyber-Versicherung CV2018 (für KMU) ERGO Cyber-Versicherung Kompakt
E+S Rück/ MSK	Cyberpolice
Funk-Gruppe	Funk AXA XL CyberSecure

Anbieter	Aktuelle Produktangebote
FM	FM Global Advantage *** Zusatzpolice „Cyber-Risiken" (keine eigenständige Cyber-Police)
Gothaer	Gothaer Cyber-Versicherung 10/2019 (für KMU) Gothaer Cyber-Versicherung 10/2019
Hamburger Feuerkasse	CyberSchutz 2018 (= Provinzial-Angebot)
HDI Global SE	Cyber + (1.2017) Cyber + Smart (1.2017)
HDI Versicherung AG	Cyberrisk (als Zusatzdeckung zur HP für KMU)** Cyberrisk (als Zusatzmodul zur ärztlichen Berufshaftpflicht)****
Helvetia	Helvetia Business Cyber Versicherung (für KMU)
HISCOX	Hiscox CyberClear (3.2019) Kombipolice aus Cyber- und Sachversicherung (für niedergelassene Ärzte, WP, StB)****
Lampe & Schwartze	Ship Owner's Marine Cyber Cover (mit AGCS)
mailo	mailo Cyber Versicherung (online, auch über CyberDirekt)
Markel	Markel Pro Cyber (4.2019) (für KMU)
Marsh	Cyber Risk Police (siehe auch Victor)
MSK + E+S RE	Cybertarif
Munich Re/Beazley	Vector
Ostangler Brandgilde	Cyberversicherung AB Cyber 2018

Anbieter	Aktuelle Produktangebote
Provinzial-Versicherungen	Cyberrisiko-Versicherung für Sparkassen (AVB Cyber SKüber Prov. Rheinland, Prov. Münster, LBK H. bzw. VGH, ÖSA, SV Sachsen)
Provinzial Rheinland	CyberSchutz 2018 (für KMU)
Roland	JurCyber Jur Cyber Expert WebSecure Gewerbe
R+V	CyberRisk Versicherung (für KMU) (i. R. d. R+V UnternehmensPolice**)
Schunck	Schunck Net Risk (für IT-Unternehmen)
Signal Iduna/Perseus	Cyber Police (für KMU) (Perseus Schutzschild, Security Club)
SV Sparkassen Versicherung, GVV, VKB	Cyber-Versicherung für Sparkassen (AVB CVS mit GVV; VKB über AIG)
SwissRe Corporate Solutions	Cyber Solutions Germany
SwissRe + Capsicum Re	SwissRe Decrypt (CyberRückversicherungslösung)
TOKIO MARINE HCC	Cyber SME Insurance Cyber Security Police DE 2019
TOKIO MARINE KILN	Cyber ProTEC
VHV	VHV Cyberprotect 4.2019 (für KMU)
Victor Deutschland Assekuradeur (Marsh-Tochter)	CyberVlex (mit CyberDirekt)
WTW Willis Towers Watson	Cyberpolice
Württembergische	Cyber-Police (CPW 11/2019) (KMU)

Anbieter	Aktuelle Produktangebote
Zürich	Cyber Data Protection Zurich Firmen Cyber Schutz 10.2018
Zürich	IT Cybercare (für KMU in IT- und Kommunikation)

* ACE hat 2016 die Chubb übernommen und firmiert unter dem Namen Chubb. Die bisherigen Produkte werden nicht mehr angeboten.

** In einer Reihe von spartenübergreifenden Unternehmens- und Geschäftsversicherungen für KMUs wie der beispielhaft genannten R+V werden Cyberkomponenten angeboten.

*** In Sach-Standarddeckungen können wie bei der FM Global Cyberereignisse, die zu einem Sachschaden oder einer BU führen, versichert sein.

**** Einige Anbieter fokussieren sich zusätzlich auf die Zielgruppe der Ärzte und das Heilwesen, auf beratende Berufe wie RA, WP, StB und Handwerker.

Hierzu einige Hinweise:

Der Markt entwickelt sich weiter. Neue Anbieter kommen hinzu, weil die Nachfrage nach Versicherungen gegen finanzielle Folgen von Angriffen aus dem Internet zugenommen hat und sich die Anbieter ihren Anteil am Cyber-Versicherungsmarkt sichern wollen. Insbesondere beginnt auch ein Prozess der kontinuierlichen Bedingungsanpassung. Immer mehr mittlere und kleinere Anbieter springen auf den erfolgversprechenden Zug „Cyberversicherungsgeschäft" auf, unabhängig davon, ob man schon einschlägige jahrelange Erfahrungen mit den besonderen Anforderungen nicht nur beim Abschlussprozess, sondern gerade auch bei der Schadenabwicklung gesammelt hat oder nicht.

Die **Allianz Global Corporate & Specialty (AGCS)**, der globale Industrieversicherer der Allianz Gruppe, bietet das Produkt Cyber Protect Premium an. Die Übernahme sowohl von Krisenmanagementkosten, von Sachschäden an IT-Hardware als auch Sofortmaßnahmen ohne SB für die ersten 48 h nach Anruf der AGCS Cyber Notrufnummer sind 2019 hinzugekommene Features. Im Bereich der Krisenprävention können folgende Angebote genutzt werden: Cyber-Krisenmanagementplan überprüfen, optimieren oder neu einrichten, Cyber-Krisenmanagement innerhalb von 48 Stunden organisieren, Cyber-Krisenfallübung durchführen (jeweils über metafinanz Business & IT-Consulting).

AGCS plant seine Industrieversicherungspolicen zukünftig standardmäßig mit mehr Cyberschutz auszustatten. Derzeit arbeitet man an neuen Produkten mit voreingestellter Cyber-Sicherheit. Die Unternehmen der Charter of Trust (CoT) haben festgelegt, welche Sicherheitsmerkmale bei der nächsten Produktgeneration standardmäßig aktiviert sein sollen. Die von Siemens initiierte „Charter of Trust" fordert verbindliche Regeln und Standards, um Vertrauen in die Cybersicherheit aufzubauen und die Digitalisierung weiter voranzutreiben.

Die **Allianz Versicherungs-AG** bietet den CyberSchutz 3.0 an, die Versicherung für Mittelständler mit einem Jahresumsatz bis zu 150 Mio. EUR. Besonders geeignet ist das Produkt für mittelständische Unternehmen, insbesondere Online-Handelsbetriebe, Rechts- und Wirtschaftskanzleien, Arztpraxen, Hotels, IT-Dienstleister und Handwerksbetriebe.

Charakteristika:

- Deckung auch bei nicht zielgerichteten Angriffen,
- Deckung bei Datenschutzverletzungen (unabhängig von einem Cyberangriff),
- beitragsfreie Rückwärtsdeckung,
- forensische Dienstleistungen bereits bei begründetem Verdacht,
- Basis-Krisenplan und 24/7 Schadenhotline,
- Deckung für Ansprüche weltweit,
- Versicherungsschutz für BU mit den Deckungserweiterungen: Datenmanipulation, Telefonmehrkosten, Fehlbedienung, Systemfehler, Cybererpressung,
- Mögliche Versicherungssummen: 250.000 EUR bis 5.000.000 EUR, höhere Versicherungssummen auf Anfrage.

AIG hat 2018 seine CyberEdgePolice in der Version 3.0 auf den Markt gebracht. Es wurden die Fehlbedienung eines Computersystems generell in den Versicherungsschutz aufgenommen und neue Deckungselemente wie z. B. Geldbeträge in einen Konsumentenschutzfonds und optional sowohl E-Discovery als auch Systemausfall und technische Probleme eingebaut. Sechs Ausschlüsse wurden gestrichen, sechs andere neu aufgenommen. Die Partnerleistung Security Scorecard ermöglicht es den Unternehmen, die Sicherheit ihres eigenen Netzwerkes und das ihrer Lieferanten zu beurteilen. Auf Risikoberichte von BitSight-Technologies, einem Unternehmen, das Cyber-Security-Ratings für Unternehmen erstellt, kann zugegriffen werden. Für Bestandskunden sind unter bestimmten Voraussetzungen auch spezielle Risiko-Tools wie z. B. ein Vulnerability-Scan von IBM verfügbar. Dies ermöglicht es Experten, die Analyse der mit dem Internet verbundenen Infrastruktur eines Unternehmens aus der Ferne durchzuführen, sodass Schwachstellen aufgedeckt werden können.

AON bietet die **„Aon Cyber Enterprise Solution"** an, die Schutz gegen eine Vielzahl möglicher Schäden, die Kriminelle anrichten können – von Schäden an Anlagen über Betriebsunterbrechungen bis hin zu Produkthaftungsschäden, verspricht. **AON** bietet daneben die **Aon Fokus Cyber 2016** in der Fassung vom 26.01.2016 an.

Mit dem **ARAG CyberSchutz** können sich kleine und mittelständische Unternehmen gegen finanzielle Schäden aufgrund von Hacker-Attacken oder Cyberkriminalität absichern. Enthalten sind die Unterstützung durch IT-Experten und die Kosten für eine Rechtsberatung durch einen Anwalt. Auch die Verteidigung in einem Strafverfahren wird beim Vorwurf einer Datenschutzverletzung übernommen, auch für den Fall, dass Datenschutzverordnungen tatsächlich unzureichend berücksichtigt wurden. Beim Vorwurf einer Datenschutzverletzung von Medien oder in sozialen Netzwerken greift ein Krisen-Management. Bei ungezielten Online-Attacken durch Viren sind Schäden bis 5.000 EUR abgesichert. Gezielte Angriffe etwa durch Hacker sind bis 100.000 EUR abgesichert, in der Plusvariante bis 250.000 EUR. Letztere bietet Rechtsschutz beim Vorwurf von Urheberrechtsverstößen im Internet; die Cyber-Ertragsausfall-Versicherung kommt für Umsatzeinbußen auf, die unwissentliche Weiterleitung von Computerviren wird durch eine Cyber-Haftpflicht über den normalen Haftpflichtschutz hinaus eingeschlossen. Die Selbstbeteiligung beträgt 500 EUR.

AXA Deutschland hat mit dem ByteProtect Revision 5.0 ein Update des ByteProtect-Konzeptes 4.0 vorgelegt.

Das überarbeitete Produkt bietet Unternehmen eine Ausweitung der Betriebsunterbrechungsversicherung, in der ebenfalls Rückwirkungsschäden und Ausfälle aufgrund technischer Störungen mitversichert sind. Zudem entfällt die Selbstbeteiligung des Versicherungsnehmers, wenn der Schaden innerhalb von 48 Stunden behoben werden kann. Das Angebot richtet sich an kleine und mittelständische Unternehmen mit einem Umsatz von bis zu 10 Mio. EUR mit einer Preisstaffelung. Produktbausteine können ergänzt oder ausgeschlossen werden:

1. Betriebsunterbrechung (z. B. durch Hacker-Angriff, eingeschleuste Schadsoftware oder DoS-Angriff)
2. Sachverständigen- und Beratungskosten (z. B. bei Wirtschaftsspionage, Manipulation, Datenschutzverletzungen)
3. Wiederherstellungskosten (z. B. bei Bedienungsfehlern, Manipulation und technischen Störungen)

4. Reputations- und Krisenmanagement (z. B. bei Erpressungsversuchen oder Identitätsdiebstahl)
5. Datenschutzverletzungen (z. B. bei unberechtigtem Zugang Dritter oder Diebstahl von Datenträgern)
6. Internet-Betrug (z. B. bei Manipulation von Websites oder unberechtigter Nutzung der EDV-Anlage)
7. Cyber-Haftpflicht (bei Vermögensschäden Dritter inklusive immaterieller Schäden)

AXA XL bietet das Cyberprodukt namens AXA XL Cyber 2018 an. Abgesichert werden sowohl Eigen- als auch Drittschäden, die durch einen Cyber-Störfall entstehen. Nach dem Zusammengehen mit der AXA im März 2018 offerieren AXA und AXA XL weiterhin jeweils ein eigenes Cyberprodukt.

Alte Leipziger bietet seit September 2019 die AL-Cyber an, eine Cyber-Versicherung für kleine und mittelgroße Unternehmen. Das Produkt ist modular aufgebaut – Größe, Risikoeinschätzung und vorhandene Absicherungen werden berücksichtigt. Für kleinere Firmen sind Versicherungssummen ab 10.000 EUR möglich. Zu den Leistungen zählen u. a. die Suche nach der Ursache eines Cyberangriffs (IT-Forensik), die Datenwiederherstellung und Entfernung von Schadsoftware, die Leistung bei Betriebsunterbrechung einschließlich Mehrkosten durch Cloud-Ausfall, der Schadenersatz falls z. B. in Folge eines Cyberangriffs die Datenschutzrichtlinien nicht eingehalten werden konnten, die Einführung sinnvoller Sicherheitsverbesserungen nach einer Cyberattacke und eine telefonische Soforthilfe rund um die Uhr. Die IT-Spezialisten der Hotline bieten erste Hilfe schon bei Verdacht auf einen Schaden. Besonders vereinbart werden kann auch der Deckungsbaustein „CEO-Fraud".

Die **Basler Versicherungen** haben eine Cyber-Police für kleine und mittlere Unternehmen (KMU) auf den Markt gebracht. Diese umfasst Vermögenschäden, die durch Verletzungen der Informationssicherheit entstanden sind. Mit der Basler Cyber-Police sind Folgekosten aus Cyber-Schadenfällen abgesichert wie Forensik-Kosten, Kosten für Krisenkommunikation und PR-Maßnahmen, die Cyber-Drittschadendeckung (Haftpflicht) ist inkludiert, bei Verletzung der Informationssicherheit sind Ansprüche der E-Payment-Serviceprovider oder Rechtsverteidigungskosten bei Straf-, Ordnungswidrigkeits- und sonstigen behördlichen Verfahren enthalten.

Die Cyber-Eigenschadendeckung sichert die Betriebsunterbrechung ab, die Wiederherstellung von Daten und Programmen sowie die Entfernung der Schadsoftware. Die Versicherungssummen können pauschal zwischen 50.000 EUR bis zu 5 Mio. EUR gewählt werden. Die Versicherungssumme gilt für alle Deckungsbausteine. Bei Bedarf können individuelle Sublimits vereinbart werden.

2019 wurde der Antragsprozess für kleine und mittlere Unternehmen mit bis zu 10 Mio. EUR Jahresumsatz vereinfacht. Die Beantwortung einiger weniger Fragen genügt. Zudem wurde der Deckungsumfang erweitert. Beschädigte IT-Hardware sowie Entschädigungen für zu entrichtende Bußgelder im Ausland sind jetzt ebenso eingeschlossen wie analoge Daten. Der Leistungsumfang erstreckt sich jetzt auch auf den Zeitraum nach dem eigentlichen Cyberschadenfall, es werden Honorare für eine Sicherheitsanalyse inklusive der Empfehlungen zur Sicherheitsverbesserung erstattet. Die Basler hat zum Jahresbeginn 2020 ihre Cyberversicherungspolicen erweitert. Künftig sind unter anderem Mehrkosten (z. B. für Strom, Gas oder Wasser) abgedeckt, die Unternehmen durch den Missbrauch ihrer informationsverarbeitenden Systeme entstehen, um Krypto-Währungen zu erstellen (sogenanntes Krypto-Mining).

Eine Kooperation zwischen **Bayerische**/Bayerische Beamten Versicherung und **Markel** ist die Cyber Multi Risk-Police, bestehend aus sechs kombinierbaren Komponenten: den Bausteinen Cyber-Dateneigenschaden, Cyber-Betriebsunterbrechung, Cyber-Forderungen, Cyber-Zahlungsmittelschaden, Cyber-Vertrauensschaden und Cyber-Haftpflicht. Der Versicherungsschutz gilt weltweit und umfasst alle Varianten von Schadsoftware-Infektionen (Viren, Würmer, Trojaner). Eine Einschränkung auf gezielte Angriffe gibt es nicht. Die Police sichert sowohl alle Arten von Cyber-Angriffen als auch Cyber-Einbrüchen ab. Jegliche Daten, insbesondere Kundendaten, wie beispielsweise Kreditkarten und E-Mail-Accounts, sind mitversichert, und es ist eine primäre Cyber-Deckung ohne Subsidiarität gegeben. Der Versicherungsschutz lässt sich mit nur wenigen Klicks online zusammenstellen und berechnen.

CHUBB bietet seit 5.2017 das „Cyber Enterprise Risk Management" an. Dieses ersetzt die vorherigen ACE und Chubb Angebote.

- Modularer Aufbau des Bedingungswerkes;
- Weltweiter Versicherungsschutz inkl. USA/Kanada;
- Lokalpolicen in über 50 Ländern möglich;
- Versicherungsschutz auch für Finanzdienstleister;
- Kapazität 25 Mio. EUR;
- Kündigungsverzicht im Schadenfall;
- 24/7/365 Incident-Response-Hotline;

- Cyber Risk Engineering-Service möglich;
- Absicherung von zielgerichteten und nicht-zielgerichteten Angriffen;
- Absicherung von PCI DSS Vertragsstrafen;
- Gesetzliche Meldepflicht von Datenschutzverletzungen ist keine Voraussetzung;
- Manipulative Nutzung von Telekommunikationsanlagen;
- Absicherung von Medienrechtsverletzungen, die aus der Online-Präsenz der Versicherten resultieren, wie z. B. von eigens betriebenen Social-Media-Webseiten;
- Betriebsunterbrechung: Absicherung von Wiederherstellungskosten, einschließlich höherer Lohnkosten und Kosten von Mietgegenständen; Absicherung von Programmierfehlern, aus denen Betriebsunterbrechungen oder Datenverluste resultieren;
- Beinhaltet fortlaufende Kosten, Betriebsgewinn und Mehrkosten;
- Kostenübernahme für das Systemoutsourcing nach einer DDoS-Attacke;
- Prämienneutrale und unverfallbare Nachmeldefrist von zwölf Monaten sowie weitere zwölf Monate gegen Mehrprämie möglich;
- Absicherung von Datenverlusten im digitalen und Printbereich;
- Versicherung gegen vorsätzliche und unbeabsichtigte Handlungen interner und externer Akteure;
- Behördliche Verfahren inkl. Strafen und zivilrechtliche Bußen (sofern rechtlich zulässig);
- Keine Verpflichtung zu Software-Updates, -Upgrades oder -Testing als Obliegenheit, die zum Deckungsausschluss führen kann;
- Cyber-Diebstahl;
- Absicherung von Datenverlusten aufgrund von Stromausfällen, unabhängig davon, ob die Stromversorgung der Kontrolle des Versicherten unterlag;
- Einschluss von sogenannten Third-Party-Service Providern, sofern diese von der Versicherungsnehmerin genutzt werden, wie z. B. Backups, Cloud-Lösungen und Hosting.

Die **Weblösung der Cyber-Deckung** bietet über eine innovative Plattformtechnologie einen effizienten Angebots- und Policierungsprozess mit zusätzlichen Services und Schnittstellen. Maklern ermöglicht die neue Cyber-Onlinelösung aus der Produktserie „Chubb Easy Solutions“ die eigenen Arbeitsprozesse weiter zu reduzieren. Die Plattform steht den Nutzern nach dem 24/7-Prinzip zur Verfügung und bietet unter anderem die Option, risikorelevante Dokumente, wie beispielsweise Alt-Policen oder Notfallpläne, hochzuladen. Zusätzlich wurden die technischen Voraussetzungen für besondere

Bedingungen und abgestimmte Maklerwordings programmiert. Chubb hat den **Chubb Cyber IndexSM** um Funktionen erweitert, die helfen, auf Basis der Branche und Größe eines Unternehmens eine Reihe von globalen Cyber-Bedrohungen zu identifizieren. Das neue Tool bietet außerdem Kostenanalysen, Einblicke in die Deckungssummen und Selbstbehalte von Cyberversicherungen sowie einen Rechner zur Kalkulation von Incident Response-Kosten. Diese Neuheiten sollen Unternehmen zu besserem Verständnis verhelfen, sich vor Cyberbedrohungen zu schützen.

Der Cyberspezialist **Cogitanda** und der Versicherungsmakler **Hendricks** arbeiten an einer Online-Plattform, die den Kunden bei der Absicherung von Cyberrisiken hilft. Auf der neuen Plattform soll die gesamte Bandbreite an denkbaren Risiko-Präventionsmaßnahmen abgebildet werden. Kunden sollen so in nur wenigen Minuten verbindliche Angebote zur HPCY 2020© Cogitanda Cyber-Versicherung erhalten. Überdies sollen über das neue Angebot Verträge direkt eingedeckt und verwaltet werden können. Besonderheiten: Versicherungsschutz besteht auch bei vorsorglicher Systemabschaltung im Schadenfall. Die überwiegende Wahrscheinlichkeit genügt als Nachweis der unbefugten Nutzung von IT-Systemen.

Übernommen werden die Kosten für die Systemverbesserungen im Schadenfall. Störung von Abrechnungsprozessen und Fehlabrechnungen von Nutzungsentgelten sind mitversichert. Zudem werden erhöhte Sublimits bei Vertragsstrafen sowie Nachhaftung bei Eigenschäden gewährt.

Cogitanda verzichtet auf das Recht zur Kündigung bei Gefahrerhöhung oder bei Eintritt eines Schadenfalles. Es erfolgt eine Einschränkung der Ausschlüsse „Verbundene Unternehmen", „Ansprüche Versicherter untereinander" und „Krieg". Außerdem wurde das Hendricks Cyber Anwaltsnetzwerks in das Cogitanda-Netzwerk aufgenommen. Ziel ist die vollständige digitale Abschlussmöglichkeit. ERGO ist Risikoträger der Cogitanda Deckungskonzeption.

Bei der **DUAL** AVB Cyber Defence 2020 stehen zur Verfügung:

- Weltweiter Versicherungsschutz,
- Unbegrenzte Rückwärtsversicherung,
- auch nicht zielgerichtete Cyber-Angriffe sind mitversichert,
- keine Nachweispflicht für den Eintritt des Versicherungsfalles,
- Versicherungsschutz für Haftpflichtansprüche (Drittschäden),
- Versicherungsschutz für Eigenschäden,

- Verzicht auf schadenfallbedingte Kündigung durch den Versicherer,
- Versicherungsschutz auch für Unternehmen aus dem Finanzsektor.

Wie bisher umfasst der Versicherungsschutz der Cyber Defence 2020 Drittschäden und Eigenschäden. Die einzelnen Komponenten wurden weiter ausgebaut. So schützt die Cyber Defence 2020 bei Drittschäden auch vor Schadenersatzansprüchen aus der Verletzung von Vertragspflichten, Vertragsstrafen und bei Verletzung von Betriebs- und Geschäftsgeheimnissen. Die freie Rechtsanwaltswahl ist zudem enthalten.

In Bezug auf Eigenschäden wird eine Soforthilfe – ohne Anrechnung auf die Versicherungssumme – garantiert. Außerdem entfällt der Selbstbehalt. Gedeckt werden die Kosten für Cyber-Diebstahl, Sachschäden an IT-Hardware, Systemverbesserungen, Goodwill-Kosten und Strafrechtsschutz-Ausschnittsdeckung.

Zusätzlich wurden die Nachmeldefristen verlängert. Diese betragen nun bei Drittschäden 60 Monate und bei Eigenschäden sechs Monate. Im Schadenfall stehen Servicepartner mit dem „Rund-um-die-Uhr-Service" 365 Tage im Jahr sofort zur Verfügung. Dabei kann über einen Servicepartner auf Spezialisten für IT-Forensik, IT-Sachverständige, PR-Berater und Juristen zurückgegriffen werden.

ERGO bietet für kleine und mittelständische Unternehmen (KMU) seit dem 01.10.2016 zwei Absicherungsmöglichkeiten für Cyber-Risiken: Einen Rundumschutz und einen Cyber-Kompakt-Schutz für Unternehmen mit Umsätzen bis zu 10 Mio. EUR. Der Kompaktschutz richtet sich an Selbstständige und kleinere Unternehmen in Handel und Handwerk. Im Focus stehen dabei Eigenschäden und Serviceleistungen im Schadenfall. Als sog. Branchentarif bietet er ein vereinfachtes Antragsverfahren für sechs ausgewählte Branchen: Bauwirtschaft/Handwerksbetriebe, Handelsbetriebe, Gastronomiebetriebe, Beherbergungsbetriebe, Vereine/Verbände/Stiftungen/Bildungseinrichtungen sowie Heilwesen/Wellness. Die Cyberdeckungen der Ergo Versicherung AG für kleine und mittlere Unternehmen sowie für Kammerberufe sind nun auch über den Onlinerechner abschließbar. Bei den KMU wird nach mehr als 3.000 Betriebsarten unterschieden.

Das Cyberspezialkonzept für Kammerberufe (Rechtsanwälte, Steuerberater, Wirtschaftsprüfer und Notare) berücksichtigt, dass diese Zielgruppe intensiv personenbezogene Daten nutzt und daher einem höheren Risiko ausgesetzt ist. Der

Onlinerechner bietet kostenfrei eine Cybercheckliste, die die Cyberrisiken aufzeigt und bei der Reduzierung dieser Risiken helfen kann.

Der Versicherungsmakler **FUNK** hat eine eigene Cyber-Versicherung entwickelt. Der „Funk-CyberSecure-Police" liegt ein eigenes von der Funk-Gruppe geschaffenes Bedingungswerk zugrunde. Das Produkt wurde so konstruiert, dass auch bereits bestehende Deckungen auf Kundenseite mitberücksichtigt werden können. Abgesichert werden sowohl Cyber-Attacken krimineller Dritter auf Unternehmen als auch Schäden durch unachtsame oder sogar vorsätzlich agierende Mitarbeiter und solche, die durch einen Ausfall aufgrund technischer Probleme in der IT entstehen.

Die **FM Insurance Company Limited** hat ihre Allgefahren-Police **„FM Global Advantage"** um die Zusatzpolice **„Cyber-Risiken – Bestmögliche Ersatzleitung"** erweitert. Insofern besteht keine selbstständige Cyber-Police, Daten sind als versicherte Sachen in der Standarddeckung enthalten. Wenn es durch Cyberereignisse wie Hackerangriffe eine Unterbrechung der Datenleitung, Datendiebstahl, Vernichtung oder Manipulation von Datensätzen zu einem Sachschaden oder einer Betriebsunterbrechung kommt, gilt dies als versichert.

Die **GOTHAER** Cyber-Versicherung bietet zwei gesonderte Cyberprodukte an:

- Gothaer Cyber-Versicherung als Antragsmodell mit vereinfachter Risikoprüfung für Gewerbekunden mit einem Umsatz bis 10 Mio. EUR,
- Gothaer Cyber-Versicherung mit individuellem Deckungsumfang für Unternehmen mit einem Umsatz ab 10 Mio. EUR inkl. Industrie.

Der Cyberschutz kann aus verschiedenen Bausteinen zusammengestellt werden, um Computersysteme gegen Hackerangriffe, Trojaner und Ransom-Viren abzusichern.

Beide Policen sichern mit den Bausteinen „Haftpflicht" sowie „Eigenschaden" die Grundrisiken ab. Anders als bei der Gothaer Cyber-Versicherung für größere Unternehmen, bei der weitere Bausteine wie Betriebsunterbrechung, Bedienfehler und Cyber-Diebstahl optional hinzugewählt werden können, enthält das Produkt für Gewerbekunden ein standardisiertes Deckungskonzept, bei dem Deckungssummen und Sublimits in verschiedenen Varianten wählbar sind.

Neu ist seit November 2019 in der Gothaer Cyber-Versicherung:

- Kostenübernahme des Hardware-Austauschs;
- Regulierung von Sachschäden an Fertigungserzeugnissen aufgrund eines Hacker-Angriffs;
- Übernahme der BU-Kosten bei vorsorglicher Systemabschaltung;
- Übernahme der anfallenden Mehrkosten bei einer BU;
- Kostenübernahme ohne Selbstbeteiligung für sicherheitstechnische Dienstleistungen – auch, wenn sich ein Vorfall nicht bestätigt;
- Kostenübernahme für Verbesserungsempfehlungen durch einen externen Dienstleister (nicht Umsetzung);
- Erweiterung der Rückwärtsversicherung (von zwölf auf 24 Monate);
- Erweiterung der Nachmeldefrist (von 24 auf 36 Monate);
- Verlängerung der Haftzeit bei einer BU (von drei auf sechs Monate).

HDI Versicherung AG und HDI Global SE bieten Versicherungsschutz gegen Cyber-Gefahren für Unternehmen jeder Größe:

Die „Cyberrisk" wird als Zusatzmodul zur Betriebshaftpflichtversicherung für Kleinunternehmen und kleinere Mittelständler bis zu 5 Mio. EUR Jahresumsatz angeboten. Außerdem gehören noch Handelsunternehmen bis zu 20 Mio. EUR Jahresumsatz zur Zielgruppe. Dabei lässt sich die Deckung sowohl mit dem Einzelspartenprodukt als auch mit der Verbundpolice „Compact" kombinieren. Die Deckung umfasst die Absicherung von Fremdschäden und Eigenschäden.

Für niedergelassene Ärzte bietet die HDI Versicherung AG die Deckung „Cyberrisk" als Zusatzmodul zur ärztlichen Berufshaftpflicht. Versichert sind die Risiken, von Dritten nach einem Cyberangriff auf Schadenersatz in Anspruch genommen zu werden.

Die Stand-alone-Lösungen **„Cyber+ Smart" und „Cyber+"** sind für mittelständische und große Unternehmen der **HDI Global SE** gedacht.

Für kleine und mittelständische Unternehmen mit einem Jahresumsatz bis zu 50 Mio. EUR wurde die „Cyber + Smart" Police entwickelt. Auch bei dieser Police umfasst der Deckungsumfang Eigen- und Drittschäden, einschließlich Schäden durch Betriebsunterbrechung, die durch eine Datenschutzverletzung, Datenvertraulichkeitsverletzung oder Netzwerksicherheitsverletzung entstanden sind. Mit einer optionalen Update-Garantie bleibt der Versicherungsschutz auf dem neuesten Stand und wird angepasst. Optional kann auch

Schutz gegen Spionage-Aktivitäten, die über das Netz begangen werden, eingedeckt werden. Im Fall des Verdachts, dass Geschäftsgeheimnisse von Versicherten durch einen Cyberangriff ausgespäht wurden, wird Kontakt zu einem spezialisierten IT-Sicherheitsdienstleister hergestellt und die anfallenden Kosten übernommen. Der Dienstleister unterstützt die Versicherten bei der Feststellung und Aufklärung des Spionagefalles. Die Deckung von Schäden an betriebsnotwendiger Hardware, die durch Hacker-Angriffe verursacht wurden, ist versichert. Im Schadenfall schalten sich Experten auf das angegriffene System auf – die ersten 90 Minuten ohne Anrechnung auf den Selbstbehalt – oder sind innerhalb von 24 Stunden vor Ort. Versicherungssummen bis zu 1 Mio. EUR sind über „Cyber+Smart" als Versicherungsschutz für Mittelständler versicherbar.

Höhere Deckungssummen für große Industrieunternehmen und Konzerne lassen sich über die „**Cyber+**"-Police realisieren. Der modulare Produktaufbau gestattet eine Risikoabsicherung, die auf das einzelne Unternehmen zugeschnitten werden kann. Diese Police existiert bereits seit dem Jahre 2013 und ist zwischenzeitlich um zusätzliche Leistungen erweitert worden. Dazu gehören zum Beispiel:

- Deckungsschutz auch für Ansprüche aus der Verletzung von Persönlichkeitsrechten in Medien, wie z. B. Internet (Medien-Haftpflicht).
- Optionale Absicherung von Vertragsstrafen gemäß Payment-Card-Industrie (PCI)-Standard und Abwehr von Datenschutzverfahren.
- Vorsorgliche Dienst- und Beratungsleistungen zur professionellen Unterstützung bei Verdacht eines Cyber-Vorfalles.
- Deckungsschutz für Mehrkosten bei Betriebsunterbrechung und optionale Absicherung von Fehlbedienung durch eigene Mitarbeiter.
- Im Rahmen von „Besonderen Vereinbarungen" wird Versicherungsschutz beispielsweise für „Inanspruchnahme von Cloud-/IT-Dienstleistungen" oder „Technische Probleme der IT-Systeme" geboten.
- Ebenso wird im Rahmen „Besonderen Vereinbarungen zur Cyber+-Versicherung" die Möglichkeit geboten, die Cyber-Bedrohung abzusichern.
- Da Unternehmensleiter auch persönlich für die IT-Sicherheit verantwortlich sind, können eine Managerhaftpflicht und der Straf-Rechtsschutz in die Cyber-Versicherung integriert werden.
- Ein weiterer Baustein ist die Verletzung von Betriebsgeheimnissen (Industriespionage).

In Kooperation mit den Perseus Technologies wurden Präventionsmaßnahmen inklusive Online-Videotrainings und Mitarbeiterschulung mit abschließenden Tests in die Produktlinie eingebaut.

Die **Helvetia Business Cyber-Versicherung** ist seit März 2018 für Unternehmen mit einem Jahresumsatz von bis zu 50 Mio. EUR am Start:

- Vermögensschäden inklusive Sachschäden,
- Sabotagen durch eigene Mitarbeitende,
- Ausnutzung technischer System- oder Sicherheitsschwächen,
- absichtliche oder unabsichtliche Installation und Ausführung von Schadsoftware,
- Verwendung von gestohlenen Zugriffsinformationen,
- Schäden an unternehmenseigenen Daten durch einen Hackerangriff,
- Unterstützung bei Datenschutzverletzungen beziehungsweise Haftpflichtansprüchen Dritter.

Versichert werden Eigen- und Drittschäden, außerordentliche sowie nicht kalkulierbare Kosten des Unternehmens, bietet Cyber-Security-Management, schützt vor Gewinnausfall und bietet Zugang zu einem IT-Dienstleister, der mit seinen Spezialisten rund um die Uhr Sofort-Hilfe leisten kann. Zudem wird der Ersatz von beschädigter Hardware und von Forderungen der Kreditkartenindustrie inklusive der Haftungsabwehr im Zuge von E-Payment geboten. Die Versicherung deckt auch die Kosten für das Bereitstellen von Informationen an Kunden und Behörden sowie IT-Forensik-Kosten zur Aufklärung bei Vorfällen mit Daten.

Hiscox CyberClear in der Version 3.2019 schließt mit Cyber-Diebstahl eine zusätzliche relevante Schadenquelle ein. Auch Vertragsstrafen der Kreditkartenindustrie werden ohne Sublimite berücksichtigt. Neu sind zudem eine prämienneutrale 2-fach-Maximierung der Versicherungssumme im Antragsmodell sowie die Absicherung gegen Cyber-Betrug und Cyber-Betriebsunterbrechungen bei technischen Problemen als optionale Zusatzbausteine. Präventive Maßnahmen stehen unverändert im Fokus der Vorsorge und werden verstärkt gefördert. Unternehmen, deren Mitarbeiter erfolgreich das online verfügbare Cyber-Training abschließen, belohnt der Versicherer. Die CyberClear-Antragsmodelle von Hiscox erhielten im Mai 2020 ein weiteres Update. Die erweiterte Deckung schließt ab sofort für Unternehmen mit bis zu 10 Mio. EUR Jahresumsatz, die sich via Antragsmodell versichern, nun standardmäßig den sog. Cyber-Betrug, der zu Eigenschäden etwa durch Fehlüberweisungen führt ebenso ein wie Betriebsunterbrechungsschäden durch einen Cloud-Ausfall oder technische Probleme mit einer Entschädigungsgrenze.

CyberClear beinhaltet die Komponenten Eigenschaden, Betriebsunterbrechung und Haftpflicht, Service-Leistungen wie Soforthilfe im Cyber-Notfall, ein Online-Training für Mitarbeiter, Cyber-Krisenplan für jeden Kunden, optional Betriebsunterbrechung bei Cloud-Ausfall, Cyber-Diebstahl und Vertragsstrafen bei verzögerter Leistungserbringung.

Durch die exklusive Kooperation von Hiscox mit der HiSolutions AG erhalten Versicherungskunden im Krisenfall direkten Zugang zu IT-Sicherheitsexperten. Bei Bedarf helfen die Spezialisten auch beim Kunden vor Ort und werden von Datenschutzanwälten und PR-Experten unterstützt. Neu ist jetzt, dass der Versicherungsfall der tatsächliche Eintritt eines Ereignisses ist, welches die Schädigung eines Dritten oder den Eigenschaden eines Versicherten unmittelbar herbeiführt (bisher claims-made). Optional kann die Police um Schutz bei Cyber-Betriebsunterbrechung durch Cloud-Ausfall oder bei technischen Problemen, Cyber-Betrug und eine Deckung für Vertragsstrafen bei verzögerter Leistungserbringung erweitert werden.

Kunden, die bei Hiscox schon eine Cyber Risk Management Versicherung abgeschlossen haben, erhielten automatisch seit Februar 2018 den neuen CyberClear Schutz und profitieren damit von dem erweiterten Leistungsangebot. Gleichzeitig garantiert Hiscox eine Besitzstandswahrung auf die bisherigen Bedingungen.

Hiscox Europe Underwriting Ltd. hat eine **Kombinationspolice aus Cyber und Sachversicherung** für niedergelassene Ärzte, Wirtschaftsprüfer und Steuerberater entwickelt. Um Deckungslücken zu vermeiden, vereint z.B. das Deckungskonzept für Ärzte, Zahnärzte, Tierärzte und psychologische Psychotherapeuten sämtliche Bestandteile der Cyber-, Sach- und Elektronikversicherung miteinander. Versichert sind damit Schäden aus Cyber-Angriffen an der Praxis-IT und medizinischem Gerät, sowie Schäden an der Elektronik oder am Praxisinventar. Laut Angaben des Unternehmens werden Persönlichkeitsrechtsverletzungen bei Datendiebstahl, aber auch Betriebsunterbrechungsschäden gedeckt, z. B. wenn der Arzt durch eine bösartige Verschlüsselung der Krankendaten keine Patienten mehr behandeln kann. Für weitere Zielgruppen kann angepasster Deckungsumfang geboten werden.

Lampe & Schwartze (L&S) und der Industrieversicherer AGCS bieten eine neue Cyberversicherung für Reeder namens „Ship Owner's Marine Cyber Cover" (SOMCC) an. Diese ist als Ergänzung zur klassischen Seekaskoversicherung gedacht, die in der Regel Schäden infolge böswilliger Angriffe inklusive Cyberattacken ausschließt, und ist nicht für die Binnenschifffahrt zugeschnitten. Zudem bietet die Police weitere Leistungen, wie u. a. Empfehlungen zur Optimierung der IT-Sicherheit und schnelle Maßnahmen im Schadenfall.

MARKEL hatte seine Cyber-Deckung 2016 für kleine Dienstleistungsunternehmen mit einem Umsatz von zunächst bis 1,5 Mio. EUR herausgebracht. „Markel Pro Cyber" sichert Cyber-Schäden über insgesamt sechs verschiedene Module ab:

- Cyber- und Daten-Eigenschäden (Grunddeckung und Pflichtmodul),
- Cyber-Betriebsunterbrechung,
- Cyber-Erpressung,
- Cyber-Kreditkartenschaden,
- Cyber-Vertrauensschaden,
- Cyber-Haftpflicht.

Pro Cyber Bedingungen 1.2017 enthielten u. a. folgende Deckungserweiterungen:

- Ausdehnung der Cyber-Drittschadensdeckung auf Verstöße gegen Namens- und Persönlichkeitsrechte (Pro Cyber 01/2017, Vertragsteil A.6.1.4),
- Erweiterung des Kreises der Mitversicherten (Pro Cyber 01/2017, Vertragsteil B.1),
- Verlängerung der Nachmeldefrist um fünf auf zehn Jahre (Pro Cyber 01/2017, Vertragsteil F.2).

PRO CYBER 2019 beinhaltet Neuerungen des Antragsmodells:

- Mindestselbstbehalt 500 EUR, optionale Selbstbehalte bis 5.000 EUR wählbar,
- Cyber-Prävention Basis (Perseus-Basis) prämienneutral enthalten (einmaliger IT-Check und Phishing-Test, Daten- und Cyber-Führerschein),
- Cyber-Prävention Premium (optional wählbar mit unbegrenzten Sicherheits-Testings und Scoring, regelmäßige Phishing-Tests,
- Online-Konten-Check für eine unbegrenzte Anzahl an Mitarbeitern, Passwort-Generator in Kooperation mit den IT-Sicherheitsexperten aus dem Hause Perseus kann im Rahmen der Antragstellung hinzu gebucht werden.
- Reduzierung der Wartezeit in der Betriebsunterbrechung von zwölf auf acht Stunden.

- Keine Entschädigungsgrenzen mehr im Bedingungswerk, insbesondere nicht für IT-Wiederherstellungskosten, Cyber-Diebstähle,
- Bußgelder im Zusammenhang mit Datenrechtsverstößen oder Vertragsstrafen bei der Verletzung von Geheimhaltungspflichten.
- Deckungen werden jetzt für KMU mit Umsätzen bis 5 Mio. EUR gewährt. Zielgruppen sind insbesondere Dienstleistungsunternehmen, Selbstständige und freie Berufe.

Meyerthole Siems Kohlruss Gesellschaft für aktuarielle Beratung GmbH (MSK) hat zusammen mit der **E+S Rück** einen Cybertarif als Komplettpaket auf den Markt gebracht. Dieser besteht wie andere Produkte aus Absicherungen für Eigen- und Drittschäden sowie dem Ersatz der Servicekosten. Es wird zudem versucht, einen Datenpool aufzubauen, in den die Ergebnisse von IT-Spezialisten und die Evaluation externer Risikobewertungen einfließen sollen. Dadurch soll ermöglicht werden, einzelne Gefahrenkomponenten besser einschätzen zu können und so zu einem professionelleren Pricing zu kommen.

Der Corporate Insurance Partner von **Munich Re** und der Lloyd's-Versicherer **Beazley** wollen/haben eine gemeinsame Cyber-Versicherung entwickelt.

Die **Ostangler Brandgilde** bietet eine Cyberversicherung im unteren Preissegment an und versichert mit umgekehrter Beweislast. Dies bedeutet, dass es dem Versicherer obliegt, bei einer Anspruchsstellung des Versicherungsnehmers zu beweisen, dass kein Schaden vorliegt. Die vom potenziellen Versicherungsnehmer abzugebende Risikoerklärung ist deutlich einfacher und unkomplizierter gehalten als branchenüblich, so der Anbieter. Der potenzielle Versicherungsnehmer muss sich vor Vertragsabschluss nur einem kurzen Risiko-Check unterziehen. Die Cyberversicherung stellt eine Absicherung gegen die Gefahren aus der Nutzung von IT-Systemen dar. Sie deckt Risiken wie Eigen- und Drittschäden, die aus der Verwendung von gestohlenen Zugriffsinformationen oder der Ausnutzung technischer System- und Sicherheitsschwächen hervorgerufen werden, ab. Auch die Kosten für die Betriebsunterbrechung durch einen Cyber-Vorfall können durch die Cyberversicherung reguliert werden. Die versicherten finanziellen Belastungen reichen von Kosten für ein proaktives Krisenmanagement, Computer-Forensik, Rechtsberatung, PR-Maßnahmen, Call-Center, behördliche Verfahren, Benachrichtigung von Betroffenen bis hin zu Kosten im Zusammenhang mit Kreditkartendatenverlusten und Kosten eines IT-Dienstleisters bei Cyber-Erpressung.

Die **PROVINZIAL-Versicherer** sind mit der Cyberrisiko-Versicherung für Sparkassen (AVB Cyber SK – Ausgabe Juli 2017) auf dem Markt. Die Versicherung bietet im Rahmen von modular wählbaren Bausteinen Versicherungsschutz für Eigen- und Fremdschäden, die von eigenen Mitarbeitern oder Dritten durch eine Informationssicherheitsverletzung verursacht wurden. Die Provinzial-Versicherer bieten damit ein Deckungskonzept an, das sich am sog. Verbandsmodell des GDV orientiert.

Der „CyberSchutz" der **Provinzial Rheinland Versicherung AG** ist eine Absicherung für kleine und mittlere Unternehmen (KMU) bis zu einem Jahresnettoumsatz bis 50 Mio. EUR und bis 250 Mitarbeiter. Versichert sind IT-Attacken sowohl durch Innen- als auch durch Außentäter, vorsätzliche wie fahrlässige Bedienfehler sowie Verstöße gegen den Datenschutz. Der Versicherungsschutz gilt auch, wenn im Betrieb private Geräte verwendet werden. Es gibt eine Rückwärtsdeckung und eine Nachhaftung für ein Jahr.

Die Leistungen des Basisbausteins umfassen den Ersatz von Vermögensschäden, die durch eine Beeinträchtigung der elektronischen Daten und IT-Systeme verursacht werden, Services wie z. B. die 24-Stunden-Cyber-Schaden-Hotline mit IT-Spezialisten. Unterbrechungsschäden werden nach einer vorab festgelegten Tagessatzpauschale entschädigt. Die Kosten für IT-Experten zur Feststellung des versicherten Schadens werden übernommen, selbst dann, wenn sich später herausstellen sollte, dass keine Informations-Sicherheitsverletzung vorliegt.

Über einen Vertrauensschaden-Baustein kann der Ersatz des entgangenen Gewinns bei vorsätzlichem Verrat oder Ausspähung von eigenen Geschäftsgeheimnissen gedeckt werden. Fake-President-Fälle sind versichert.

Zudem bietet die Provinzial Rheinland einen Drittschaden-Baustein, der von berechtigten Schadenersatzansprüchen Dritter freistellt sowie unberechtigte Ansprüche abwehrt. Bei nicht ordnungsgemäßer Vertragserfüllung werden der Nutzungsausfall, Ersatz vergeblicher Aufwendungen als auch der Verzögerungsschaden erstattet.

Die **R+V** bietet **im Rahmen ihrer UnternehmensPolice** eine CyberRisk Versicherung für Unternehmen bis 10 Mio. EUR Umsatz mit Versicherungssummen über 25.000 EUR, 50.000 EUR und 100.000 EUR an. Zielgruppe sind die KMU. Insbesondere Hotels und Restaurants sowie Handelsbetriebe und Handwerksbetriebe und Gewerbe- und Geschäftskunden allgemein. Die Highlights der Cyber-Risk sind die Allgefahrendeckung, ein einheitlicher Versicherungsfall für Eigen- und Drittschäden, Ersatz von IT-Hardware, Versicherung von Daten auf dienstlich genutzten Privatgeräten (BYOD = Bring your own device) sowie die Versicherbarkeit von Personenschäden.

„JurCyber" der **Roland-Gruppe** ist der Rechtsschutz für Unternehmen bei Cyberschäden. Versichert sind die Interessenwahrnehmung bei Schadenersatz- und Unterlassungsansprüchen sowie der Verwaltungs-Rechtsschutz. Der bietet u. a. anwaltliche Hilfe bei Anhörungen der Behörden oder kann bei Streitigkeiten aus dem Beantragen von Subventionen für Digitalisierung und IT-Sicherheit genutzt werden. Darüber hinaus wird die Beratung bei Marken-, Urheber- und Patentrechts-Verletzungen bezahlt sowie Versicherungsschutz bei Streitigkeiten aus Verträgen (zum Beispiel mit einem Cloudbetreiber) geboten. Der Tarif beinhaltet eine IT-Notfall-Hotline.

„JurCyber Expert" richtet sich an IT- und Datenschutz-Verantwortliche sowie Manager, die aufgrund ihrer Funktion einem besonders hohen Haftungsrisiko ausgesetzt sind. Ersetzt werden die Kosten für die Verteidigung bei strafrechtlichen Vorwürfen sowie bei Ansprüchen auf Ersatz von Vermögensschäden. Der enthaltene Anstellungsvertrags-Rechtsschutz schützt Verantwortliche bei Streitigkeiten aus einem Angestelltenverhältnis nach einem Cyberschaden. Auch externe IT-Sicherheits- oder Datenschutzbeauftragte sind mit dem Honorar-Rechtsschutz als passendem Äquivalent abgesichert.

„WebSecure Gewerbe" ist ein Schutzbrief und beinhaltet Präventionsleistungen wie die ITSicherheit-Quick-Checks und den Online-Schutz-Radar, Hilfen im Schadenfall (z. B. Erste-Hilfe-Telefon nach einem Hackerangriff, telefonische Rechtsberatung und Datenrettung), IT-Forensik. Sollte das versicherte Unternehmen nach einem Hackerangriff vorübergehend betriebsunfähig sein, sorgen IT-Experten vor Ort dafür, dass der Betrieb wieder aufgenommen werden kann. Und auch die Rettung von in der Cloud gespeicherten Daten wird versprochen.

Der Makler **Schunck** hat sein Cyberangebot um den Baustein von Schulungen zum Thema Social Engineering ausgebaut. Der Ansatz dabei ist der menschliche Faktor als Schwachstelle in Cyber-Sicherheitskonzepten. Mit den Anti-Social Engineering Schulungen wird versucht, die User durch Trainings zu sensibilisieren.

Die **Signal Iduna** hat im März 2018 die CyberPolice und zusammen mit dem Start-Up **Perseus Technologies GmbH**, Berlin, einen **Digitalen Schutzschild** für Gewerbekunden auf den Markt gebracht. Vorkehrungen zur IT-Sicherheit, Präventionsmaßnahmen sowie Cyber-Versicherungsschutz wird für Betriebe mit einem Umsatz von bis zu 1,5 Mio. EUR und Versicherungssummen zwischen 50.000 EUR und 250.000 EUR angeboten. Versichert sind u. a. Vermögensschäden aufgrund einer Informationssicherheitsverletzung wie Datendiebstahl, -manipulation oder Cyberspionage. Mitarbeiterschulungen zur IT-Sicherheit und Datenschutz, automatische Sicherheitsprüfungen, Scanner für auffällige E-Mails, telefonische Hilfe rund um die Uhr, vor-Ort-Hilfe durch IT-Spezialisten sowie finanzieller Schutz für Kosten in Folge eines Cyber-Angriffs sowie Eigenschäden und Drittschäden sind im Schutzschild enthalten.

SV Sparkassen-Versicherung, **GVV-Kommunalversicherung** und **Versicherungskammer Bayern** bieten als Beteiligte zusammen mit der AIG auf Basis des Produktes CyberEdge die AVB zur „Cyber-Versicherung für Sparkassen" (AVB CVS) an. Zielgruppe sind dabei Unternehmen mit Umsätzen größer 2 Mio. EUR.

Mit der „CyberSolutions Germany" präsentierte die **Swiss Re Corporate Solutions** im September 2016 eine Cyber-Risiko-Versicherungslösung für mittlere und große Unternehmen, bei der insbesondere die Prävention im Vordergrund steht. Cyber-Solutions Germany ist als eigenständige Erstversicherungslösung oder als ergänzendes Deckungskonzept erhältlich.

Die **Swiss Re** hat 2019 gemeinsam mit dem Broker **Capsicum Re** die Cyber-Rückversicherungslösung „Swiss Re Decrypt" auf dem Markt platziert. Der Schweizer Rückversicherer will es damit seinen Kunden ermöglichen, ihre Anfälligkeit für Cyber-Risiken zu erkennen und zu versichern. Das neue Instrument soll es einem Unternehmen ermöglichen, mögliche Risiken in ihren betrieblichen Prozessen zu identifizieren. Die Erstversicherer sollen damit prüfen können, in welchen Versicherungsgeschäften sich Cyber-Risiken versteckt halten könnten und ob die Gefahr einer Aggregation solcher Risiken quer über einzelne Sparten lauert. Dabei soll einzelnen Kunden eine Deckungssumme von bis zu 50 Mio. USD eingeräumt werden.

TOKIO MARINE KILN ist mit CyberProTec seit 2016 auf dem Markt. Die TMK, die sich zu den führenden Anbietern von Spezial- und Unternehmensversicherungen zählt, hat die Cyber-Versicherung modular aufgebaut. CyberProTEC besteht aus insgesamt elf Deckungsbausteinen. Als Deckungskapazität werden 25 Mio. EUR angegeben. Dieses Limit steht für alle Hauptrisiken zur Verfügung. Die Cyber-BU-Versicherung wurde mit einem optionalen Deckungsbaustein für reputationsbedingte Ertragsausfälle erweitert. Wenn ein Cyber-Vorfall zu einer negativen Berichterstattung in den Medien führt und daraufhin die Kunden wegbleiben, ist der Ertragsausfallschaden über diesen Deckungsbaustein mitversichert. Der Versicherungsumfang ist ansonsten mit dem anderer Gesellschaften vergleichbar und schließt „cloud providers" ein. Die weltweite Deckung wird hervorgehoben.

TOKIO MARINE HCC hat das Produkt TME DE Cyber Security Policy DE 2019 am Start. Der Incident Coordinator setzt sich mit dem Versicherten in Verbindung, um das Vorfallmanagement für tatsächliche oder vermutete Cyberereignisse und Cyberumstände, zum Zweck der Optimierung der Reaktionszeiten, Verlustminimierung oder -begrenzung, sowie zur Vereinfachung der Schadenregulierung entsprechend zu koordinieren. Der Versicherungsfall tritt ein, wenn innerhalb der Versicherungsperiode erstmalig ein Cyberereignis und/oder ein Cyberumstand entdeckt wird. Die Entdeckung kann konkret oder im Wege von Behauptungen oder Unterstellungen im Rahmen eines Anspruchs oder einer Untersuchung erfolgen. Hervorgehoben wird eine unbegrenzte Rückwärtsdeckung für Versicherungsfälle, die auf vor Versicherungsbeginn eingetretenen Cyberereignissen beruhen, welche dem Versicherungsnehmer bis zum Abschluss des Versicherungsvertrages nicht bekannt waren, sofern keine Deckung über eine anderweitige Versicherung (inkl. Vorvertrag) besteht.

Die **VHV-Versicherung** bietet seit 03.2018 die VHV CYBERPROTECT an. Sie soll vor den finanziellen Folgen eines Cyberschadens schützen und Vermögensschäden ersetzen, die sich aus Informationssicherheitsverletzungen ergeben, sowie Schutz bei Eigenschäden bieten und Haftpflichtansprüche Dritter übernehmen. Krisenmanagement, Schadenbehebung durch einen zertifizierten IT-Dienstleister, forensische Untersuchungen und PR-Beratung gehören ebenso zur Dienstleistungspalette.

Im Rahmen der Eigenschäden sind Sachschäden an der Hardware des IT-Systems versichert. Neben forensischen Untersuchungen sind jetzt neuerdings auch Sicherheitsanalysen und Schadengutachten eingeschlossen. Optional können Vertrauensschäden versichert werden, neben Fake President jetzt auch Vermögensabfluss durch Cyber-Diebstahl. Optional kann der BU-Schutz um technische Gründe erweitert werden. Geleistet wird auch bei Ausfall eines Cloudservers, bei Systemausfall und bei technischen Problemen (Stromausfall, fehlerhaftes Update). Ebenso ist Deckung gegen Cyberspionage optional vereinbar.

VHV CyberProtect 2.0 seit November 2019 reloaded:

- Flexible Versicherungssummen anpassbar von 100.000 EUR bis 10 Mio. EUR, ab 10 Mio. EUR individuelle Konzepte;
- Flexibler Selbstbehalt in Höhe von 500 EUR, 1.000 EUR oder 2.500 EUR;
- Verbesserter Ersatz von Vermögensschäden:
  - Kürzerer zeitlicher Selbstbehalt bei Betriebsunterbrechung/Ertragsausfall von sechs, zwölf oder 24 Stunden
  - Entschädigungssummen bei Hacking der digitalen Telefonanlage jetzt bis 25.000 EUR/50.000 EUR versichert;
  - Betriebsunterbrechung bei Cloudausfall;
  - Betriebsunterbrechung bei Systemausfall oder technischen Problemen ist mit 100.000 EUR/5 % ab 2 Mio. EUR Versicherungssumme abgesichert;
  - Sachschäden an der Hardware des IT-Systems werden ersetzt.

Eingeschlossen sind private Endgeräte bei betrieblicher Nutzung (Bring your own Device) und Fehlbedienung.

Erweiterter Service und sonstige Kostenübernahmen:

- 24 Stunden an 365 Tagen erreichbar für schnelle Schadenabwicklung;
- Forensische Untersuchungen zur Feststellung des Sachverhalts und der Schadenursache;
- Kostenübernahme für Öffentlichkeitsarbeit, PR-Beratung (Reputation);
- Sieben Risikofragen in den Anträgen und im Onlinerechner mit selbstrechnenden PDF Anträgen bis 1 Mio. EUR Umsatz und > 1 Mio. EUR bis 10 Mio. EUR.

Der Assekuradeur **Victor Deutschland**, eine Marsh-Tochter, brachte im Oktober 2019 zusammen mit der Plattform CyberDirekt eine neue branchenspezifische Cyberversicherung auf den Markt. „CyberVlex" bietet zwölf verschiedene branchenspezifische Bedingungswerke und Prämiensätze. Mit der Police können sich Rechtsanwälte, Ärzte und Apotheken ebenso absichern wie Handelsunternehmen, das produzierende Gewerbe, Hotels oder andere Firmen. Die Versicherung wendet sich an Betriebe mit einem Jahresumsatz von bis zu 25 Mio. EUR. Neben der digitalen Antragsstrecke der CyberDirekt-Plattform bietet der Assekuradeur Victor vollautomatische Prozesse. Makler können das Policen- und Vertragsmanagement in Echtzeit durchführen. CyberVlex ist in alle Vertriebskanäle von CyberDirekt und somit auch im Maklernetzwerk eingebunden. Dabei werden die

Möglichkeiten der Plattform genutzt, die Deckungsinhalte, Prämienberechnung und Risikofragen in Abhängigkeit von der jeweiligen Branche des Unternehmens abbildet. Es werden Serviceleistungen wie z. B. online-basierte Cyber-Trainings, Phishing-Simulationstest für einen Zeitraum von zwölf Monaten, detaillierter Web-Security-Check für alle vom Kunden betriebenen Webseiten und das Erstellen eines Cyber-Notfallplans für jeden Versicherungsnehmer angeboten.

WTW Willis Towers Watson koordiniert die Arbeit von Informationssicherheitsberatern, die etwaige Gefährdungen beurteilen und Absicherungsbedürfnisse ermitteln und bietet im Rahmen der Cyberdeckungen Versicherungsschutz gegen Hackerangriffe, Virenbefall, Denial-of-Service-Attacken (DoS), bei Erstellung und Verbreitung von Inhalten, elektronischem Handel, Werbung & PR-Marketing, Internetdienstleistungen sowie bei Multimedia-Aktivitäten, Websites, Voice-over-Internet-Protokoll (VOIP) und bei Verletzung geistigen Eigentums.

Die **Württembergische Versicherung AG** hat eine Cyber-Versicherung für KMU auf den Markt gebracht. Hervorgehoben werden von der Gesellschaft die Assistance-Leistungen durch Einrichtung einer speziellen Hotline und den Einsatz qualifizierter IT-Techniker im Schadenfall, die insbesondere für die ins Auge gefasste Zielgruppe mit Jahresumsätzen bis 20 Mio. EUR von erheblicher Bedeutung sind. Vereinfacht wurde auch das Antragsverfahren, das i. d. R. mit einem Fragebogen für die Risikobeurteilung auskommen soll.

Zum März 2020 wurde das Angebot aktualisiert (CPW 11/2019) und um einige neue Leistungen erweitert. Damit besteht künftig unter anderem Versicherungsschutz der Daten auch in einer Cloud inklusive der daraus resultierenden Ertragsausfälle. Mitversichert sind die finanziellen Folgen der digitalen Betrugsmethode „Fake President“ sowie von Cyber-Schäden, welche die Beschäftigten verursacht haben. Ferner wird auf den Erfüllungsschadenausschluss verzichtet und es gilt eine zeitlich unbegrenzte Rückwärtsversicherung. Eine Vereinfachung ist bei den Selbstbehalt-Richtlinien vorgesehen. Es wird nicht mehr nach Risikoklassen differenziert. Bei Unternehmen unter 20 Mio. EUR Umsatz wird ein Selbstbehalt von 500 EUR oder 1.000 EUR vereinbart, ab 20 Mio. EUR Umsatz sind es 2.500 EUR. Die Ertragsausfallversicherung wurde ebenfalls verbessert. Die vorsorglichen Systemabschaltungen sind mitversichert. Außerdem wurde die Haftzeit von sechs auf zwölf Monate erhöht.

Zurich richtet sich mit der Zurich Firmen CyberSchutz 10.2018 gezielt an klein- und mittelständische Unternehmen (KMU) mit einem Jahresumsatz von bis zu 25 Mio. EUR. Es werden Versicherungssummen bis zu 2 Mio. EUR angeboten. Enthalten ist die Eigenschadendeckung für Kosten zur Bereinigung der Computergeräte von Schadprogrammen und zur Wiederherstellung von Daten und Systemen, Kostenübernahme für den Ersatz oder die Reparatur von Hardware, die durch einen Cyber-Vorfall beschädigt wurde, für Betriebsunterbrechungsschaden/Ertragsausfall und Mehrkostendeckung nach einem Cyber-Vorfall sowie Übernahme von zivilen Bußen und Strafen, sofern zulässig.

Die Absicherung gegen Drittschäden/Haftpflichtdeckung sieht die Übernahme von Abwehrkosten und Schadenersatzforderungen nach einer Datenschutzverletzung z. B. nach der Datenschutzgrundverordnung ebenso vor wie eine Erweiterte Haftpflichtdeckung für unrechtmäßige Veröffentlichungen in Internet-Medien, den Rechtsschutz/die Abwehr von unbegründeten Schadenersatzansprüchen, den Einschluss von externen Dienstleistern und Lieferanten bei der Haftpflichtdeckung.

Bei Cyber-Erpressung und Cyber-Terror wird eine Soforthilfe und durch den Ersatz von Aufwendungen zur Schadenbegrenzung und mit Unterstützung durch Spezialisten gewährt. Beim Krisenmanagement erfolgt die Soforthilfe im Verdachts- oder Schadenfall in 24 Stunden pro Tag, an sieben Tagen die Woche sowie die Vermittlung von IT-Spezialisten und Zugang zu erfahrenen Juristen bei Streitfällen.

Die **Zurich Insurance Group** arbeitet seit Anfang 2020 eng mit dem Cybersecurity-Unternehmen CYE zusammen. Das Angebot vereint Zurichs Fachkompetenzen in der Cyberversicherung und im Risk Engineering mit CYEs KI-basierter Technologie, Dienstleistungen und Cyber-Expertise. Gemeinsam haben beide Unternehmen ein neues Cyber-Security-Angebot für Firmen entwickelt, um den ständig wachsenden Cyber-Risiken die Stirn zu bieten. Ein umfassender, technologiegesteuerter Bericht, in dem das Risiko des bei der Zurich versicherten Unternehmens gegenüber Cyberbedrohungen beurteilt wird, bildet jetzt ebenfalls einen Teil der Police.

Weitere Formen von Cyber-Deckungen werden auf Basis einer Vertrauensschadenversicherung (z. B. EULER HERMES) oder von Maklern und Versicherern für bestimmte Zielgruppen wie Krankenhäuser, Ärzte, Heilwesen, beratende Berufe wie Wirtschaftsprüfer, Steuerberater, Rechtsanwälte, Notare, Handwerker, Handelsunternehmen usw. angeboten.

6 Anbieter privater Cyberversicherungen

Auf dem Markt von privaten Internetversicherungen herrscht eine recht große Angebotsvielfalt, die von speziellen Rechtsschutzpolicen, teilweise ergänzt um Vermögensschaden-Haftpflichtdeckungen, über spezielle Vermögenschadenversicherungen bis hin zu speziellen Hausratversicherungen und Internet-Schutzbriefen reicht.

Versicherungen für Privatpersonen gegen Cyber-Risiken erstrecken sich teilweise auf Rechtsschutzversicherungen mit teils lediglich rudimentärem Schutz bei Internetkäufen (Anbieter: ARAG, Advocard, D.A.S. Roland, DEVK, HUK, Jurpartner, BNP Paribas Cardif u. a.).

Daneben sind Angebote in Form von Vermögensschaden-Haftpflichtversicherungen mit rechtlichem Beratungsangebot (Anbieter: R+V Internetschutz Police, Cosmos Finanzschutz, Inter CyberGuard, BNP Paribas Cardif, Janitos, Bayerische, Bavaria Direkt u. a.) erhältlich.

Lediglich in der Privathaftpflicht gibt es einen gewissen Marktstandard für Schäden durch Austausch, Übermittlung und Bereitstellung von Daten auf Grundlage des Musterbausteins des GDV von 2007.

Derzeit stellt sich die Angebotssituation so dar, dass **Zusatzbausteine** häufig leistungsmäßig auf Betrug durch Onlinebanking sowie Käufer/Verkäuferschutz beim Onlinehandel beschränkt sind.

Einzeltarife als selbstständige Produkte sind umfassender: Kostenübernahme für Datenrettung nach einem Hack, adhoc-Rechtsberatung, weitere Services bei Cybermobbing, Datenlöschdienst, psychologische Beratung, Phishing-Attacken, manipulierte Geldautomaten usw.

Es lohnt sich also zu prüfen, in welchem Umfang über bestehende Policen bereits teilweise Versicherungsschutz für bestimmte Internetrisiken besteht und inwieweit die Leistungen der Hausrat- bzw. Haftpflichtpolice aufgestockt werden können, sodass Internetschäden dort schon mitversichert sind.

Auf die Gretchenfrage „Lohnt sich privater Cyberschutz?" gilt es eine differenzierte Betrachtung anzustellen:

Dafür spricht die zunehmende Zahl und das Ausmaß von Cyberrisiken, der oft notwendige Schutz bei Onlineshopping, Onlinebanking, Onlinemobbing sowie Assistance und Hilfeleistungen wie anwaltliche Beratung, psychologische Beratung usw.

In der Regel ist der versicherte Schutz allerdings sehr überschaubar und deutlich eingeschränkt, sowohl in der Höhe als auch im Umfang, und die Beratungsleistungen erfolgen meist nur über eine Hotline.

Zu erwarten ist zukünftig eine deutliche Ausweitung von Assistance-Leistungen, wenn die Anbieter die entsprechenden technischen Voraussetzungen geschaffen haben, um die technischen Möglichkeiten, die es inzwischen gibt, auch tatsächlich vollumfänglich nutzen zu können.

ANBIETER	AKTUELLE PRODUKTANGBOTE
Advocard RS AG	Internet-Rechtsschutz (innerhalb Advocard 360)
Allianz	InternetSchutz (Baustein in Hausrat SicherheitPlus)
ARAG	Web@ktiv (einzeln und als Baustein) und Web@ktiv plus inkl. web@tiv Vermögensschaden (einzeln und als Baustein)
AXA	Internetschutz (Baustein in Boxflex Hausratvers.)
Barmenia	Internet-Schutzbrief
Basler	CyberVersicherung
Bavaria Direkt/Versicherungskammer Bayern mit CPP	Cyber Versicherung Sorglos Online
BGV	Onlineschutz (Einzeltarif)
BNP Paribas Cardif	Digital Life Protect
Cosmos Direkt	FinanzSchutz (Einzeltarif)
Element/Vodafone	Cyberversicherung für Vodafone-Kunden

ANBIETER	AKTUELLE PRODUKTANGBOTE
ERGO Direkt	Internet Schutzbrief
Gothaer	CyberVersicherung
HanseMerkur/Berlin Direkt	BILD CyberPolice
Hiscox	Haus & Kunst by Hiscox
Inter	Inter CyberGuard Basis Inter CyberGuard Premium Inter CyberGuard Exklusiv)
Janitos	Online-Schutz (Baustein in Hausrat)
Konzept und Marketing	Internet & Cyber-Schutz (in allsafe home Hausrattarif)
Öffentliche Braunschweig	Digitalschutz
Öffentliche Sachsen	Cyberschutz für Privatkunden
Provinzial Rheinland	Internetschutz
Rhion	IT-Schutzbrief, PC- und Internet-Doc
Roland	Jurpartner Internet- RS
Roland	WebSecure
R+V	InternetschutzPolice R+V
R+V	SicherOnline (Baustein in R+V PrivatPolice Comfort Hausrat)
Signal Iduna	Cyber PHV und Cyber VHV Bausteine
SV Sparkassen-Versicherung	InternetSchutz (Einzeltarif)
VGH	Cyberschutz
VHV	Hausrat mit CyberSchutz

Die **ARAG** bietet bei web@ktiv beispielsweise auch weitergehenden Schutz bei angeblichen Urheberrechts-Verstößen, Schadenersatz bei Daten- und Identitäts-Diebstahl, Vertrags-Rechtsschutz beim Online-Shopping, aktive Strafverfolgung bei Mobbing im Internet und Hilfe bei Löschung rufschädigender Inhalte an.

Beim Abschluss der neuen Cyber-Versicherung der **Bavaria Direkt (VKB)** erhalten die Kunden aktuell drei Monate kostenlos ein Darknet-Screening von Owl (CPP) dazu. Dieses sucht die illegalen Handelsplätze des Internets (Dark Web) nach persönlichen Informationen wie Bank- oder Personendaten ab und gibt Tipps zum Schutz der eigenen Daten vor Missbrauch. Die Cyber-Police leistet bis zu 3.000 EUR Schadenersatz bei finanziellen Verlusten durch Interneteinkäufe und -verkäufe. Schäden im Zusammenhang mit Identitätsmissbrauch sind bis 15.000 EUR versichert, die Datenrettung nach einer Cyberattacke bis 2.000 EUR, Kosten für die Wiederbeschaffung von Kreditkarten werden bis zu 250 EUR und für die psychologische Erstberatung für Opfer von Cyber-Mobbing bis zu 300 EUR geleistet. Versichert sind alle Familienangehörigen, die mit dem Versicherungsnehmer im selben Haushalt leben.

Der Finanzschutz der **CosmosDirekt** greift bei Vermögensschäden bis zu 10.000 EUR, die unter anderem beim Online-Banking und Online-Shopping entstanden sind, ein. Auch bei Missbrauch einer Kredit- sowie Bankkarte und bei Lastschrift oder Überweisung deckt der Versicherungsschutz die Kosten ab.

Die **BILD CyberPolice** ist ein Gemeinschaftsprodukt der **HanseMerkur**, ihrem Tochterunternehmen **BD24 Berlin Direkt Versicherung AG** und Computer Bild. Der Beitrag liegt bei 4,99 EUR im Monat und umfasst fünf Bestandteile:

- Darknet-Screening – Frühwarnsystem zum Schutz persönlicher Daten im Netz, etwa bei Missbrauch von Passwörtern und Kreditkartendaten.
- Identitätsschutz – Schutz gegen finanzielle Schäden, die durch Hacker-Angriffe entstanden sind.
- Datenrettung – Wiederherstellung gespeicherter Daten, zum Beispiel durch Kostenübernahme für IT-Spezialisten sowie Übernahme der Mietkosten für Leihgeräte.
- Internet-Käuferschutz – Bei Einkaufsbetrug im Internet werden Käufern finanzielle Kosten erstattet, Verkäufer erhalten den Zeitwert für bereits verschickte, nicht bezahlte Ware.
- Reputationsschutz – Bei Missbrauch von Identität im Netz erhalten Versicherte rechtliche Hilfe, etwa in Form einer Kostenübernahme für juristische, telefonische Erstberatung oder für bis zu drei Löschungsversuche von rechtswidrig im Internet veröffentlichten privaten Daten.

Element bietet Privatkunden des Mobilfunkanbieters Vodafone seit Mai 2020 die Möglichkeit, sich durch Abschluss einer Cyber-Versicherung weltweit gegen Vermögensschäden bis zu 15.000 EUR abzusichern, die durch Betrug beim Online-Einkauf, Online-Banking oder durch Identitätsdiebstahl entstehen. Risikoträger ist die White-Label-Produktfabrik ELEMENT, die auch die Schadenabwicklung für den Mobilfunkanbieter übernimmt. Die Cyber-Police ist monatlich kündbar und kostet für Vodafone-Kunden 1,99 EUR pro Monat; der Abschluss ist über den Vodafone-Online-Service möglich.

Die **Inter** CyberGuard bietet Deckung gegen Betrug beim Online-Shopping (EU), Attacken beim Online-Banking, bei Cybermobbing, Datenlöschung, Smart Home-Schutz bei Cyberangriffen, Hardwarekosten nach Cyberangriffen, Datenrettungskosten, Software-Wiederherstellungskosten und die Norton-Sicherheitssoftware in drei Leistungspaketen Basis, Exklusiv und Premium zu 99 EUR, 129 EUR bzw. 159 EUR p. a. Die Deckungssumme beträgt in Abhängigkeit vom Tarif 10.000 EUR oder 15.000 EUR. Während beim Tarif Exklusiv nur der in häuslicher Gemeinschaft lebende Partner mitversichert ist, schließt der Tarif Premium alle Familienmitglieder ein.

Zu den Leistungen gehören auch die Beratung durch einen Anwalt oder Psychologen im Schadenfall. Die Police sichert PCs, mobile Endgeräte und Smart-Home-Technik gegen die finanziellen Folgen von Internetkriminalität ab. Zur Police gehören die Beratung durch Experten und die Sicherheitssoftware „Norton Security Online".

Der **Janitos** Online-Schutz kann nicht als eigenständige Versicherung abgeschlossen werden, sondern nur in der aktuellen Janitos Hausrat- oder Privathaftpflichtversicherung als kostenpflichtiges Zusatzpaket miteingeschlossen werden. Er bietet Services und Hilfeleistungen bei Problemen, die für den Kunden im Bedarfsfall entweder gar nicht oder nur mit unverhältnismäßig großem Aufwand selbst zu bewältigen sind. Dazu gehört z. B. das Finden und Löschen von Bildern und Videos, die die Persönlichkeitsrechte von Versicherten verletzen oder das richtige Vorgehen bei Abmahnungen wegen angeblicher Urheberrechtsverletzungen. Im Einzelnen: Cyber-Mobbing/Verletzung von Persönlichkeitsrechten; Identitätsdatendiebstahl; Zahlungsmitteldatendiebstahl; Urheberrechtsverletzungen; Konflikte mit Online-Händlern.

Die **R+V** InternetschutzPolice greift ebenfalls bei Vermögensschäden von bis zu 10.000 EUR ein – sofern diese durch kriminelle Handlungen im Internet entstanden sind. Die Datenwiederherstellung ist mit einer Versicherungssumme von 1.000 EUR abgedeckt. Außerdem bietet der Schutz eine telefonische rechtliche und psychologische Beratung an. Versichert ist u. a. die missbräuchliche Nutzung von Onlinebanking-Konten eines Dritten durch Phishing oder Pharming im Rahmen eines online durchgeführten Bankgeschäftes, Zahlungsbetrug, Lieferbetrug, Veränderung und Verlust von Daten/Computersabotage (z. B. durch Viren, Hacker,...).

In Zusammenarbeit mit der R+V bietet die SHL-Gruppe und die Altimate Net GmbH ein Internet-Versicherungspaket für Verbraucher an. Enthalten sind hier Schutz beim Online-Einkauf, Datenrettung, Identitätsdiebstahl und Kontomissbrauch sowie Virenschutz für alle Familienangehörigen.

Signal Iduna hat ihre Privat-Haftpflicht- und Hausratversicherung um zwei optional abschließbare Cyber-Bausteine aufgestockt: Die „Cyber PHV" (Haftpflicht) und „Cyber VHV" (Hausrat). Beide ergänzen sich laut Angabe des Versicherers in ihrem Leistungsspektrum und umfassen auch Leistungen des „Roland WebSecure", dem Internet-Schutzbrief von Roland Rechtsschutz.

Die **Sparkassen-Versicherung** bietet den InternetSchutz an und versichert finanzielle Schäden durch Identitätsmissbrauch von Online-Kundenkonten, Ersatz für Verluste bei Interneteinkäufen oder -verkäufen, Vermögensschäden nach Identitätsmissbrauch im Internet durch Kredit-, Bank- und sonstigen Debitkarten-Betrug, finanzielle Schäden durch Betrug beim Internetbanking, Skimming (Ausspähen der PIN am Bankautomaten) und Datenrettung nach einem Hackerangriff.

Die **VHV** bietet mit dem Zusatz-Baustein Cyberschutz auch in der Hausratversicherung Schutz gegen Cyberrisiken. Dazu gehört der Schutz bei Onlinehandel-Betrug (bis 1.000 EUR), Onlinebanking-/Onlinezahlungs-Betrug (bis je 5.000 EUR), Kredit-/Bankkarten-Betrug (bis je 5.000 EUR) sowie Datenrettungskosten bis 2 % der Versicherungssumme. Datenrettungskosten werden teilweise gedeckt, falls diese gestohlen oder beschädigt werden.

Vergleich von privaten Cyber-Policen

Die Covomo Versicherungsvergleich GmbH, ein Start-Up, das Vergleiche für Zusatzversicherungen im Bereich Reise, Tier, Elektronik, Sport und Garantieverlängerungen anbietet, offeriert zudem ein Tool, das andere Vermittler, Verbraucherportale oder Online-Shops in ihre eigenen Webseiten einbinden können. Der Vertrieb über Makler und Maklerpools ist für Covomo nach eigener Aussage neben dem klassischen B2C-Kanal der wichtigste Vertriebsweg. Im August 2018 erweiterte das Unternehmen seine Sparte Elektronik um Cyberversicherungen für Endkunden. Hier führt das Start-Up u. a. Tarife der Bavaria Direkt, Inter Allgemeine Versicherung AG auf.

Das Bundesamt für Sicherheit in der Informationstechnik (BSI) gibt auf seiner Internetseite unter www.bsi-fuer-buerger.de Hinweise und Empfehlungen für Bürger, wie man sich gegen Angriffe absichern sollte.

7 Überblick Deckungskonzepte

Um eine angemessene Vergleichbarkeit der angebotenen Leistungen zu erreichen, wurden die Deckungsmodule und Vertragsleistung in der tabellarischen Gegenüberstellung im Anhang unter Gliederungspunkt 17 behandelt. Deckungsangebote „aus einem Guss" wurden als kombinierte Deckungen ausgewiesen.

Trotzdem ist eine Darstellung der Produkte in tabellarischer Form nur schwer möglich, weil die Versicherer unterschiedliche Begriffe für den gleichen Sachverhalt verwenden. Denn der Deckungsinhalt ist u. a. abhängig von der Versicherungsfalldefinition und den Ausschlüssen, die nicht nur im allgemeinen Teil der Bedingungen enthalten sind. Auch in den einzelnen Deckungsmodulen können Ausschlüsse die Leistung begrenzen oder ausschließen. Außerdem sind Selbstbehalte und Limits bei den einzelnen Leistungsangeboten zu beachten. Die einzelnen Deckungsmodule der Gesellschaften enthalten auch unterschiedliche Leistungsbeschreibungen. So beinhalten sie zum Teil Leistungen, die andere Versicherer extra ausweisen oder optional anbieten.

7.1 Struktur der Policen – vergleichende Betrachtung

Vorstehend wurde bereits auf die Probleme hingewiesen, die Deckungskonzepte der Versicherer so darzustellen, dass ein schneller Vergleich möglich ist. Die gewählte Tabellenform gibt schon einen gewissen Überblick über die angebotenen Deckungssegmente; sie erlaubt jedoch noch keinen Einblick in den tatsächlichen Deckungsumfang, der durch die Policen gewährt wird. Dazu sind natürlich die Formulierung des Versicherungsfalles (Ereignisse), die versicherten Gefahren und Schäden, die Ausschlüsse und die dem Versicherungsnehmer auferlegten Obliegenheiten näher zu betrachten.

Eine Gegenüberstellung der Policen und des damit gewährten Deckungsschutzes ist schwierig, weil Aufbau der Policen und Formulierung der Bedingungen unterschiedlich gestaltet wurden. Gründe könnten in der mangelnden Erfahrung bei der zu gewährenden Cyberdeckung bzw. der unterschiedlichen Schwerpunktsetzung bei der Entwicklung der Produkte liegen.

Bei den in den Policen verwendeten Begriffen wie „IT-System", „informationsverarbeitendes System", „Cyberrisiko", „Cyberschaden" oder „Cyberangriff" handelt es sich weder um Begriffe der Rechtssprache noch besteht im allgemeinen Sprachgebrauch insoweit ein klar umgrenztes allgemeines Verständnis.

Franke und Bornberg Research GmbH brachte es beim ersten Produkt-Rating Cyber-Versicherung Oktober 2018 wie folgt zusammengefasst auf den Punkt:

Die Versicherer verwenden unterschiedliche Begriffe; so wurden etwa bei der Definition der versicherten Gefahren genannt:

- „Netzwerksicherheits-Verletzung“,
- „IT-Sicherheitsverletzung“,
- „Hacker-Angriff“,
- „Cyber-Angriff“,
- „Cyber-Einbruch“,
- „Cyber-Attacke“,
- „Cyber-Rechtsverletzung“,
- „Cyber-Sicherheitsvorfall“.

Die meisten Begriffe seien zwar durchaus ähnlich, aber im Detail unterschieden sie sich sehr. Die Konsequenzen daraus seien für Vermittler und Kunden unabsehbar.

Eine Formulierung des versicherten Ereignisses ist für die Versicherer wohl auch deshalb so problematisch, weil die Cyberattacken einem ständigen Wandel unterliegen. Die Risikoträger sind deshalb bemüht, das versicherte Ereignis nach Möglichkeit auf einen kalkulierbaren Rahmen zu begrenzen. Die gewählten Formulierungen des Versicherungsfalles tragen diesem Umstand Rechnung.

In der Schadenpraxis könnte es relevant werden, ob z. B. auch Netzwerkdrucker, KeyCard-Systeme, Steuerungssoftware oder virtuelle Rechner jeweils als versicherte IT-Systeme anzusehen sind.

Relevant ist auch, welche Angriffsformen von der Police gedeckt sind. Ob es eines **zielgerichteten Angriffs** bedarf oder wie mit Angriffen gegen IT-Infrastrukturen außerhalb des Verfügungsbereiches des Kunden umzugehen ist.

Obliegenheiten können seitens der Anbieter z. B. im Zusammenhang mit dem fortlaufenden Schutz des unternehmenseigenen Computersystems oder Netzwerkes verlangt werden. Fast alle Anbieter fordern, dass die versicherten Unternehmen Vorsorge gegen den Eintritt eines Cyber-Versicherungsfalles treffen müssen, indem das jeweilige Computersystem fortlaufend dem **Stand der Technik** entsprechen muss. Problematisch ist daher, ab wann eine anzuzeigende Gefahrerhöhung im Sinne üblicher Cyber-AVB vorliegt; ob z. B. bereits die Umstellung der

IT-Systeme auf ein anderes Betriebssystem vorher mit dem Versicherer abzustimmen ist.

Immerhin akzeptieren manche Anbieter die Einschränkung, dass ausschließlich diejenigen Schutzmaßnahmen aktualisiert werden müssen, über die das versicherte Unternehmen bereits bei Beginn der letzten Versicherungsperiode verfügte.

Insbesondere die jeweiligen Inhalte von Versicherungsfalldefinition, Subsidiaritätsklausel, Kumulklausel, Repräsentantenklausel, die expliziten Ausschlüsse, die aktuell angebotenen Kapazitätsbandbreiten und Zielgruppen der Produkte und Anbieter unterscheiden sich z. T. deutlich.

Hard Facts und Soft Facts können dabei eine Rolle spielen – die Schwerpunkte und die Gewichtung bzw. Relevanz sind dann entscheidend. Auch deshalb ist ein Vergleich anhand einer Vielzahl verschiedener Kriterien anzuraten. Dabei sollten auch schwer zu greifende Faktoren zum Tragen kommen, wie z. B. die bisherigen Erfahrungen des Anbieters mit Cyber-Versicherungen, seine Philosophie bei der Schadenregulierung oder auch der Ruf und die Kompetenz der Partner und externen Dienstleister, die eingeschaltet werden.

So sind unterschiedliche **Selbstbehaltshöhen** vereinbar, i. d. R. zwischen 1.000 EUR und 5.000 EUR. Der Versicherungsnehmer beteiligt sich in jedem Versicherungsfall mit einem im Versicherungsschein vereinbarten Betrag an der Leistung des Versicherers. Bei Versicherungsfällen, die ausschließlich auf einer Rechtsverletzung durch Werbung und Marketing beruhen, gilt mitunter abweichend von dem im Versicherungsschein vereinbarten Betrag ein anderer Selbstbehalt.

Die Liste möglicher Vergleichskriterien ist lang.

Neben den vorstehend angeführten Kriterien können z. B. der zeitliche **Umfang einer Rückwärtsversicherung bei Drittschäden** (von zwei Jahren bis zeitlich unbegrenzt), der Einschluss einer Rechtsschutzkomponente sowie der Einschluss einer Medien-Haftpflicht und die Anrechnung von Rettungsaufwendungen, genannt werden.

Bei Eigenschäden ist der jeweilige **Umfang der Kostenübernahme** für sicherheitstechnische Dienstleistungen, für Kommunikation und PR, für die Wiederherstellung von Daten und/oder Programmen, für den Austausch von Hardware, für das Krisenmanagement, für Datenüberwachungsdienstleistungen bis hin zur Erstellung und das Versenden von Goodwill-Coupons beachtenswert.

Hinzu kommt der Umfang der **Übernahme von Mehrkosten** bei einer Betriebsunterbrechung (BU) sowie die in letzter Zeit verstärkt beachtete Komponente, ob auch die **BU bei einem Cloud-Ausfall** mitversichert ist und wie umfassend dies sein würde.

Der **Umfang von Präventionsmaßnahmen** und Training ist als Kriterium ebenso zu nennen, wie die Bereitstellung einer Notfallhotline rund um die Uhr, Leistungen bei Cyber-Erpressung, Cyber-Diebstahl, Bedienungsfehler, Sachschäden an Fertigungserzeugnissen und am Computersystem, Geldbußen, Überspannung, Unterspannung, BYOD, Versehensklausel, Gefahrerhöhungen usw.

Schließlich werden zunehmend auch sog. **Innovationsklauseln** vorgesehen. Dabei formulieren Anbieter beispielsweise wie folgt: „Werden die diesem Versicherungsvertrag zugrunde liegenden Versicherungsbedingungen durch zukünftige Versicherungsbedingungen ersetzt, so gelten die Inhalte der neuen Versicherungsbedingungen, soweit sie zum Vorteil des Versicherungsnehmers und ohne Mehrbeitrag geändert werden, ab dem Zeitpunkt des Erscheinens der neuen Bedingungen auch für den bestehenden Versicherungsvertrag. Neu hinzukommende Zusatzbausteine, die separat auf dem Antrag gewählt werden müssen und mit einer Mehrprämie verbunden sind, werden über diese Innovationsklausel nicht automatisch Bestandteil des Versicherungsvertrages."

Bei der im Anhang (Ziffer 17) vorgenommenen Darstellung haben wir uns auf die Kriterien Subsidiaritätsklausel, Kumulklausel, Repräsentantenklausel, örtliche Geltung und Versicherungsfalldefinitionen mit Gegenstand der Versicherung und versicherten Leistungen fokussiert.

7.1.1 Subsidiaritätsklausel

Subsidiaritätsklauseln sind in fast allen Bedingungswerken enthalten, Ausnahmen z. B. AXA und Württembergische.

Positiv formuliert und betrachtet kann die Subsidiaritätsklausel auch als eine Regelung zur vorrangigen oder nachrangigen Versicherung betrachtet werden: *„Ist ein Versicherungsfall oder ein Schaden auch unter einem anderen Versicherungsvertrag versichert, **so geht der vorliegende Vertrag vor**.*

Dies gilt nicht, wenn es sich bei dem anderen Versicherungsvertrag ebenfalls um eine Cyber-Versicherung handelt. In diesem Fall steht die vorliegende Versicherung erst im Anschluss an die Versicherungssumme der anderen Versicherung zur Verfügung.

Versicherungsschutz besteht in Ergänzung zu der Leistung des anderen Versicherers, soweit der Versicherungsschutz unter dem vorliegenden Vertrag weitergehender ist als unter dem anderen einschlägigen Versicherungsvertrag (Konditionendifferenzdeckung) oder der anderweitige Versicherungsschutz durch Zahlung verbraucht ist (Summenausschöpfungsdeckung).

Erhält der Versicherte aus dem anderweitigen Versicherungsvertrag wegen dauerhafter Zahlungsunfähigkeit des anderen Versicherers keine Leistung, so leistet der Versicherer des vorliegenden Vertrages Zug um Zug gegen Abtretung der Leistungsansprüche des Versicherten.

Bestreitet der andere Versicherer seine Leistungspflicht ganz oder teilweise, so leistet der Versicherer des vorliegenden Vertrages unter Eintritt in die Rechte eines Versicherten vor."

Qualifizierte Cyberpolicen werden sich stets selbst als vorrangig und damit zuständig erklären, denn es geht gerade im Schadenfall darum, möglichst sofort und schnell reagieren zu können und geeignete Maßnahmen zur Schadenvermeidung bzw. Schadenminderung und den zügigen Einsatz z. B. von Forensikern zu initiieren.

7.1.2 Kumulklausel

Das Kumulrisiko tritt im Bereich Cyber in mehreren Facetten auf. Da ist zunächst die Kumulklausel in Verbindung mit der Subsidiaritätsklausel zu sehen. Kumulklauseln sind in fast allen Bedingungswerken enthalten, Ausnahmen z. B. bei AXA und Württembergische.

Ein problematischer Aspekt einer **Kumulklausel** ergibt sich dann für den Kunden. Anhand von Beispielen soll dies nachfolgend kurz dargestellt werden:

„Ist der Versicherungsfall unter mehreren Versicherungsverträgen des Versicherers dieses Vertrages gedeckt, so wird die maximale Leistung auf die in einer dieser Versicherungen vereinbarte höchste Versicherungssumme je Versicherungsfall und Versicherungsperiode begrenzt." oder:

„Besteht Versicherungsschutz auch unter einem anderen Versicherungsvertrag der XYZ Versicherung des Versicherungsnehmers, so steht für diese Versicherungsfälle nicht der Gesamtbetrag kumulativ aus den verschiedenen Versicherungssummen, sondern bei gleichen Versicherungssummen höchstens eine Versicherungssumme, ansonsten maximal die höhere Versicherungssumme zur Verfügung. Für die Feststellung der höchsten Versicherungssumme ist der Zeitpunkt maßgebend, in dem der erste Versicherungsfall eingetreten ist. Hiervon ausgenommen bleiben Versicherungsverträge, die ausdrücklich als Exzedentenversicherung zu dem vorliegenden Versicherungsvertrag vereinbart sind."

Im Ergebnis bedeutet das aus der Sicht des Versicherungsnehmers, dass er sich über die Konsequenzen für seinen Versicherungsschutz im Klaren sein sollte. Schließt er nämlich die Cyber-Versicherung bei seinem „Hausversicherer" ab, bei dem tendenziell alle weiteren Standarddeckungen wie Haftpflicht, Sach, Betriebsunterbrechung, Financial Lines vereinbart worden sind, so könnte es aufgrund der vorstehenden **Summenbegrenzung** zu einer zu geringen Leistung kommen. Andererseits kann diese missliche Limitierung vermieden werden, wenn die Cyber-Versicherung bei einem anderen Versicherer vereinbart wird, bei dem ansonsten keine Verträge bestehen oder aber der Hausversicherer bereit ist, seine Kumulklausel in seiner Cyber-Versicherung zu streichen.

Und hinsichtlich der dabei bestehenden Selbstbehalte sind ebenfalls beispielsweise folgende Regelungen zu berücksichtigen: „Sind für den Versicherungsfall oder Schaden in den betroffenen Versicherungsverträgen unterschiedliche Selbstbehalte vereinbart, so kommt in einem Kumulfall nur der niedrigere der vereinbarten Selbstbehalte zur Anwendung."

Es müssen zudem zwei weitere gegenläufige Entwicklungen berücksichtigt werden:

Einerseits wird die Vernetzung der IT-Systeme weltweit untereinander immer dichter. Die **Sicherheitsmaßnahmen** der einzelnen Komponenten erhöhen dadurch in ihrer Aggregation wahrscheinlich auch in gewissem Umfang die Sicherheit aller anderen Komponenten, da dadurch die Verteilung von Schadsoftware ggf. erschwert sein kann.

Andererseits entsteht durch die weltweit immer weiter voranschreitende Vernetzung auch ein zunehmendes höheres **Kumulrisiko**, weil Sicherheitslücken bei kritischen Systemen ausgenutzt werden könnten oder z. B. durch den Ausfall eines großen Cloudproviders oder die Verbreitung eines weltweiten Virus solche Kumule entstehen könnten.

Die Anbieter versuchen das Kumulrisiko einzugrenzen, indem als Versicherungsfall ein zielgerichteter Angriff als versichert gilt oder aber die Kapazitäten begrenzt werden.

Die Frage ist, ob die Anbieter durch entsprechende Rückversicherungsverträge das Risiko streuen können oder sie eventuell ihre Deckungen reduzieren müssten.

7.1.3 Repräsentantenklausel

Repräsentantenklauseln legen vertraglich fest, wessen Verhalten sich der Versicherungsnehmer zurechnen lassen muss, also welche Unternehmensmitarbeiter in den Kreis der gegenüber dem Versicherer Verantwortlichen einbezogen werden.

Für den Versicherungsnehmer weniger sinnvoll ist es dann, den Kreis der Repräsentanten weit zu ziehen. Deshalb sollten die Versicherungsverträge vorsehen, dass Repräsentanten der Versicherungsnehmerin je nach der Rechtsform des Unternehmens nur die obersten Leitungsorgane sind, also bei einer GmbH beispielsweise der Geschäftsführer, bei einer Aktiengesellschaft der Vorstand usw.

Typischerweise sieht eine Repräsentantenklausel in der Cyber-Versicherung folgende Formulierung vor:

Repräsentanten im Sinne des Vertrages sind:
- die Mitglieder des Vorstandes (bei Aktiengesellschaften),
- die Geschäftsführer (bei Gesellschaften mit beschränkter Haftung),
- die Komplementäre (bei Kommanditgesellschaften),
- die Gesellschafter (bei offenen Handelsgesellschaften),
- die Gesellschafter (bei Gesellschaften bürgerlichen Rechts),
- die Inhaber (bei Einzelfirmen),
- die nach den gesetzlichen Vorschriften berufenen obersten Vertretungsorgane (bei anderen Unternehmensformen, z. B. Genossenschaften, Verbänden, Vereinen, Körperschaften des öffentlichen Rechts, Kommunen),

- der dem Vorstehenden entsprechende Personenkreis (bei ausländischen Unternehmen) oder
- der Leiter der Rechtsabteilung, der IT-Abteilung oder des Risiko-Managements.

Mitunter wenden Versicherer im Schadenfall ein, der Schadeneintritt sei **nicht unvorhergesehen** gewesen. Der Versicherer kann dann ganz oder teilweise von der Leistung frei sein. Entscheidend ist allerdings, für welche Personen der Schaden aufgrund ihrer Kenntnisse und Nähe zum Risiko tatsächlich vorhersehbar war. Es ist daher ratsam, den Kreis der Personen, deren Verhalten dem Unternehmen zugerechnet werden kann, von vornherein vertraglich zu begrenzen. Eindeutig formulierte Repräsentantenklauseln schaffen hier Klarheit im Schadenfall und auch in den Fällen, in denen der Vorwurf einer Gefahrerhöhung oder einer Obliegenheitsverletzung erhoben wird. Dem dadurch erhöhten Haftungsrisiko der Entscheidungsträger kann und sollte das Unternehmen im gleichen Schritt ebenfalls gegensteuern.

7.1.4 Örtlicher und räumlicher Geltungsbereich

Es wird von den meisten Anbietern, soweit rechtlich zulässig, weltweiter Versicherungsschutz gewährt oder es besteht weltweiter Versicherungsschutz mit Ausschluss der Staaten USA und Kanada. Oder: Für Firmen und Betriebsstätten außerhalb des EWR besteht nur Versicherungsschutz, sofern diese in den individuellen Vertragsvereinbarungen aufgeführt sind und dies nicht gegen die Versicherungspflicht im jeweiligen Land oder andere lokale Gesetze verstößt.

Soweit es dem Versicherer aus rechtlichen Gründen nicht möglich ist, vertraglich geschuldete Leistungen im Ausland zu erbringen, sind diese Leistungen am Sitz des Versicherungsnehmers gegenüber dem Versicherungsnehmer zu erbringen. Einen Anspruch auf Erbringung von Leistungen hat in diesem Fall nur der Versicherungsnehmer selbst.

7.1.5 Versicherungsfalldefinition

Die Vergleichbarkeit der Policen wird auch dadurch erschwert, dass in den Cyber-Policen mehrere unterschiedliche Versicherungsfalldefinitionen für

- Eigenschaden-,
- Haftpflicht-, Drittschaden-,
- Betriebsunterbrechungsversicherung usw.

verwandt werden und deshalb eine verkürzte klare Aussage oft nicht getroffen werden kann. Der Teufel steckt auch hier im Detail, insbesondere der jeweiligen individuellen Formulierung und sich daraus ergebenden Interpretationsmöglichkeiten (siehe Anhang, Ziffer 17.4).

7.2 Drittschäden/Haftpflichtansprüche

Im Bereich der Haftpflichtdeckung unterscheiden sich die Versicherer nur wenig in der Formulierung des Versicherungsschutzes. Grundlage ist hier die gesetzliche Regelung zur Haftpflicht.

Als Versicherungsfall gilt i. d. R. bei den meisten Angeboten die „erstmalige schriftliche Erhebung eines Haftpflichtanspruchs" wegen einer Informationssicherheits- oder Datenschutzrechtsverletzung.

Im Unterschied zur Betriebshaftpflichtversicherung kommt es hierbei nicht auf den Eintritt des Schadenereignisses, sondern auf die Geltendmachung des Haftpflichtanspruchs an. Mit dieser als **„claims-made-Deckung"** bezeichneten Versicherungsfalldefinition korrespondieren die Rückwärtsversicherung und die Nachmeldefrist.

Entsprechende Hinweise finden sich in den Bedingungen oftmals ganz zu Beginn in einer Präambel oder unter Hinweise.
Hier einige Beispiele:

AGCS ACPP (V27022019)
Hinweis: Dieser Vertrag gewährt Versicherungsschutz für Haftpflichtansprüche (gemäß Ziffer I.1.) und für behördliche Verfahren (gemäß Ziffer I.3.1.) auf Basis **des Anspruchserhebungsprinzips (Claims Made)**. Auf der Grundlage des Anspruchserhebungsprinzips sind nur solche Ansprüche und behördliche Verfahren versichert, die innerhalb der Versicherungsperiode oder einer sich daran anschließenden vertraglich vereinbarten Nachhaftungsfrist erstmalig geltend gemacht oder eingeleitet werden.

AXA ByteProtect Rev.5.0

Im **Baustein H Haftpflicht** (Cyber-Liability) wird darauf hingewiesen, dass dieser Baustein eine auf dem **Anspruchsprinzip (Claims-made-Prinzip)** basierende Versicherung beinhaltet, d.h., der Versicherungsfall ist die erstmalige Geltendmachung eines Haftpflichtanspruchs gegen eine versicherte Person während der Dauer des Versicherungsvertrages.

Chubb Cyber Enterprise Risk Management 05/2017

Unter Hinweise: Die Versicherungsgegenstände 1.1, 1.2 und 1.3 basieren auf dem Anspruchserhebungsprinzip („Claims-Made"). Maßgeblich für den Versicherungsschutz ist der Zeitpunkt der Anspruchserhebung bzw., soweit zutreffend, der Verfahrenseinleitung während des versicherten Zeitraums. Verteidigungskosten sind Bestandteil der Versicherungssumme und stehen nicht zusätzlich zu dieser zur Verfügung.

Voraussetzung ist dabei stets, dass der Versicherungsfall (das den Drittschaden auslösende Ereignis) während der Dauer der Wirksamkeit des Vertrages eingetreten ist. Dies muss im Zweifel bewiesen werden.

Anders als bei den meisten Deckungskonzepten zur Cyber-Versicherung gilt z. B. bei der AIG und Hiscox nicht etwa die erstmalige Erhebung eines Haftpflichtanspruchs wegen einer Informationssicherheitsverletzung als Versicherungsfall, sondern **das Schadenereignis**, als dessen Folge die Schädigung eines Dritten unmittelbar entstanden ist.

Wie auch sonst ist der Zweck der Haftpflichtversicherung die Erfüllung berechtigter sowie die Abwehr unberechtigter Ansprüche. Dazu gehören die Verletzung von Datenschutzvorschriften bzw. Verletzung der Vertraulichkeit und die mögliche Erfüllung oder Abwehr von Ansprüchen wegen Vermögensschäden Dritter durch das Versenden oder Empfangen infizierter Daten.

Für Drittschaden- und Eigenschadendeckungen sind u. a. folgende Aspekte besonders interessant:

- **Unverfallbare Nachmeldefrist**
  Nach einem Versichererwechsel weiterhin bestehende Nachmeldefrist. Es bleiben auch Versicherungsfälle versichert, die erst nach Vertragsende eintreten. Da ein Anschlussversicherer im Rahmen seiner Rückwärtsversicherung ggf. nur unbekannte Rechtsverletzungen versichern wird, sind versicherte Unternehmen im Hinblick auf bekannte Pflichtverletzungen zwingend auf eine Nachmeldefrist angewiesen. Diese darf deshalb nicht verfallbar sein.
  Eine Nachmeldefrist von mindestens fünf Jahren erscheint empfehlenswert.
- **Automatische Rückwärtsversicherung**
  Wichtig ist zudem, dass Angriffe Dritter oder eigene Pflichtverletzungen Versicherter (insbesondere im Bereich Datenschutz) auch dann in Form einer unbe-

grenzten Rückwärtsversicherung versichert sind, wenn sie vor Vertragsbeginn begangen wurden, aber erst danach ein Schaden erkennbar wird.

- **Vorsatzausschluss auch schon bei nur bedingt vorsätzlicher Pflichtverletzung**
  Die Abgrenzung zwischen vorsätzlicher und wissentlicher Pflichtverletzung kann entscheidend sein. Der bedingte Vorsatz sollte daher mitversichert werden, z. B. wenn das versicherte Unternehmen wegen der Verletzung datenschutzrechtlicher Pflichten auf Schadenersatz in Anspruch genommen wird.
- **Einschluss nicht zielgerichteter Cyberangriffe**
  Eine Netzwerksicherheitsverletzung soll z. B. in Form eines Hacker-Angriffes – gezielt oder ungezielt – auf das IT-System des Versicherten versichert sein.

7.3 Eigenschäden/Ertragsausfall (Betriebsunterbrechung)

Ertragsausfall (Betriebsunterbrechung)

Das alleinige Vorhandensein einer Leistung und des Bausteins Ertragsausfall/Betriebsunterbrechung sagt an sich noch nicht viel aus.

Mit diesem Baustein werden die durch eine Unterbrechung oder Beeinträchtigung des versicherten Geschäftsbetriebes entstehenden Kosten und der Betriebsgewinn abgesichert, die durch externe Einwirkungen entstehen und einen IT-technischen Hintergrund haben. Trotz unterschiedlicher Formulierungen des Versicherungsschutzes ist die Deckung in allen der hier untersuchten Versicherungsbedingungen grundsätzlich verfügbar.

Eine typische Deckung für Betriebsunterbrechung („Ertragsausfall") inkl. entgangenem Gewinn bietet Schutz gegen folgende Risiken:

- Die unberechtigte Löschung von Daten sowie der
- unberechtigte Zugriff bzw. die unberechtigte Nutzung von Daten.

Diese stellen klassische Hackerangriffe dar. Dritte dringen unberechtigt in die IT ein.

Zuletzt war eine zunehmende Ausweitung der Betriebsunterbrechungsdeckung durch Einschluss von Rückwirkungsschäden und Ausfälle aufgrund technischer Störungen festzustellen. Phishing und Denial-of-Service-Angriffe sind zudem von erheblicher Bedeutung.

Viele Tarife sehen einen **Selbstbehalt** von zwölf Stunden für die Betriebsunterbrechung vor. Einige Versicherer übernehmen ab Überschreiten der zwölf Stunden jedoch den vollen Betriebsunterbrechungs-Schaden: nach Abzug des gewählten allgemeinen Selbstbehaltes von zum Beispiel 1.000 EUR. Insofern kann der Selbstbehalt in beiden Tarifen als Wartezeit interpretiert werden. Andere Tarife erstatten die Kosten erst ab der 13. Stunde, unabhängig davon, wie lange die Unterbrechung dauert.

Markel z. B. hat folgende Regelung vorgesehen: „Den aufgrund der ersten 8 Stunden einer Betriebsunterbrechung oder -beeinträchtigung entstehenden Ertragsausfall tragen die Versicherten selbst, mindestens jedoch den vereinbarten Selbstbehalt."

Die Dauer der Betriebsunterbrechung wird oftmals am Zeitraum zur Wiederherstellung der IT-Systeme festgemacht. Einige Anbieter leisten auch über den Zeitpunkt der technischen Wiederherstellung der Systeme hinaus, für den Fall, dass infolge eines Reputationsverlustes Kunden abwandern und dadurch die Umsätze einbrechen.

Diese Leistung kann insbesondere für Unternehmen relevant sein, die aufgrund eines Ausfalles der Systeme hohe Reputationsverluste befürchten müssen. Andere Anbieter ersetzen Kosten und Ertragsausfallschäden bis zur technischen Wiederherstellung des Netzwerkes und der IT-Systeme des Unternehmens.

Haftzeit

Mit der im Vertrag vereinbarten Haftzeit begrenzen die Versicherer die Zeit für die Ertragsausfallberechnung. In den einzelnen Versicherungsbedingungen ist die Haftzeit unterschiedlich definiert, oder es fehlt überhaupt eine Aussage darüber.

Bei DUAL z. B. „beginnt gemäß Ziffer 2.3.1.3 der Versicherungsbedingungen die Haftzeit mit dem Zeitpunkt, an dem die Betriebsunterbrechung für den Versicherten nach den anerkannten Regeln der Technik frühestens erkennbar war, jedoch spätestens mit Beginn des Betriebsunterbrechungsschadens und endet mit der vollkommenen Wiederaufnahme der Betriebstätigkeit, spätestens aber nach 180 Tagen".

Haftzeiten bei Ertragsausfallschäden sind z. B. in den Cyber-Versicherungsbedingungen folgender Gesellschaften zu finden:

AGCS (in der ACPP)	180 Tage
AIG	180 Tage
AON	365 Tage
AXA	180 Tage
DUAL	180 Tage
HDI Global SE	180 Tage
Provinzial	365 Tage
Tokio Marine	120 Tage

Die meisten Versicherer arbeiten in ihren Tarifen mit einer Haftzeit von 180 Tagen. Markel z. B. verzichtet vollständig auf eine Haftzeit. Man sollte beachten, dass der Versicherer Kosten immer nur maximal bis zur Höhe der gewählten Versicherungssumme übernimmt. Umso wichtiger ist es dann in der Folge, auch unter diesem Aspekt auf die Wahl einer ausreichenden Versicherungssumme zu achten.

Oftmals werden sie individuell vereinbart und finden sich dann im Versicherungsschein. Grundsätzlich sollte auch eine Vereinbarung mit dem Versicherer über die Länge der Haftzeiten möglich sein, wenn die Betriebsumstände dies erfordern.

Kostenschäden

Im Bereich der Kostenschäden ist eine Bewertung weitaus schwieriger. Die Inhalte der Deckungsbausteine bei den untersuchten Gesellschaften sind nicht nur recht unterschiedlich gestaltet, sondern die Deckungen der Kosten sind – wie unten weiter ausgeführt – auch unterschiedlichen Bereichen zugeordnet.

Die Untersuchung zeigt, dass die Kostenpositionen

- für Sachverständige, Forensik, Schadenfeststellungskosten,
- zur Datenwiederherstellung,
- für Krisenmanagement/Krisenkommunikation/PR-Maßnahmen

bei fast allen Anbietern eingeschlossen sind.

Daneben wird oftmals die Kostenübernahme eingeschlossen für
- Soforthilfe im Notfall,
- Trainings- und Präventionsmaßnahmen,
- Informations- und Benachrichtigungskosten,
- Rechtsanwaltskosten,
- Schadenermittlungskosten,
- Kreditkarten-Monitoring,
- Kosten für Kulanzgutscheine,
- Schadenminderungskosten,
- Beseitigungskosten,
- Überprüfungskosten,
- Beratungskosten,
- Kosten für Systemverbesserungen,
- Kosten für Austausch von Hardware,
- Mehrkosten zur Beschleunigung der Wiederherstellung des Betriebes.

Bei Datenschutzverletzung, Internetbetrug, Erpressung/Lösegeld sieht die Versicherungsmöglichkeit bei den Gesellschaften unterschiedlich aus. Bei der Chubb werden Erpressung/Lösegeld in den Bedingungen nicht aufgeführt. Internetbetrug fehlt in den Bedingungen der Württembergische.

Wie bereits erwähnt tragen die Deckungsbausteine der Gesellschaften für die gleichen Deckungsinhalte unterschiedliche Namen. So wird z. B. der Deckungsbaustein **Daten und Programme bzw. Software sowie Wiederherstellungskosten für Daten und Programme** bei den Gesellschaften AIG, AXA, AON, AGCS, Chubb, Hiscox, HDI Global SE und Zurich ausdrücklich genannt. Allerdings deckt die AIG Schäden an Daten selbst, nicht aber an Programmen.

Auch bei den **Benachrichtigungskosten, Krisenmanagementkosten** finden sich ähnliche Differenzierungen.

Die **forensische Untersuchung** wird ebenso bei den einzelnen Gesellschaften unterschiedlich erfasst. HDI Global SE nennt dieses Deckungselement ebenso wie Hiscox im Bereich der Eigenschäden, während z. B. AGCS, AON und AXA diese Deckung als separaten Versicherungsschutz für Krisenmanagement als eigenständigen Baustein aufführen, die Württembergische und Dual listen Forensik als Kostenposition.

7.4 Insgesamt angebotene Deckungsbausteine

Im Laufe der Jahre haben sich ein modularer Aufbau und die Verwendung von optional zu vereinbarenden Bausteinen und Leistungsinhalten in den Cybertarifen verbreitet.

So werden i. d. R. von vielen Anbietern typischerweise die Deckungsbausteine

- **Eigenschaden-Baustein** mit z. B. Kostenübernahme für IT-Forensik, Schadenfeststellung, Krisenmanagement, PR, Datenwiederherstellung, Benachrichtigung, Schadenminderung, Lösegeld, Cyber-Diebstahl, Cyber-Betrug, Vertragsstrafen, Bußgelder, Straf-RS, Sicherheitsanalyse, EC- und Kreditkartenmonitoring, Sicherheitsverbesserungen nach einem Angriff, Abwehr einer Cyber-Bedrohung einer Cyber-Erpressung, CEO-Fraud, Cyber-Betriebsunterbrechung bei Cloud-Ausfall, Mehrkosten, bei technischen Problemen, Schadenminderungskosten;
- **Drittschaden-Baustein** mit Erfüllung oder Abwehr des Haftpflichtanspruchs, Abwehrkosten, Anwalts- und Sachverständigenkosten, vertragliche Schadenersatzansprüche, Benachrichtigungskosten, E-Payment, rechtswidrige elektronische Kommunikation usw.;
- **Soforthilfe** im Notfall mit Krisenmanagement, Kosten durch Rufschädigung/ Imageverlust, sonstige Dienstleistungen;
- Ggf. eigener **Kostenpositionen-Baustein** mit Forensik-Kosten, Krisenkommunikation, Reputation, Informations- und Benachrichtigungskosten, Kreditkartenmonitoring, Telefonkosten usw.

angeboten und zumindest optional mitversicherbar gemacht.

Aber auch hier ist wie immer Vorsicht angebracht:

Deutliche Unterschiede existieren insbesondere in Aufbau und Umfang der Cyber-Bedingungen. Vom Komplettpaket über Baukastensysteme/Module bis hin zu engen Kern- oder Basis-Deckungen ist alles am Markt erhältlich.

Auch die Präferenzen der Anbieter sind höchst unterschiedlich. Teilweise stehen Krisenmanagement und Forensik im Vordergrund, teilweise wird eine Rechtsschutz-Versicherung an den Cyber-Hauptvertrag angedockt oder in Cyber-Drittschadendeckung und Krisen-Dienstleistungen integriert.

Die Versicherer verwenden unterschiedlichste Begriffe, die sich zwar ähnlich sein können, aber im Detail sehr unterschiedliche Auswirkungen haben können. Die Konsequenzen daraus sind dann für Vermittler und Kunden unabsehbar.

So sind bei dem manchmal mitversicherten **Cloud-Ausfall** teilweise SaaS-Dienste (Software as a Service) ausgeschlossen oder nur DoS-Angriffe (Denial of Service = Nichtverfügbarkeit) auf den Cloud-Anbieter versichert.

Zudem sublimitieren die meisten Anbieter **Angriffe auf den Betreiber einer Cloud** und daraus resultierende Betriebsunterbrechungsschäden beim Kunden stark oder schließen diese Gefahr vom Versicherungsschutz vollständig aus.

Besserstellungsklauseln werden bei eigenen Bestandsumstellungen von einigen Anbietern explizit hervorgehoben, beziehen sich aber nur auf die eigene Deckung des Versicherers.

In der Drittschadendeckung kann es zu mehr oder weniger ausgeprägten **Deckungs-Überschneidungen** mit klassischen Betriebshaftpflicht-, Vermögensschaden-Haftpflicht-, Produkthaftpflicht- und D&O-Haftpflicht-Versicherungen kommen.

In der Eigenschadendeckung entstehen teils weitreichende Überschneidungen mit Vertrauensschaden-Versicherungen, insbesondere bei zielgerichteten Hacker-Angriffen sowie Betrug und Diebstahl mit Phishing, Pharming, Fake President usw.

Anbieter mit der Zielgruppe Kleinbetriebe orientieren sich meist am GDV-Modell AVB Cyber. Teilweise wird sogar noch dessen Deckungsniveau unterschritten.

7.5 Ausschlüsse

Ausschlüsse sind nicht nur im allgemeinen Teil der Bedingungen enthalten, auch in den einzelnen Deckungsmodulen können Ausschlüsse die Leistung begrenzen oder ausschließen. Insofern ist eine genauere Recherche erforderlich, um alle enthaltenen Ausschlüsse zu finden.

Zu finden sind die Ausschlüsse als „generelle Ausschlüsse" oftmals in einem eigenen Ziffernblock in den Bedingungen. Hinzu kommen noch die Ausschlusstatbestände, die zumeist in den jeweiligen Positionen in den Bausteinen mit der

Formulierung „nicht versichert sind …" oder „kein Versicherungsschutz besteht für …" beginnen.

Die Anzahl der Ausschlüsse sagt zudem recht wenig über den Umfang und die Güte des Versicherungsschutzes aus. Denn was von vornherein nicht versichert gilt, braucht nicht mehr im Nachgang ausgeschlossen zu werden. Und was zunächst umfassende Deckung verspricht, muss gegebenenfalls (aus Sicht des Versicherers) durch eine größere Zahl von Ausschlüssen bereinigt werden.

Die Vorgehensweise der Anbieter ist demzufolge höchst unterschiedlich. Einige Ausschlüsse sind in fast allen Policen zu finden.

Dazu gehören Gefahren und Schäden die kalkulatorisch nicht abbildbar sind oder aus ethisch bzw. moralischen Gründen als nicht versicherungswürdig gelten wie z. B.
- Vorsätzliche Pflichtverletzung,
- strafbares Verhalten,
- vorsätzliche Schadenverursachung,
- Verrat von Geschäfts- oder Betriebsgeheimnissen,
- Krieg, Terror, politische Risiken,
- hoheitliche und staatliche Eingriffe,
- Finanzmarkttransaktionen,
- Kartell- und Wettbewerbsverstöße,
- Persönlichkeitsrechtsverstöße,
- pornografische Inhalte,
- Glücksspiel.

Weitere Ausschlusstatbestände sind beispielsweise:
- Verletzung von Patenten, Markenrechten, Urheberrechten,
- Wertpapierrechtsverstoß
- behördliche Maßnahmen,
- Umweltschäden, Umweltverschmutzung,
- ungetestete Programme,
- Malware/Schadsoftware,
- Produkt-Rückrufe,
- Unterbrechung der Stromversorgung, des Internets,
- Unterbrechung der Kommunikationswege,
- Ausfall der Infrastruktur,
- Schäden durch Naturgefahren,

- Widerrechtliches Versenden von Werbemails und Telemarketing,
- Wartungsarbeiten, Infrastruktur, Kapitalmangel (bei BU),
- Vertragsstrafen, Bußgelder,
- Diskriminierungstatbestände,
- anhängige Verfahren,
- Kernenergie, Kerntechnische und atomare Anlagen,
- rechtswidrig erfasste Daten,
- Verluste aus Bank-, Börsen- und sonstigen geldwerten Geschäften,
- Versicherungsverbot,
- Sanktionen,
- Personen- und Sachschäden,
- Beschlagnahme durch Behörden,
- Insolvenz,
- Waren und Dienstleistungen.

Hier besteht jedoch durchaus ein gewisser Gestaltungsspielraum. Entscheidend ist das Verhalten des jeweiligen Versicherers hinsichtlich der weiteren oder engeren Auslegung auf Grundlage des Äquivalenzprinzips bzw. der adäquaten Kausalität. Anhaltspunkte liefern hierbei die Begriffe „im Zusammenhang mit“ bzw. „verursacht durch“ und „aufgrund von“.

Ausnahmen

Im Zusammenhang mit den Ausschlüssen sollte beachtet werden, dass diese im Dialog mit dem potenziellen Kunden im Einzelfall durchaus verhandelbar sind.

Glücksspiel, pornografische Inhalte, Wertpapierrechtsverstoß, Patentrechtsverstoß, Vertragsstrafen, Diskriminierungstatbestände, kerntechnische und atomare Anlagen und anhängige Verfahren sind bei mehreren Gesellschaften ausgeschlossen. AIG und AXA geben z. B. keinen Hinweis auf den Ausschluss Glücksspiel.

Bei den Diskriminierungstatbeständen treffen z. B. AGCS, AIG, HISCOX und Württembergische keine Aussage.

Für kerntechnische und atomare Anlagen ist bei AIG, Chubb und HISCOX und Württembergische kein Ausschlusshinweis zu finden.

Bei den anhängigen Verfahren wird bei AIG, AON, AXA, HDI Global SE, HISCOX und Zürich kein Ausschluss vorgenommen.

Exkurs: Ausschluss Kriegsklausel

Im Sommer 2017 lähmte die NotPetya-Attacke die Computersysteme von Firmen auf der ganzen Welt. Neben Mondelez waren etwa auch der US-Pharmakonzern Merck, die Haushaltspflegegruppe Reckitt Benckiser oder die weltweit größte Reederei Maersk Zielscheibe der Angreifer. Die Attacke verursachte Schäden in Milliardenhöhe. Die USA und Großbritannien vermuteten, dass Russland dafür verantwortlich gewesen sein könnte.

Laut den am Gericht im US-Bundesstaat Illinois eingereichten Unterlagen sind bei Mondelez rund 1.700 Server und 24.000 Laptops durch den Angriff dauerhaft beschädigt worden. Die Zurich habe zunächst erwogen, eine Zwischenzahlung in Höhe von 10 Mio. USD zu leisten, wies dann aber die Forderungen mit der Begründung, es habe sich um „eine feindliche oder kriegerische Handlung" gehandelt, zurück.

Zu einem gewissen Bekanntheitsgrad brachte es diese Klausel durch den Fall Mondelez vs. Zurich, über den wohl immer noch vor US-Gerichten gestritten wird. Die Schäden, die durch den Einsatz der NotPetya-Software bei Mondelez entstanden waren und deren Ersatz seitens Zurich mit dem Verweis auf die Kriegsklausel verweigert wurde, führen zu der grundsätzlichen Frage: Waren die Angriffe zielgerichtet und wie steht es um die Beweislast für solche Schäden?

Die Leistungsablehnung beruht auf der Einschätzung us-amerikanischer Sicherheitsbehörden, nach deren Meinung die Notpetya-Attacke aus einer außer Kontrolle geratenen Aktion eines vom russischen Militär beauftragten Cyberangriffs gegen die Ukraine resultiert. Ist diese Quelle zuverlässig und glaubhaft?

Die Anwendung der Kriegsausschlussklausel mag in diesem Fall vielleicht begründbar sein – sie könnte für die Cyberversicherung insgesamt allerdings sehr schädlich sein, erweckt man dadurch doch den Eindruck, dass bei größeren Schäden der jederzeitige Rückgriff auf diese Klausel und damit eine Befreiung von der Leistungsverpflichtung möglich sein könnte.

Es stellt sich die Frage nach der Verlässlichkeit, denn bislang war die Kriegsklausel eher theoretischer Natur. Die Zurich verwies auf die Klausel, wonach Schäden aus „kriegsähnlichen Handlungen in Kriegs- oder Friedenszeiten" durch Truppen eines Staates oder Akteure im Auftrag eines Staates nicht versichert seien. Die Einbußen bei Mondelez und anderen betroffenen Konzernen könnten somit als Kollateralschäden eines Angriffs mit einer Kriegswaffe bewertet werden. Aber die Beweislast für diese Vermutung liegt beim Versicherer. Immerhin geht es um 100 Mio. USD.

7.6 Annahmevoraussetzungen

Zu den Annahmevoraussetzungen und Anforderungen für eine Gewährung von Versicherungsschutz durch den Anbieter gibt es kaum Informationen und klare Leitlinien, die dem Kunden vorab mitgeteilt werden. Erst im Beantragungsprozess selbst kommt es dann zu gezielten Nachfragen seitens der Anbieter und Berater.

Absicherungserfordernisse

Generell gilt, dass die versicherten Betriebe und Unternehmen angemessene, dem Stand der Technik entsprechende technische Schutzmaßnahmen zu verwenden haben. In der Regel wird danach in den Anträgen bzw. Risikofragebögen gefragt. Der Anbieter entscheidet danach, ob er den Vertrag überhaupt, oder zu welchen Bedingungen er diesen abschließen will. Je nach Art des zu versichernden Risikos und der nachgefragten Deckungssumme wird der Versicherer über zusätzliche Sicherheitsmaßnahmen und Risikountersuchungen entscheiden.

Dabei ist die wahrheitsgemäße Beantwortung dieser Fragen jedoch Voraussetzung für den Erhalt des Versicherungsschutzes.

Typische Absicherungsvoraussetzungen:

- Sicherheitssystem,
- Notfallplan,
- Zertifizierungen,
- Datensicherung,
- Updates,
- Password-Management,
- Fragebogen,
- Workshops,
- Verschlüsselung,
- Notfallübung,
- Penetrationstest.

Anhaltsquotierung

Marktüblich ist die vorläufige Angebotsabgabe unter Vorbehalt geworden, die sog. Anhaltsquotierung. Es handelt sich um eine vorbehaltlich der zufriedenstellenden und aussagekräftigen Beantwortung von Fragen zu unternehmensinternen Maßnahmen positive Bewertung durch den Anbieter, der erst dann ein verbindliches Angebot offeriert.

Typische Fragen sind z. B.:

- Erfordernis der Durchführung eines Risikodialogs.
- Welche externen Dienstleister werden genutzt? Zurverfügungstellung einer Übersicht mit dem Hinweis darauf, welche Dienstleistungen erbracht werden.
- Im Fragebogen gibt es Hinweise auf IT-Sicherheitsvorfälle. Was ist genau passiert? Ist ein Schaden entstanden? Wenn ja, in welcher Höhe? Welche Maßnahmen wurden getroffen, um zukünftige Vorfälle dieser Art zu verhindern oder die Schäden gering zu halten?
- Benutzt das Unternehmen veraltete Software?
- Beschreiben Sie den Patchmanagement-Prozess. Wie wird sichergestellt, dass alle Systeme zeitnah auf dem neusten Stand sind?
- Werden täglich Backups durchgeführt?
- Wird die Wiederherstellung regelmäßig getestet? Wird eine Kopie des Backups regelmäßig an einem anderen Ort eingelagert?
- Erhalten die Mitarbeiter regelmäßig Schulungen zur IT-Sicherheit?
- Sind kritische Systeme redundant ausgelegt? (Aktiv-/Aktiv- oder Aktiv-/Passiv-Architektur) usw.

7.7 Industrie- und Wirtschaftsspionage

Die Frage einer Mitversicherungsmöglichkeit von Wirtschaftsspionage/Industriespionage ist mit den Anbietern zu klären. Angriffe auf Unternehmen werden zunehmend gezielter und auch aufwendiger – dies gilt insbesondere für die Wirtschaftsspionage.

Deshalb erscheinen Prophylaxe-Maßnahmen und Sicherheitskonzepte unerlässlich. Gerade in Deutschland existiert ein hochspezialisierter Mittelstand, der in vielen Bereichen Weltmarktführer aufweist – und dies sind insbesondere attraktive Angriffsziele.

Die Studie „Industriespionage 2014" von Corporate Trust/Aon Risk Solutions/ Zurich Gruppe Deutschland ermittelte erstmals, dass jedes zweite deutsche Unternehmen in den Jahren 2012 und 2013 einen Spionageangriff oder zumindest einen Verdachtsfall erlebt hat. Am häufigsten wird in deutschen Unternehmen der Bereich Forschung und Entwicklung ausspioniert. Der Mittelstand steht dabei im Fokus und hier insbesondere der Automobil-, Luftfahrzeug-, Schiffs- und Maschinenbau sowie Chemie-, Pharma- und Biotechnologie-Firmen und die Elektrobranche. Die meisten Angriffe kamen aus Asien (38,8 %). 4,5 % der betroffenen Firmen erlitten Schäden von über 1 Mio. EUR.

7.8 Obliegenheiten zur Risikominderung und Schadenverhütung

Es sei an dieser Stelle darauf hingewiesen, dass kein einheitliches Gesetz existiert, dass die IT-Sicherheit in einen Gesamtkontext stellt und regelt. Der Kunde hat allerdings Möglichkeiten, um durch angemessene technische und organisatorische Maßnahmen vorzubeugen.

Die Anbieter wiederum legen durchaus unterschiedliche vertragliche Obliegenheiten fest. Teilweise werden ganz konkrete IT-technische Obliegenheiten in Hinblick auf § 28 VVG vorgesehen. Es werden unterschiedliche **Stand-der-Technik-Klauseln** verwendet. Der Versicherungsnehmer hat für die Einhaltung einer Obliegenheit nach dieser Klausel immer die aktuellen Schutzmaßnahmen anzuwenden. Manche Anbieter verzichten auch auf die Verwendung der Stand-der-Technik-Klausel.

Der in den AVB Cyber des GDV verwendete **Begriff der Gefahrerhöhung** kann insbesondere gewerbliche und kleinste Betriebe sowie Handwerker vor erhebliche Probleme stellen, denn es besteht die Gefahr, dass im Schadenfall die IT-Sicherheit nicht gemäß den Obliegenheiten vorgehalten werden kann (Updates, neue Geräte, neue Software) und der Versicherer daher den Schaden nicht reguliert. Sicherheitsauflagen sollten zumindest verhältnismäßig und umsetzbar sein und nicht ein Freibrief für Leistungsbefreiung sein können.

Obliegenheitsverletzungen können bei der Schadenregulierung einen immer größeren Stellenwert erlangen, wenn eine Marktverhärtung und eine immer restriktivere und kleinlichere (genauere) Auslegung erfolgt. Gefahrerhöhungsklauseln können ggf. auch wegverhandelt werden.

Sofern in den Cyber-Versicherungsbedingungen keine Obliegenheiten vor Eintritt des Versicherungsfalles geregelt sind, besteht trotzdem Relevanz der einschlägigen allgemeinen VVG-Regelungen zur Gefahrerhöhung, der Schadenminderungsobliegenheit, zur Herbeiführung des Versicherungsfalles.

Auffällig ist, dass die Anbieter insbesondere Wert darauf legen, einen Schadenfall aufgrund oder infolge eines Ausfalles der IT-Infrastruktur eines Unternehmens zu sanktionieren, wenn es auf

- die mangelhafte (unzureichende) interne Organisation im Nachgang zu einem IT-Notfall,
- eine unzureichende Datensicherung,
- eine unzureichende Datenarchivierung,
- die Infiltrierung durch eine Schadsoftware,
- eine unzureichende Systemaktualisierung,
- einen unerlaubten Systemzugang von internen oder externen Tätern,
- einen unerlaubten Programmzugang,
- einen unerlaubten Datenzugang interner oder externer Täter

zurückgeführt werden kann.

Es zeigt sich, dass die Anforderungen aller Anbieter hinsichtlich der drei Kriterien

- Datensicherung,
- Verschlüsselung,
- Schutzmaßnahmen

gegeben sind und sich erst in der jeweiligen konkreten Ausgestaltung der Sanktionen aufgrund von Obliegenheitsverletzungen die eigentlichen Auswirkungen erkennen lassen, was allerdings den Umfang dieser Darstellung sprengen würde.

7.9 Sanktionsklausel

Das alleinige Vorhandensein einer Sanktionsklausel sagt an sich noch nicht viel aus. In jedem Fall kommt es auf die jeweilige Klauselformulierung und die ggf. enge Fassung des Sachverhalts an, wie bei allen anderen betrachteten Kriterien auch.

Die Aufnahme der Sanktionsklausel in Versicherungsverträge ist aus Sicht des Versicherers ein Versuch der Absicherung gegen Sanktionsverstöße. Rückversicherer machen ihre Deckung von der Aufnahme der Sanktionsklausel in die Erstversicherungsverträge abhängig. Auch Wirtschaftsprüfer und Ratingagenturen fordern eine Aufnahme der Klausel. Das ändert nichts an ihrem deklaratorischen Charakter.

Vor dem Hintergrund der gesetzlichen Regelung (durch die EU-Verordnung) stellt die Sanktionsklausel in erster Linie Ballast für die Versicherungsverträge dar. Auch erreichen Versicherer keine Rechtssicherheit über den Umfang des Versicherungsschutzes im vertraglichen Verhältnis mit dem Versicherungsnehmer.

7.10 Geldbußen

Bei Verletzung datenschutzbezogener Pflichten drohen den versicherten Unternehmen hohe Geldbußen. Soweit die Rechtsordnung des Staates, in dem das versicherte Unternehmen (namentlich eine Tochter) ihren Sitz hat, dies zulässt, ist eine Erstattung der Bußgelder durch den Versicherer erlaubt. Ob dies allerdings auch in Deutschland zulässig ist, hat der Bundesgerichtshof nicht abschließend geklärt.

7.11 Kapazitätsbandbreiten

Zu unterscheiden sind hier die Angebote für die Zielgruppe der KMU, Handwerksbetriebe, kleine Handelsunternehmen, beratende Berufe, Heilwesen mit Versicherungssummen von 50.000 EUR, 100.000 EUR bis maximal 1 Mio. EUR und denen für mittelständische Unternehmen ab 1 Mio. EUR Umsatz aufwärts sowie Industrieunternehmen mit noch deutlich höheren Umsatzzahlen.

Während bei Ersteren preislich und kapazitätsmäßig noch vieles möglich ist, wird bei höheren Umsätzen und Versicherungssummenwünschen die Zeichnungsbereitschaft gering.

Über die Jahre hat sich gezeigt, dass die faktisch am Markt erhältlichen Kapazitäten im Zeitablauf doch deutlich von den Absichtserklärungen der Anbieter abweichen können, sodass auf eine entsprechende Berücksichtigung und Auflistung in dieser 5. Auflage verzichtet wird.

Bei Kapazitäten oberhalb von 10 Mio. EUR, ganz zu schweigen von 50 Mio. oder gar 100 Mio. EUR, werden die Anbieter noch vorsichtiger. Teilweise werden nur deutlich geringere Kapazitäten bereitgestellt, selten besteht Bereitschaft alleine mehr als 10 – 25 Mio. EUR maximal selbst zu tragen.

Die Zunahme der Schadenfälle, hohe Kosten für die in der Cyberversicherung mitversicherten Assistenzleistungen, aber vor allem die Kumulthematik führen zu einem vorsichtigeren Underwriting der Versicherer.

Eine Rückzeichnung der Kapazitäten, Erhöhung der Selbstbehalte und Reduzierung von Sublimiten war in den letzten Jahren bereits zu beobachten. Aktuell erscheint es daher weniger sinnvoll, die bisherige Auflistung der Kapazitäten im Anhang fortzusetzen.

8 Schadenbearbeitung

Unter Ziffer 2.2 wurde eine Reihe von Schadenbeispielen dargestellt. Die berechtigte Frage lautet nun: Wie werden denn die Schäden abgerechnet?

Die Schwierigkeit Deckungsinhalte der Policen zu vergleichen wurde bereits unter Ziffer 7 dargelegt. Die verschiedenen Deckungskonzepte, die sich derzeit auf dem Markt befinden erlauben es nicht, eine einheitliche Vorgehensweise bei der Schadenbewältigung vorzusehen.

Zwar ist mit den Musterbedingungen für die Cyber-Risk- und Datenschutzversicherung des GDV vom 19.04.2017 ein erster Schritt versucht worden, die Cyber-Deckungen transparenter zu machen, mehr aber auch nicht. Natürlich lassen sich die Kerninhalte der Deckungskonzepte der Versicherer vergleichen. Grundsätzlich gehören dazu:

- Cyber-Eigenschaden mit zahlreichen Kostenpositionen (Kosten der IT-Forensiker, Kosten für die Wiederherstellung des Systems, Kosten für die Wiederherstellung der Daten, Kosten für Krisen- und PR-Beratung) und Betriebsunterbrechung.
- Cyber-Haftpflicht (Versicherungsnehmer von Ansprüchen Dritter freizustellen und unbegründete Ansprüche abzuwehren (§ 100 VVG).
- Zusatzbausteine (z. B. Cyber-Diebstahl, unsachgemäße Bedienung des Computersystems).

Der Unterschied liegt jedoch insbesondere in der Struktur, Systematik und Definition der Inhalte. Unterschiede ergeben sich auch aus unbestimmten Begriffen und Definitionen. Das versicherte Ereignis wird meistens ausgelöst durch Denial-of-Service Attacken, Trojaner, Ransomware, Adware, Unachtsamkeit der Mitarbeiter, Hobby-Hacker usw. Das hat Konsequenzen im Versicherungsfall und der sich anschließenden Schadenregulierung.

Der Aufbau der Policen bestimmt nicht zwangsläufig das Vorgehen bei der Schadenabwicklung. Vielmehr ist ein klarer Ablaufplan zur Bewältigung der Cyber-Krisen wichtig. Dazu gehören auch Netzwerke mit hochspezialisierten Partnern, um im Krisenfall schnell und richtig handeln zu können. Im Schadenfall sind oft IT-Forensiker, Anwälte, Krisenberater, Behörden und PR-Berater beteiligt.

Die Regulierung im Schadenfall muss vor dem geschilderten Hintergrund betrachtet werden, dass bei Cyberrisiken zum Zeitpunkt der Schadenanzeige angesichts einer möglicherweise akuten IT-Sicherheitslücke und datenschutzrechtlicher sowie behördlicher Meldepflichten die Schadenentwicklung noch in vollem Gang sein kann und somit noch nicht abgeschlossen ist. Ein schnelles und umsichtiges Handeln ist dann gefordert.

Das gilt insbesondere hinsichtlich des Einschaltens von IT-Forensikern und bei der Einhaltung der datenschutzrechtlichen Meldepflichten. IT-Forensiker wiederum sind insbesondere bei Schäden in Großunternehmen auf das verfügbare Know-how der jeweiligen IT-Abteilung angewiesen. Nur damit kann eine effektive und besonders schnelle Reaktion erfolgen. Zudem kann es völlig offen und unklar sein, ob es sich zum Zeitpunkt der Schadenmeldung überhaupt um einen gedeckten Versicherungsfall handelt – bei einer vorsorglichen Schadenanzeige zu einem Zeitpunkt, bei dem weder Ursache noch Umfang des Schadens bekannt sind.

Die Reservierung durch den Versicherer ist durch seine bisherigen Erfahrungswerte geprägt – oftmals werden derzeit den Schäden in den Bereichen Betriebsunterbrechung und Datenschutzverletzungen die größten Schadenpotenziale zugeschrieben, weniger dem Reputationsverlust.

Spannend wird es im IT-Bereich bei der genauen Analyse der Schadenursache durch den Umstand, dass (fast) alle Unternehmen durch Dritte bereitgestellte Leistungen, Services, Ressourcen und Hardware, Software und Individualprogrammierung nutzen. Dies gilt z. B. für Cloud-Dienste und Provider, Virenscanner, Standardsoftware, Updates usw. Und genau diese Drittbeteiligten machen es in der Praxis schwierig für die Beteiligten die konkrete Schadenursache herauszufinden. Die Praxiserfahrung in diesen Momenten: „Das liegt aber nicht an unserem ... das muss der andere ... sein". Die Einschaltung eines verlässlichen externen IT-Spezialisten wird dann oftmals unumgänglich sein. Und hier kommt den Bedingungen entscheidende Bedeutung zu, inwieweit vorgenannte Schadenereignisse gedeckt sind oder nicht. Dann schlägt die Stunde der Dienstleister…

9 Dienstleister

Cyber-Security-Unternehmen wie das Start-Up Enginsight, CYE, als auch die schon länger am Markt agierenden Accenture, HiSolutions, Corporate Trust, digital Resolve, CANCOM, Atos, Bechtle, IBM, Rohde & Schwarz, DCSO, SAST Solutions, Deutsche Telekom, Siemens Cybersecurity, deloitte, pwc, ciphron, Cisco, Link11 usw. sind hier zu nennen.

Weitere Dienstleister für Cyber-Sicherheit und Informationssicherheit sind z. B. Pallas GmbH, dacoso GmbH, TÜV Rheinland i-sec GmbH, Materna GmbH, TÜV Trust IT GmbH, SIZ GmbH, secunet Security Networks AG, Revolvermänner AG, TÜV SÜD Sec-IT GmbH, @-yet GmbH, Applied Security GmbH, T-Systems Multimedia Solutions GmbH, Crawford usw.

KI-basierte Technologie, Dienstleistungen und Cyber-Expertise sollen perspektivisch voll automatisierten Schutz gegen Hacker-Attacken gewährleisten. Gleichzeitig werden Sicherheitslücken und Konfigurationsmängel im Firmennetzwerk aufgedeckt. Die mittelständischen Unternehmen, die bei der Digitalisierung mit der zunehmenden Vernetzung und Komplexität sowie stark zunehmenden Cyber-Attacken zu kämpfen haben, sollen unterstützt werden.

Cysmo, Cogitanda, CyberDirekt, Perseus, SoSafe sind neue Anbieter von Services und Dienstleistungen unterschiedlichen Umfangs und Inhalts – teilweise wird der Online-Abschluss einer Cyberversicherung offeriert (CyberDirekt, Cogitanda), teilweise ein Schwachstellentest basierend auf der Web-URL (Perseus, Cysmo, CyberDirekt, Cogitanda), tiefergehende Risikochecks mit über den Scan der Unternehmens-URL hinausgehenden Features (cysmo), tiefgehende IT-Sicherheitsprüfungen, Security Awareness-Trainings, digitale Services und Weiterbildungsangebote für Makler, Phishing – Simulationen für Unternehmen oder auch der Marktvergleich von Cyber-Versicherungen (CyberDirekt) angeboten.

cysmo Risikobewertungstool von PPI AG

Der technologische Dienstleister PPI AG, der vollautomatisierte Echtzeit-Cyber-Risikobewertung bietet, dient der gezielten und vertieften Beratung zu Cyberrisiken durch Versicherer, Makler und Versicherungsvertriebe. Cysmo dient weder zum Vergleich von Cyberpolicen, Vermittlung von Policen oder einem direkten Abschluss einer Police. Ein wesentlicher Grund für das langsame Wachstum des Cyber-Segments liegt in der aufwändigen Risikoanalyse. Die geringe Zahl der

Altverträge erschwert die Risikoeinschätzung, ebenso wie die hohe Dynamik der IT-Welt. Die abweichende Ausgestaltung der Deckungsbausteine je nach Versicherer macht die Policen-Gestaltung nicht leichter.

Ein vollautomatisiertes Echtzeit-Rating für Cyber-Risiken bedeutet einen entscheidenden Fortschritt gegenüber den bisherigen Methoden der Risikoanalyse wie etwa Fragebögen, Risikodialoge oder IT-Audits. Denn softwaregestützte Tools sind für jede Unternehmensgröße geeignet und verlängern den Vertriebs- oder Antragsprozess nicht. Underwriter profitieren unmittelbar von der Option, während des Antragsprozesses per Echtzeit-Bewertung die IT-Angreifbarkeit des jeweiligen Interessenten online zu testen. So werden die tatsächlichen Risiken schneller und einfacher kalkulierbar.

Von der Anwendung des digitalen Bewertungstools profitieren auch der Vertrieb und das Kundenmanagement. Darüber hinaus können die Underwriter neben ihrem Tagesgeschäft den digitalen Support auch für den aktuariellen Prozess nutzen, also für langfristig angelegte portfolioübergreifende Maßnahmen.

Neu in Deutschland ist eine Technologie, die es Underwritern in den Versicherungen ermöglicht, direkt während des Antragsprozesses die technische IT-Sicherheit des jeweiligen Interessenten online zu testen. Dafür ist nur die Domain des Versicherungsnehmers notwendig. Zeit und personelle Aufwände fallen so nicht an. cysmo ist browserbasiert und erstellt innerhalb weniger Minuten eine transparente, nachvollziehbare und fundierte Risikobewertung.

Das Scoring ist dabei nicht proprietär-orientiert, sondern es fließen die technischen Empfehlungen und Vorgaben von Branchenstandards wie BSI- oder VDS-Richtlinien mit ein. Underwriter erhalten durch die Online-Analyse eine schnelle objektive Risikoeinschätzung – Grundlage für die marktgerechte Kalkulation der Versicherungspolice.

Die Einzelergebnisse des Scorings lassen sich im Antragsprozess den jeweiligen Deckungsbausteinen einer Police zuordnen. Gewerbliche Kunden erhalten so gezielte Hinweise, wo und wie sie ihre IT-Infrastruktur optimieren und dabei ihre Policen aufgrund einer dann günstigeren Risikoeinschätzung senken können.

Bei der Prüfung entsteht keine Rechenlast auf dem analysierten System, auch kein Eindringen. Cysmo wird ausschließlich auf deutschen Servern gehostet.

Cogitanda

Cogitanda ist ein Zusammenschluss von fünf Unternehmen unter der Führung der Cogitanda Dataprotect, die sich auf die Handhabung und Abwicklung von Cyberrisken spezialisiert hat. Die COGITANDA Plattform verbindet den Beratungsprozess in Cyber end-to-end elektronisch so, dass kein wichtiger Punkt vergessen wird. Die Cyberdeckung wird passend zusammengestellt und die entsprechende Prämie in Echtzeit ermittelt. Von der Deckungskonzeption, über das konkrete Angebot bis zum Versicherungsvertrag ein durchgehend elektronischer Prozess.

CyberDirekt

Die erste digitale Plattform für den Abschluss von Cyber-Versicherungen startete im März 2018 und bietet als Mehrfachagent sein Angebot vor allem kleinen und mittleren Unternehmen (KMU) sowie Freiberuflern mit einem Umsatz von bis zu 10 Mio. EUR. Die Versicherungen können über eine Plattform abgeschlossen werden. Neben dem einfachen Abschluss von Cyber-Versicherungen bekannter Anbieter kann auch ein Marktvergleich genutzt werden.

Zudem steht ein umfangreiches Programm online-basierter Cyber-Sicherheitstrainings bereit, die von den Versicherungsnehmern unbegrenzt kostenfrei genutzt werden können. Diese Gratis-Trainings eignen sich für Mitarbeiter der Kunden, um diese für das Thema Cyberrisiken zu sensibilisieren.

Über die digitale Plattform sind Auswahl, Vergleich und Antrag mit nur wenigen Klicks zu erledigen. Die Kunden erhalten nach Angabe von Branche und Jahresumsatz bereits ein verbindliches Angebot der Versicherungsprämie. Das komplexe System der Risikobewertung ist auf wenige Angaben des zu Versichernden ausgelegt.

Cyber Direkt bietet aktuell die Produkte der Versicherer Allianz, AIG, HDI, Hiscox, CNA Hardy und Markel an. Die Tarife sind unabhängig von der bisherigen Haftpflichtdeckung des Gewerbekunden.

Perseus

Perseus ist seit dem 01.02.2020 zu 100 % Teil der HDI Gruppe. Perseus 360° bietet einen präventiven Rundum-Schutz durch Mitarbeiter-Sensibilisierung (Online-Training, Phishing-Tests), technische Lösungen wie intelligenter Sicherheitssoftware und vielfältigen anderen Tools (z. B. Malware-Scanner, Domain-Check usw.) sowie Notfallhilfe und Kostenerstattung im Cybernotfall. Das Komplett-Paket für Cybersicherheit lässt sich einfach und schnell in Unternehmen jeder Größe integrieren und mit wenig Aufwand von zentraler Stelle (z. B. vom CISO, von der IT usw.) steuern.

SoSafe

Über eine Self-Service-Awareness-Plattform wird kleineren Organisationen (5 – 100 Mitarbeiter) die Möglichkeit geboten, ein einfach zu bedienendes Awareness-Building durchzuführen. Wie in einem Webshop können die passenden Elemente ausgewählt, Daten eingetragen bzw. hochgeladen werden und dann Phishing-Simulation sowie E-Learning mit wenigen Mausklicks innerhalb weniger Minuten gestartet werden. SoSafe ist ein komplett Cloud-basierter Service. Es wird keinerlei Installation oder Systemintegration in bestehende Systeme benötigt. Es wird komplett in Deutschland entwickelt und läuft ausschließlich auf deutschen Servern. Sämtliche Inhalte (wie z. B. Phishing-Templates) sind auf Firmen in D-A-CH zugeschnitten.

Finlex

Die Finlex GmbH hat ein eigenes Cyber-Bedingungswerk entwickelt. Diese einheitlichen Bedingungen sollen den Ausschreibungsprozess über die Maklerplattform für die von Finlex betreuten Kooperationsmakler und Inhousebroker zeitlich verkürzen. Zudem soll die Standardisierung zur Verminderung des Haftungsrisikos der Makler beitragen. Die Kunden sollen bei ihrer Entscheidung über den Einkauf einer Cyber-Versicherung von der Vergleichbarkeit der Bedingungswerke und wichtiger Kriterien profitieren. Über die Plattform können Versicherer ihr Underwritingverhalten automatisieren und jederzeit anpassen. Dadurch kann das Underwriting spürbar entlastet werden. Zudem bedeutet es eine Serviceverbesserung für die Kooperationspartner, die in Minuten eine Ausschreibung abschließen können. Die Kosteneinsparungen können an Kunden direkt weitergegeben werden. Die Kunden erhalten wenige Minuten nach der Deckungsbestätigung die dazugehörigen Policen- und Rechnungsdokumente. Mit Einführung einer neuen Portfoliofunktion erfolgt das Renewal für den Versicherer zukünftig auf übergeordneter Portfolio-Ebene. Gleichzeitig können so viele unterjährige Geschäftsvorfälle digitalisiert und beschleunigt werden.

Bitsight Technologies – IT-Sicherheitsbewertung und Rating

Bitsight ist der Marktführer bei IT-Sicherheitsbewertungen aus den USA. Die gewonnenen Daten werden als kostenpflichtiger Abonnementdienst zur Verfügung gestellt. Geboten wird ein zwölfmonatiger historischer Überblick über die Cybersicherheits-Leistung eines Unternehmens, gemessen anhand dutzender verschiedener Risikofaktoren. Sowohl der gesamte Überblick über die Cybersicherheits-Leistung eines Unternehmens als auch die einzelnen Risikofaktoren können außerdem mit der Cybersicherheits-Leistung und den Risikofaktoren anderer Unternehmen aus derselben Branche verglichen werden. Abonnenten können Unternehmen im Portal untersuchen, eine API nutzen, um die Daten in eine andere Plattform integrieren oder Berichte erstellen.

Bitsight sammelt seine Daten aus mehr als 120 umfassenden und vielfältigen Datenquellen von Anbietern von Sicherheits-Dienstleistungen und Partnerschaften mit globalen Unternehmen. Die Bewertungsinformationen stammen nach Unternehmensangaben aus einer Vielzahl von öffentlichen und nur Bitsight zugänglichen Quellen wie Botnet, Spam, Nutzerverhalten, Newsfeed und Social Media. Die verwendeten Daten sind „öffentlich zugängliche" Daten, d. h., sie werden nicht von innerhalb des zu bewertenden Unternehmens bezogen.

Risiken werden in vier breit gefassten Kategorien untersucht: Kompromittierte Systeme, IT-Sicherheitssorgfalt, Nutzerverhalten und allgemeine Veröffentlichungen. Alle Geräte werden überwacht, um gefährdete Systeme zu identifizieren.

10 Verbriefung von Cyber-Risiken

Wird zukünftig der Transfer von Cyberrisiken in den Kapitalmarkt akut? Noch sind Versicherungsverbriefungen (Insurance-Linked Securities, ILS) und Katastrophenbonds für Cyberrisiken nicht weit verbreitet. Doch zumindest das US-Analyseunternehmen Cybercube, die Swiss Re und auch die AGCS sehen dafür Potenzial.

ILS könnten nicht nur die Auswirkungen von Naturkatastrophen, sondern auch die Folgen eines schweren Cyberangriffs abfedern. Da aber bisher zu Cyberrisiken Erfahrungen und Daten fehlen, wäre die Kooperation der Branche notwendig.

Denn es ist keinesfalls gewährleistet, dass Cyberrisiken tatsächlich beherrschbar sind. Außerdem konterkariert diese Tendenz die mit Silent Cyber charakterisierbare Angst der Anbieter vor Kumulschäden und unabsehbaren Belastungen sowie die extreme Veränderungs- und Weiterentwicklungsgeschwindigkeit der digitalen Technik und den sich daraus ergebenden neuen und unabsehbaren Bedrohungsszenarien durch terroristische, staatliche oder erpresserische Hackerangriffe.

Cyber könnte dabei ein Risiko sein, dass in allerletzter Konsequenz vielleicht gar nicht (vollständig) versicherbar ist.

11 Versicherungsbedarf

Studien über den Cyber-Versicherungsbedarf bei KMU's

Das Munich Risk and Insurance Center (MRIC) der Ludwig-Maximilians-Universität München hat in seiner Studie „Versicherung als Instrument des Cyber-Risikomanagements" vom Oktober 2017 den Bedarf kleiner und mittelständischer Unternehmen (KMU) hinsichtlich Cyber-Versicherungen analysiert. Die Autoren stellten dabei fest, dass in den vergangenen zwei Jahren jedes zweite Unternehmen Opfer eines Cyber-Angriffs wurde und rund die Hälfte der kleineren Betriebe mit weniger als 100 Mitarbeitern Ziel einer Attacke geworden sind. Daraus ergebe sich unbedingter Handlungsbedarf, da die Sicherheitsstandards oftmals nicht ausreichend seien. Das Bundeskriminalamt (BKA) stellte Ende 2019 fest, dass die Zahl gemeldeter Cyberattacken um knapp 2 % auf rund 87.000 gestiegen ist, wobei die Dunkelziffer der unerkannten und nicht gemeldeten Attacken deutlich höher sein dürfte. BITCOM ging Ende 2019 von einem geschätzten Schadenvolumen in Höhe von 103 Mrd. EUR p. a. in Deutschland aus. Eine aktuelle Forsa-Umfrage im Auftrag des Gesamtverbandes der Deutschen Versicherungswirtschaft unter 100 Maschinenbauern ergab, dass jedes dritte Unternehmen bereits Opfer erfolgreicher Cyberattacken gewesen ist, jedes zehnte Unternehmen war sogar mehrfach betroffen.

Es wurde zudem festgestellt, dass neun von zehn der in der Studie berücksichtigten deutschen Unternehmen über einen ausreichenden Basisschutz und eine Datensicherung verfügen. Allerdings überprüfen nur wenige davon regelmäßig, ob diese Maßnahmen auch tatsächlich greifen und beispielsweise Backups im Ernstfall auch rückgespielt und damit verwendet werden können.

Technisch seien die Unternehmen jedenfalls besser aufgestellt als organisatorisch. Mehr als jeder dritte Betrieb habe weder einen Datenschutz- noch einen IT-Beauftragten. Daran müsse gearbeitet werden.

Weitere Ergebnisse:
- 31 % der Unternehmen der Studie haben keinen Cyber-Versicherungsschutz.
- 38 % schützen sich zumindest gegen Schadenersatzansprüche Dritter.
- 20 % gaben an, sich zusätzlich gegen Eigenschäden wie Betriebsausfall oder System- und Daten-Wiederherstellung abgesichert zu haben.
- 10 % der kleinen und mittelständischen Unternehmen verfügen über eine Cyber-Versicherung mit Assistance-Leistungen.

Nach einer Studie des Digitalverbands BITCOM sollen mehr als die Hälfte aller deutschen Unternehmen Opfer von Cyberangriffen geworden sein. Dabei soll ein Schaden von rund 55 Mrd. EUR pro Jahr entstanden sein. Neueste Zahlen gehen von 100 Mrd. EUR aus. Die Schäden von „WannaCry" und „Petya" machen deutlich, wie wichtig die Absicherung von IT-Risiken ist. So sehen auch laut einer aktuellen Studie der Gothaer mehr als ein Drittel der befragten Unternehmer in der Cyberkriminalität das größte Risiko für die Geschäftstätigkeit.

Auch wenn in den letzten Jahren die Angebote der Versicherer zahlreicher werden, so befindet sich die Versicherungswirtschaft aktuell eher im Beobachtungsmodus. So sind die Versicherer auch nach den letzten Schadenfällen eher zurückhaltend, neue Risiken zu übernehmen. Dennoch: das Angebot nimmt zu. Allein in der ersten Jahreshälfte 2017 sind drei etablierte deutsche Versicherungsunternehmen mit Cyberangeboten auf den Markt gekommen, Bedingungen werden überarbeitet, neue Produkte ersetzen alte, Fusionen bei den Versicherern bringen Produktveränderungen mit sich und allein in den ersten drei Monaten des Jahres 2018 kamen zwei weitere Anbieter neu an den Markt. Auch 2019 starteten zwei Anbieter völlig neu, die Anzahl der Bedingungsrelaunches lag bei rund zehn.

Die Zahl der Anbieter ist deutlich gewachsen (Ziffer 4.5). Hauptproblem ist jedoch das Wording, das die Vergleichbarkeit des gebotenen Versicherungsschutzes erschwert. Viele Versicherer modernisieren inzwischen ihr Bedingungswerk, was durch die inzwischen gemachten Erfahrungen, als auch durch den Konkurrenzdruck der neuen Anbieter bedingt ist.

„Gemeinsam gegen Cyber-Risiken – Allianz und Deutsche Telekom kooperieren" lautete die Überschrift im Wirtschaftsteil der FAZ bereits am 07.07.2014.

Die Gründe für die Zusammenarbeit liegen auf der Hand. Die Sicherung elektronischer Daten gegen sogenannte Cyber-Kriminelle wird immer schwieriger. Deshalb haben Allianz und die Deutsche Telekom am 06.06.2014 eine „Cyber-Security-Partnerschaft" vereinbart, um Großkunden in der Schadenprävention, bei der Netzwerksicherheit und im Risikomanagement zu helfen. Die Deutsche Telekom will zusätzliche Sicherheitssysteme verkaufen, die Allianz die Industriebetriebe bis zu einer Höhe von 50 Mio. EUR versichern. Inzwischen ist die Deckungssumme auf 100 Mio. EUR erhöht worden. Der Versicherungsbedarf ist weitaus höher. Kapazitäten bis 400 Mio. EUR und auch mehr werden insbesondere auf dem Londoner Markt zur Verfügung gestellt (weitere Anbieter von Cyber-Versicherungen siehe Ziffer 4.5.). Dieser Summenbedarf ist für die Industrie sicherlich dann erforderlich, wenn es zu den gefürchteten Ausfallschäden durch Betriebsunterbrechungen, Datenklau und Reputationsschäden kommt.

Dennoch halten einige Großunternehmen die Risiken für beherrschbar. Nach einem Beitrag in der RHEINPFALZ vom 06.10.2017 glaubt der Chef des Ludwigshafener BASF-DSCO Stammwerkes, Uwe Liebelt, die Risiken durch Cyber-Kriminalität in Grenzen halten zu können. Die Steuerung der Chemieanlagen sei nicht mit dem Internet verbunden. Zusammen mit Bayer, VW und der Allianz hat die BASF 2015 die Deutsche Cyber-Sicherheitsorganisation GmbH Berlin, zum Schutz vor Internet-Kriminalität gegründet.

Im Rahmen der Münchner Sicherheitskonferenz 2018 haben neun Großkonzerne eine **„Charta of Trust"** unterzeichnet, um Hackerangriffen wirkungsvoll zu begegnen, darunter die Allianz. Außerdem zählen Siemens, Airbus, Daimler, IBM, NXP, die Deutsche Telekom, SGS sowie die Münchner Sicherheitskonferenz (MSC) zu den Gründungsmitgliedern der Charta. Die Unterzeichner definieren insgesamt zehn Handlungsfelder für Cybersicherheit, in denen die Politik und die Unternehmen aktiv werden müssen. Dabei fordern die Akteure unter anderem verbindliche Regeln und Standards, um mehr Vertrauen in Cybersicherheit aufzubauen. Ein Bestandteil ist dabei auch das Internet der Dinge.

Wo liegt das individuell größte Bedrohungs- und Gefährdungspotenzial?

Diese Frage ist nicht leicht zu beantworten. Natürlich sind Betriebsart, Größe, das Produktionsprogramm sowie die internationale Verflechtung, das IT-Sicherheitsprogramm sowie das Risikomanagement mitentscheidend für eine Aussage. Natürlich stehen die Betriebsunterbrechungsschäden, die durch einen Datenangriff entstehen können, an vorderster Stelle. Datenklau und Reputationsschäden dürften folgen. Und dann ist auch noch das Sammelklagenrisiko in USA/Kanada zu beachten.

Experten sind sich allerdings gar nicht einig darüber, ob nun die KMU oder gerade die größten Unternehmen stärker bedroht sind und sich deshalb noch intensiver dem Thema Cyber und einer ggf. erforderlichen Absicherungsstrategie über Zusatzdeckungen oder Deckungseinschlüsse widmen sollten.

Uneinigkeit besteht auch darüber, ob man den Allrisk-Deckungsansatz oder den enumerativen Versicherungsschutz anstrebt, oder die erforderliche Deckung an bestehenden Versicherungsschutz andockt oder als Cyber-Zusatzdeckung vereinbart.

Schon 2013 gaben 52 % der Firmen Cyber-Risiken als größten negativen Einflussfaktor auf ihr Unternehmen in den kommenden zwei Jahren an. Für 63 % der Befragten stellen allerdings nicht Kriminelle, sondern die eigenen Mitarbeiterinnen und Mitarbeiter sowie interne Prozesse das größte Cyber-Risiko dar.

Das **Allianz Risk Barometer 2016** zeigte: Cybervorfälle wurden in Deutschland mit 32 % am dritthäufigsten genannt. Weltweit werden Fälle von Cyberkriminalität, Datenschutzverstößen oder technischem IT-Versagen sogar als größtes langfristiges Risiko für die nächsten zehn Jahre betrachtet.

Das **Allianz Risk Barometer 2017** zeigte die Furcht vor Cyberrisiken besonders deutlich auf: In Deutschland erstmals an erster Stelle mit 44 % der Nennungen.

Mittelständische Firmen sehen sich zwar zunehmend durch Cyberrisiken bedroht, trotzdem geben die meisten nicht mehr für die IT-Sicherheit aus. Das ist das Ergebnis einer Umfrage unter 400 privaten und 100 öffentlichen Unternehmen, die die Wirtschaftsprüfungs- und Beratungsgesellschaft **PwC** Anfang 2017 veröffentlichte. Nur 10 % der Unternehmen gaben 100.000 EUR und mehr dafür aus, bei 58 % werden nur ca. 50.000 EUR pro Jahr dafür investiert, 51 % wollen allerdings ihre Budgets dafür erhöhen. Die Selbstwahrnehmung ist dabei offensichtlich eine ganz andere: 72 % der privaten Unternehmen sehen ihre IT als gut oder sehr gut geschützt an.

Das **Allianz Risk Barometer 2018** zeigt, dass die Angst vor Betriebsunterbrechung (55 % der Nennungen gegenüber 40 % im Vorjahr auf Platz 1) und Cybervorfälle (51 % der Nennungen gegenüber 44 % im Vorjahr auf Platz 2) die größten Geschäftsrisiken in Deutschland darstellen. Das gleiche Ergebnis ist weltweit festzustellen. Und: Zunehmend gelten Cybervorfälle als neue Auslöser für Betriebsunterbrechungen.

Beim **Allianz Risk Barometer 2019 und 2020** dominiert aus Sicht deutscher Unternehmen entgegen dem weltweiten Trend auch weiterhin das Risiko einer Betriebsunterbrechung (48 Prozent in 2019 bzw. in 2020 55 Prozent der deutschen Antworten) vor dem Risiko eines Cybervorfalls (in beiden Jahren 44 Prozent). Die Sorge vor rechtlichen Veränderungen im Wirtschaftsumfeld nimmt erneut Platz 3 im deutschen Ranking ein (35 Prozent in 2019 bzw. in 2020 31 Prozent).

International betrachtet weist das ARB 2020 Cybervorfälle erstmals als das wichtigste Geschäftsrisiko für Unternehmen weltweit aus. IT-Gefahren (39 Prozent der Antworten) verdrängen das Risiko einer Betriebsunterbrechung (37 Prozent) auf den zweiten Platz. Betriebsunterbrechung hatte seit 2013 den Spitzenplatz im Ranking inne. Vor sechs Jahren sah das noch anders aus: damals lag das Betriebsunterbrechungs-Risiko noch vorn und Cyber kam mit 6 Prozent der Antworten nur auf Platz 15.

Branchenrisiken und Kumulrisiken

Das IT-Sicherheitsmanagement der Unternehmen unterscheidet sich auch nach ihrer Branche.

Banken und Versicherer achten auf die Mitarbeiterschulung. Öffentliche Verwaltungen und Energieversorger sind besonders vorsichtig beim Einführen neuer Technologien.

Die Automobilbranche ist führend beim Überprüfen von Zulieferern und Dienstleistern. Das sind Ergebnisse der Studie „Potenzialanalyse Digital Security" von Sopra Steria Consulting.

Öffentliche Verwaltungen und Energieversorger ziehen eine strikte Sicherheits-Strategie durch, denn IT-Systeme öffentlicher Verwaltungen und von Energieunternehmen gelten als kritische Infrastrukturen (KRITIS) und müssen durch das IT-Sicherheitsgesetz besondere Auflagen erfüllen.

Ein weiteres Problem für Versicherer ist der Umstand, dass Cyber-Attacken häufig gleichzeitig zahlreiche Unternehmen betreffen, wie dies z. B. der Angriff mit der Schadsoftware WannaCry im Jahr 2017 zeigte. Das Kumulrisiko einer Cyber-Attacke kann daher sowohl Versicherer als auch deren IT-Dienstleister im Assistance-Netzwerk schnell an die Grenzen der Leistungsfähigkeit bringen.

Problematisch sind auch unbekannte Kumule, bei denen eine Vielzahl von Policen gleichzeitig von Schäden betroffen sein könnte. Die Diskussion um Silent Cyber (vgl. hierzu auch Ziffer 4.3) im Jahr 2019 machte dies deutlich. Mögliche Aspekte für Kumulszenarien sind:

- Deckungsüberschneidungen zwischen verschiedenen Versicherungssparten,
- Deckung von Rückwirkungsschäden,
- Ausfall externer Netzwerke wie Internet, Telekommunikations- oder Versorgungsnetze, der allerdings so gut wie bei allen Anbietern ausgeschlossen ist,
- sonstige Dienstleister mit hoher Kundenkonzentration wie Cloud-Anbieter oder DNS-Server,
- Sicherheitslücken in gängiger Standard-Software.

12 Preisgestaltung

Das Underwriting von Cyber-Risiken ist abgesehen von Standardrisiken insgesamt ein höchst individuelles und recht aufwendiges Verfahren. Es müssen Eintrittswahrscheinlichkeit, Schadenausmaß und Kumulrisiko in Betracht gezogen werden.

Ein typischer Grundsatz der Versicherungswirtschaft, dass Schadenereignisse unabhängig zu betrachten sind, kann bei einem Virus sehr schnell hinfällig werden. Es muss z. B. geprüft werden, ob Grundvoraussetzungen (wie z. B. eine Zertifizierung nach ISO-Standard und der IT-Grundschutz des BSI) gelebt werden und nicht nur auf dem Papier existieren.

Einflussfaktoren auf die Preisgestaltung sind u. a.:
- Branche,
- Betriebsgröße,
- Betriebsart,
- IT-Sicherheitssystem und Risikomanagement,
- Weltmarktstellung,
- Produktionsprogramm,
- Schadenprophylaxe-Maßnahmen und Prävention,
- Deckungsumfang,
- benötigte Deckungskapazität,
- Selbstbehalt,
- Umsatzhöhe,
- bisherige Cyberattacken und Schäden.

In Deutschland und Europa ist es allgemein üblich, nach dem Risikomodell zu verfahren. Das heißt, dass bei ungünstigen Ausgangsbedingungen des Kunden ein Risikoaufschlag die Kosten erhöht. Dies hat den Vorteil, dass auch Unternehmen mit weniger soliden Sicherheitskonzepten eine Cyber-Versicherung abschließen können.

Das vor allem im angelsächsischen Raum übliche Vorgehen beim sog. Antragsmodell schneidet die Angebote auf konkrete Zielgruppen zu. Erfüllt ein Antragsteller auch nur eine Bedingung nicht, wird kein Versicherungsschutz angeboten. Im Fall der Cyber-Versicherung müssen bei solchen Anbietern sämtliche Anforderungen an die Eigenleistung erfüllt sein, bevor ein Vertrag zustande kommen kann.

Das Dilemma der Versicherungswirtschaft bei der Risikoeinschätzung besteht darin, dass statistische Modelle der Aktuare immer noch nicht vorliegen und langjährige Erfahrungswerte fehlen. Die Versicherer gehen deshalb bei der Risikoeinschätzung sehr unterschiedliche Wege. Mal reicht ein Fragebogen aus, und es werden geringe Versicherungssummen über Antragsmodelle schnell und teilweise online zum Abschluss gebracht. Und manchmal wird andererseits branchenabhängig oder umsatzabhängig insbesondere bei höheren Kapazitäten über 5 Mio. EUR eine komplette Risikoanalyse gefordert. Aus diesem Grund sind unterschiedliche Zeiträume für den Vertragsabschluss gegeben, insbesondere auch die deutlichen Preisunterschiede für vergleichbare bis identische Risiken erklärlich.

Wird eine jährliche Zahlungsweise gewählt, können Unternehmen die Cyber-Versicherung etwas günstiger abschließen als bei einer monatlichen oder halbjährlichen Zahlungsweise. Damit kommen die Anbieter ihren Kunden für die langfristige Bindung bei den Kosten entgegen. Die jährliche Zahlung der Beiträge kann in der Regel zwischen 5 % und 10 % des Nettobeitrages einsparen.

Auch die Wahl einer Selbstbeteiligung kann die Kosten senken, wenn auch nur geringfügig. Wer im Schadenfall bereit ist, einen Teil selbst zu begleichen, zahlt eine etwas niedrigere Versicherungsprämie. Die Höhe des Selbstbehaltes ist dabei meist nur ein Bruchteil der eigentlichen Schadenhöhe.

Aber auch bei den beiden letztgenannten Ansatzpunkten gibt es erhebliche Unterschiede zwischen den Anbietern.

Für den Kunden besteht die Schwierigkeit darin, Preise für die Deckung bei sehr heterogenen Versicherungsbedingungen, Definitionen und Begrifflichkeiten, Ausschlüssen und Leistungsumfängen zu vergleichen.

Beispiele für Preisvorstellungen:

Ein Unternehmen mit 100 Mio. EUR Umsatz fragt 5 Mio. EUR Deckung für Cyber-Schäden nach und muss mit einer Jahresprämie zwischen 25.000 und 50.000 EUR rechnen.

1 Mio. EUR Versicherungsschutz – je nach Branche und Geschäftsmodell – ist teilweise für weniger als 1.000 EUR Nettojahresprämie erhältlich.

Ein Handelsunternehmen mit Onlinehandel und 7 Mio. EUR Umsatz zahlt z. B. bei 1.000 EUR Selbstbeteiligung eine Nettoprämie von rund 3.500 EUR bis 4.000 EUR.

Ein Gastronomiebetrieb mit 5 Mio. EUR Umsatz und 2.500 EUR Selbstbeteiligung zahlt z. B. zwischen 2.200 EUR und 2.500 EUR Nettoprämie.

Ein Handwerksbetrieb zahlt für 1 Mio. EUR Versicherungssumme beispielsweise zwischen 1.500 EUR und 2.500 EUR Nettoprämie.

13 Zahlen, Daten, Fakten

Cyber-Risiken sind komplex und schwierig zu erfassen in der Industrie 4.0, in der wir uns jetzt schon befinden (Internet der Dinge, Daten und Dienste = Internet of Everything). Die Bedrohung ist meist nicht ersichtlich, nicht zu erkennen, unmerklich ähnlich der Radioaktivität. Das mögliche Schadenausmaß im eigenen Unternehmen ist unbekannt und schwierig einzuschätzen. Es fehlt noch immer, trotz der täglichen Schäden, ein ausgeprägtes Risikobewusstsein.

Schon im Jahr 2012 wurden in Deutschland rund 64.000 Fälle von Cyber-Kriminalität aufgezeichnet. Ein erfolgreicher Hacker-Angriff auf ein Großunternehmen verursacht einen durchschnittlichen wirtschaftlichen Schaden von 1,8 Mio. EUR. Bei KMU liegt der Durchschnittswert bei 70.000 EUR.

Der Schaden, der sich aus den Hackerangriffen auf deutsche Firmen insgesamt pro Jahr ergibt, lag 2011 laut Bundeskriminalamt bei 70,2 Mio. EUR. Da die „Dunkelziffer" sehr hoch ist, wird vermutet, dass der tatsächliche wirtschaftliche Schaden um ein Vielfaches höher lag.

Die Sicherheitslage kleiner und mittelständischer Unternehmen ist prekär. Angreifer nehmen verstärkt Zulieferer von großen Unternehmen ins Visier, um über deren Schwachstellen Konzerne zu attackieren. Haben digitale Angriffe 2017 noch 43 % aller Unternehmen in Mitleidenschaft gezogen, waren es 2019 bereits 70 %. Die finanziellen Schäden, verursacht durch Produktionsausfälle oder Erpressung, aber auch durch Imageverlust, liegen laut der aktuellen BITCOM-Studie bei über 100 Mrd. EUR pro Jahr.

Es ist davon auszugehen, dass diese Zahl weiter steigen wird.

75 % der Unternehmen waren in den vergangenen zwei Jahren von Datendiebstahl, Industriespionage oder Sabotage betroffen. Weitere 13 % waren vermutlich betroffen – denn nicht immer lässt sich ein Angriff zweifelsfrei feststellen. Somit war fast die gesamte Industrie von Wirtschaftsspionage, Sabotage oder Datendiebstahl betroffen oder vermutlich betroffen. Damit haben Umfang und Qualität der Angriffe auf Unternehmen dramatisch zugenommen.

Die rund 3.000 von der Deutschen Telekom ausgelegten Honeypots gelten als ein guter Indikator für die Cybersicherheit. Demnach haben sich die Angriffe auf deutsche Firmen vervielfacht. Im April 2019 hatte die Telekom in ihren Ködern bis zu 46 Mio. Hackerattacken an einem Tag registriert. Im Schnitt waren es 31 Mio. Angriffe am Tag. Das ist eine deutliche Steigerung gegenüber der Situation von vor zwei Jahren. Im April 2017 gingen den Sicherheitsforschern im Schnitt vier Mio. Cyberattacken ins Netz.

Die Anzahl der Cyberangriffe in Deutschland ist im Jahr 2018 weiter angestiegen. Rund 87.000 Fälle von Cybercrime wurden von der Polizei erfasst, 1 % mehr als im Jahr zuvor.

Ein Anstieg von rund 5 % (271.864 Fälle) war auch bei der Zahl der Straftaten zu verzeichnen, bei denen 2018 das Internet als Tatmittel genutzt wurde.

Cybercrime verursachte 2018 einen Schaden in Höhe von über 60 Mio. EUR, ein Rückgang um rund 18 % im Vergleich zum Vorjahr (2017: 71,4 Mio. EUR). Die Zahl bildet jedoch nur ab, was der Polizei bekannt geworden ist. Tatsächlich dürfte sich der Schaden für Unternehmen auf über 100 Mrd. EUR belaufen, wie Schätzungen aus der Wirtschaft im Betrachtungszeitraum 2018/2019 zeigen.

Die enorme Differenz erklärt sich auch durch die hohe Dunkelziffer. Insbesondere Unternehmen zeigen Fälle von Cybercrime und damit verbundene materielle Schäden nach wie vor vergleichsweise selten an. Die Furcht vor einem Vertrauensverlust bei Partnern und Kunden steht dabei dem Interesse, die Tat strafrechtlich verfolgen zu lassen, entgegen. Dabei sind Firmen ein bevorzugtes Angriffsziel für Hacker, wobei Kriminelle nicht nur daran interessiert sind, an das Geld der Unternehmen zu gelangen. Auch das Ausspähen technologischen Wissens ist für sie von Bedeutung.

Laut Statistik des BKA werden durchschnittlich täglich rund 30.000 Cyber-Angriffe auf deutsche Betriebe gestartet. Rund 3,6 Mio. Unternehmen in Deutschland könnten betroffen sein. Kaspersky Lab geht davon aus, dass Großunternehmen infolge von Cyber-Kriminalität durchschnittlich Schäden in Höhe von 649.000 USD erleiden. In Europa liegt der Betrag bei 627.000 USD. Bei Firmen in Nordamerika steigt er auf 818.000 USD.

Kaspersky Lab hat in einer vorherigen Untersuchung bereits belegt, wie wichtig die schnelle Erkennung eines Vorfalles für die Schadenbegrenzung ist: Demnach liegen im Enterprise-Bereich die Folgekosten bei zeitnaher Entdeckung durchschnittlich bei 456.000 USD, während nach dem Verstreichen einer Woche die Kosten auf 1,2 Mio. USD ansteigen.

Dass Cyberangriffe die Unternehmen teuer zu stehen kommen, zeigen aktuelle Zahlen aus der Politik. Demnach sind die Schadensummen bei den statistisch erfassten Straftaten im Bereich Cyberkriminalität zwischen 2009 und 2016 um rund 6 Mio. EUR auf über 16,7 Mio. EUR gestiegen.

Im Jahr 2017 hat sich die Schadensumme auf 31 Mio. EUR verdoppelt. Dies berichtete der Berliner Kurier unter Berufung auf eine parlamentarische Anfrage des FDP-Abgeordneten Bernd Schlömer an das Bundesinnenministerium.

Die Behörden verzeichneten demnach 6.720 Fälle von illegalem Ausspähen von Daten oder Computerbetrug durch illegal abgefangene Daten und 28 Fälle von Computersabotage. So wurde die Deutsche Bahn 2017 um etwa 840.000 EUR durch online verkaufte Tickets betrogen, die mit gestohlenen Kreditkartendaten erworben wurden. Gleichzeitig registrierten die Behörden 26.861 Fälle von Internetkriminalität (Delikte wie Waren- und Kreditbetrug, Leistungskreditbetrug oder die Verbreitung von Kinderpornografie). Die Schadenhöhe beziffern die Experten dabei auf fast 18,3 Mio. EUR.

Inzwischen ist die Zahl von Unternehmen in Deutschland, die separate Cyberversicherungen abgeschlossen haben, deutlich gestiegen (vgl. hierzu auch die GVNW-Cyber-Umfrage des Jahres 2018 unter Ziffer 19).

Unter US-amerikanischen Firmen sind diese speziellen Versicherungen bereits stark verbreitet. Das Prämienvolumen für Cyber-Versicherungen beträgt dort derzeit rund knapp 2 Mrd. USD jährlich.

Dass das Bewusstsein für die Gefahren der Cyber-Kriminalität langsam steigt, zeigt die weltweit zunehmende Anzahl an Versicherungslösungen auf dem Markt.

14 Gesetzlicher Rahmen und Zertifizierung

Hier ist insbesondere das deutsche IT-Sicherheitsgesetz zu nennen. Daneben die NIS Europäische Cyber-Richtlinie zur Netz- und Informationssicherheit in der Europäischen Union und die VdS 3473 Richtlinie zur Bewertung von IT-Risiken in Unternehmen durch das Prüf- und Zertifizierungsinstitut VdS e. V., einem Tochterunternehmen des GDV sowie weitere Zertifizierungen durch BSI und private Prüf- und Zertifizierungsinstitute.

IT-Sicherheitsgesetz

Das IT-Sicherheitsgesetz wurde am 12.06.2015 vom Bundestag verabschiedet und erfuhr bereits als Referentenentwurf massive Kritik. Mit diesem Entwurf wurden kritische Versorgungsbereiche definiert. Unternehmen, die in diesen Bereichen tätig waren, fielen somit in den Regelungsbereich dieses Gesetzes. Mit den zwei konkretisierenden Rechtsverordnungen aus den Jahren 2016 und 2017 wurden Definitionen veröffentlicht, die die Einstufung von Anlagen als kritische Infrastruktur festlegten und den betroffenen Unternehmen Kriterien (sog. „Schwellenwerte") zur Bewertung ihrer Anlagen zur Verfügung stellten. Anhand dieser Kenngrößen konnten Unternehmen ermitteln, ob ihre Anlagen unter die KRITIS-Regelungen fallen.

Die Betreiber dieser „kritischen Infrastruktur" sollen künftig ein Mindestniveau an IT-Sicherheit einhalten. Kommt es zu einem Sicherheitsvorfall, muss dieser dem Bundesamt für Sicherheit in der Informationstechnik (BSI) gemeldet werden. Das BSI soll die Einrichtung werden, bei der die Informationen gesammelt werden. Der Entwurf regelt nicht genau, welche Vorfälle gemeldet werden müssten und welche nicht. Außerdem sind keine Sanktionen vorgesehen, wenn die Meldepflicht nicht eingehalten würde. Einer KPMG-Studie aus dem vergangenen Sommer zufolge bringt die geplante Ausgestaltung der Meldepflicht Bürokratiekosten in Höhe von rund 1,1 Mrd. EUR pro Jahr mit sich. Darüber hinaus wurden von Kritikern eine ganze Reihe an weiteren Vorbehalten und Hinweisen gegeben. Die beiden Rechtsverordnungen gruppierten die kritischen Sektoren de facto in zwei Tranchen. Die im Gesetz festgeschriebene zweijährige Umsetzungsfrist lief für die zweite Tranche am 30.06.2019 aus. Bis dahin mussten demnach alle betroffenen Unternehmen die Umsetzung der vorgeschriebenen Maßnahmen nachgewiesen haben.

Die Praxis hat gezeigt, dass das Gesetz, u. a. durch die singuläre Anlagenfokussierung, deutlichen Nachbesserungsbedarf hat und der im Gesetz prognostizierte

Erfüllungsaufwand für die betroffenen Unternehmen an der Wirklichkeit deutlich vorbeigeht.

Mit dem IT-Sicherheitsgesetz 2.0 verfolgt der Gesetzgeber nun offensichtlich einen ganzheitlicheren Ansatz, was im Sinne der Informationssicherheit grundsätzlich zu begrüßen ist.

Der vorliegende Referentenentwurf zum ITSiG 2.0 enthält Maßnahmen zum Schutz der Bürger, zur Stärkung des Staates, zum Schutz der öffentlichen Informationstechnik und für eine informationstechnisch robuste Wirtschaft.

Das Gesetz stärkt vor allem die Rolle des BSI als zentrale Behörde mit sehr weitreichenden Befugnissen. Dazu greift das Gesetz auch in das Straf- und das Strafverfahrensrecht ein – ein Novum. Gleiches gilt für die Übertragung von Aufgaben des Verbraucherschutzes an das BSI, das zukünftig mit „IT-Sicherheitskennzeichen" die IT-Sicherheit von Produkten sichtbar machen soll. Neu ist auch, dass das BSI zukünftig Providern Verpflichtungen zum Löschen, zum Melden und zu Bestandsauskünften bei Cybercrime-Vorfällen auferlegen kann.

Dazu werden beim BSI mehr als 750 Planstellen geschaffen.

Hat der Gesetzgeber im ersten Sicherheitsgesetz noch einen Strafrahmen von 100.000 EUR je Verstoß vorgesehen, so wurden diese nun an die Regelungen der EU-DSGVO angeglichen. Zukünftig sieht der Gesetzgeber für Verstöße maximal *„Geldbußen von bis zu 20.000.000 EURo oder von bis zu vier Prozent des gesamten weltweit erzielten jährlichen Unternehmensumsatzes des vorangegangenen Geschäftsjahrs, je nachdem, welcher der Beträge höher ist"* vor.

Neben den bisherigen kritischen Sektoren wurde die Abfallwirtschaft zum kritischen Sektor bestimmt. Zu den konkreten Bestimmungen bleiben die Regelungen der kommenden Rechtsverordnung abzuwarten. Neu ist auch die Definition sogenannter „Infrastrukturen im besonderen öffentlichen Interesse". Das sind zwar nicht unmittelbar kritische Infrastrukturen, dennoch werden sie als solche behandelt. Dazu zählen Rüstungsindustrie, Kultur und Medien sowie Unternehmen von erheblicher volkswirtschaftlicher Bedeutung.

Die Notwendigkeit zur Einrichtung von Systemen zur Angriffserkennung und -bewältigung (sog. Security Incident & Event Management Systeme, kurz „SIEM") hat sich bisher implizit ergeben, um ein Informationssicherheitsmanagementsystem (kurz „ISMS") wirksam betreiben zu können. Im neuen ITSiG ist diese Anforderung ausdrücklich festgeschrieben. Das BSI macht künftig konkrete Vorgaben zur Ausgestaltung solcher Systeme.

Richtlinie über Maßnahmen zur Gewährleistung einer hohen gemeinsamen Netz- und Informationssicherheit in der Union (Cybersicherheits-Richtlinie)

Am 18.12.2015 haben die EU-Mitgliedsstaaten der zuvor zwischen Parlament und Rat erzielten Einigung zur Netzwerk- und Informationssicherheit zugestimmt. Die NIS-Richtlinie ist am 08.08.2016 in Kraft getreten. Die Richtlinie war am 19.07.2016 im Amtsblatt der Europäischen Union veröffentlicht worden. Allerdings ist die NIS-Richtlinie nicht sofort und unmittelbar anzuwenden, sondern die EU-Mitgliedstaaten hatten bis zum 10.05.2018 Zeit, die Richtlinie in nationales Recht umzusetzen. Seit dem 25.05.2018 ist die EU-Datenschutzgrundverordnung (DS-GVO) ohne weitere Vorlaufzeit anzuwenden.

Ziel der NIS-Richtlinie ist es, mit Sicherheitsanforderungen und Meldepflichten eine Kultur des Risikomanagements auch bei den Anbietern digitaler Dienste zu fördern. Hier geht die NIS-Richtlinie weiter als die Regelung des IT-Sicherheitsgesetzes. Das IT-Sicherheitsgesetz sieht Ausnahmeregelungen für die öffentliche Verwaltung vor. Das Bundesgesetz kann auch nicht Regelungen für die Landesverwaltung und Kommunen schaffen. Hier wird aber auf der politischen Ebene durchaus diskutiert, ob die Länder entsprechende Landesgesetze erlassen.

Cybersecurity Information Sharing Act (CISA)

Die wichtigsten Bestimmungen des Gesetzes erleichtern es Unternehmen, personenbezogene Daten an die Regierung weiterzugeben, insbesondere in Fällen von Bedrohungen der Cybersicherheit. Ohne einen solchen Informationsaustausch installieren, ermöglicht das Gesetz ein System für Bundesbehörden, um Bedrohungsinformationen von privaten Unternehmen zu erhalten. In Bezug auf den Datenschutz enthält der Gesetzentwurf Bestimmungen zur Verhinderung der Weitergabe personenbezogener Daten, die für die Cybersicherheit irrelevant sind.

Die EU-Datenschutz-Grundverordnung (EU-DSGVO)

Mit der Rechtsgültigkeit der EU-DSGVO seit Mai 2018 wirkt sich die Datenschutzrichtlinie sowohl auf die Produktentwicklung als auch auf die Marktdurchdringung mit

Cyber-Versicherungen aus. Sie definiert zahlreiche Anforderungen an Unternehmen, wobei eine ganze Reihe bereits im Bundesdatenschutzgesetz (BDSG) enthalten waren und nun modifiziert in der DSGVO auftauchen. Allerdings sind dabei einzelne Verschärfungen der Gesetzeslage augenfällig, insbesondere bei der Beweislastumkehr, der Ausweitung von Informationspflichten sowie bei den Betroffenenrechten und verkürzten Reaktionszeiten. Auch wurde die Sanktionierung, und das dürfte der eigentliche Grund für die erhebliche Aufmerksamkeit sein, die das Gesetz erhält, bei verweigerter Umsetzung drakonisch erhöht, von bisher 300.000 EUR auf bis zu 20 Mio. EUR bzw. bis zu 4 % des weltweiten Jahresumsatzes.

Im Wesentlichen geht es um die folgenden Grundsätze:

- Rechtmäßigkeit der Verarbeitung,
- Transparenz der Verarbeitung,
- zweckgebundene Verarbeitung,
- Richtigkeit und Minimierung personenbezogener Daten,
- Speicherbegrenzung personenbezogener Daten,
- Integrität und Vertraulichkeit.

Die Rechenschaftspflicht verlangt jetzt von den Unternehmen den Nachweis des Einhaltens der Grundsätze. Es kommt also zu einer Beweislastumkehr mit dem Ergebnis, dass alle Maßnahmen penibel dokumentiert werden sollten, damit sie nachgewiesen werden können.

Da personenbezogene Daten in fast allen Bereichen von Versicherungsunternehmen verarbeitet und gespeichert werden, kommt der Umsetzung besondere Bedeutung zu. Das gilt im Bereich von Cyberrisiken umso mehr, als hier sowohl Versicherer als auch Kunden aufgrund der gegebenen Komplexität, Volatilität und Risikoexposition gezwungen sind, Anpassungen an stark schwankende Risikosituationen vorzunehmen.

Bundesamt für Sicherheit in der Informationstechnik (BSI)

Das BSI ist die zentrale Zertifizierungsstelle für IT-Sicherheit in Deutschland. Es hat nach dem BSI-Gesetz (BSIG) u.a. die Aufgabe, Zertifizierungen von informationstechnischen Systemen durchzuführen.

Um diese Aufgaben zu erfüllen, betreibt das BSI Zertifizierungsprogramme, in denen jeweils die Regeln (Geltungsbereiche, bedarfsgerechte Prüfkriterien, Anforderungen und Nachweise), das Verfahren sowie das Management zur Durchführung der Zertifizierung festgelegt und beschrieben sind.

Die Zertifizierung eines Managementsystems wird auf Antrag durchgeführt. Voraussetzung für eine Zertifizierung ist eine Prüfung gemäß den im Zertifizierungsprogramm veröffentlichten Kriterien bzw. Technischen Richtlinien.

Das Verfahren zur Durchführung von Zertifizierungen nach ISO 27001 auf Basis von IT-Grundschutz ist in der Verfahrensbeschreibung *Zertifizierung nach ISO 27001 auf der Basis von IT-Grundschutz – Zertifizierungsschema* beschrieben.[1]

Das Verfahren im Bereich Technische Richtlinien TR ist im Dokument *Verfahrensbeschreibung zur Zertifizierung von Produkten [VB-Produkte]*[2] beschrieben und wird durch das Anforderungsdokument *Anforderungen für Antragsteller zur Zertifizierung von Produkten nach Technischen Richtlinien [TR-Produkte]*[3] ergänzt.

Einige TR setzen als Grundlage die ISO/IEC 27001 voraus. Zertifizierungen für diese TR erfolgen normalerweise nicht durch das BSI, sondern bei akkreditierten Stellen für die Zertifizierung von Managementsystemen gemäß ISO/IEC 27001. Das grundsätzliche System hierzu ist im „Hinweis für Zertifizierungsstellen von sektorspezifischen Managementsystemen basierend auf ISO/IEC 27001" beschrieben.[4] Daneben zertifiziert das BSI Produkte und Personen.

CFPA-E Guideline No 11:2018 S

Die CFPA Europe veröffentlicht die ersten europäischen Richtlinien für Cyber-Security für die kleinen und mittelständischen Unternehmen (KMU). Diese Richtlinien basieren auf den bekannten deutschen Richtlinien VdS 10000. CFPA Europe (www.cfpa-e.eu), der europäische Zusammenschluss von mehr als 20 nationalen Sicherheitsorganisationen, hat damit die ersten europäischen Cyber- Security- Richtlinien speziell für KMU entwickelt, die CFPA-E Guideline No 11:2018 S, „Guideline on Cyber Security for Small and Medium-sized Enterprises". Die Richtlinien CFPA-E Guideline No 11:2018) sind unter www.cfpa-e.eu kostenlos erhältlich.

Damit sind erstmals europäische Richtlinien verfügbar, die speziell auf die Bedürfnisse von KMU zugeschnitten sind und die sowohl von anerkannten Sicherheitsin-

1 Zu finden unter https://www.bsi.bund.de/SharedDocs/Downloads/DE/BSI/Grundschutz/Zertifikat/ISO27001/Zertifizierungsschema.html.

2 Zu finden unter https://www.bsi.bund.de/SharedDocs/Downloads/DE/BSI/Zertifizierung/VB-Produkte.html.

3 Zu finden unter https://www.bsi.bund.de/SharedDocs/Downloads/DE/BSI/Zertifizierung/TR-Produkte.html.

4 Zu finden unter https://www.bsi.bund.de/SharedDocs/Downloads/DE/BSI/Zertifizierung/MS-ExternZert.pdf?__blob=publicationFile&v=3.

stituten aus ganz Europa, als auch von der europäischen Versicherungswirtschaft unterstützt werden.

Richtlinien VdS 10000

Deutsche Interessenten erhalten weiterhin die Richtlinien VdS 10000 kostenlos unter www.vds-shop.de. Sie enthalten Vorgaben und Hilfestellungen für die Implementierung eines Informationssicherheitsmanagementsystems sowie konkrete Maßnahmen für die organisatorische sowie technische Absicherung von IT-Infrastrukturen. Sie sind speziell für KMU sowie für kleinere und mittlere Organisationen ausgelegt, mit der Zielsetzung, ein angemessenes Schutzniveau zu gewährleisten, ohne sie organisatorisch oder finanziell zu überfordern. Die VdS 10000 ist der Nachfolger der VdS 3473. Zu ISO/IEC 27001 und zum IT-Grundschutz ist die Richtlinie aufwärtskompatibel, aber mit wesentlich weniger Aufwand verbunden. Sie ist quasi eine Teilmenge der Basis-Absicherung des IT-Grundschutzes und kann als Ausgangsbasis zur Implementierung eines ISMS nach ISO 27001 verwendet werden. Unternehmen können sich in wenigen Schritten nach VdS 10000 zertifizieren lassen. Im Vergleich zum Vorgängerstandard VdS 3472 wurden einige Details verbessert, Begrifflichkeiten angepasst oder verändert und Fehler behoben.

Das **Gesetz zum besseren Schutz von Geschäftsgeheimnissen (GeschGehG)** wurde am 21. März 2019 vom Bundestag verabschiedet. Damit wurde die EU-Richtlinie 2016/943 zum „Schutz von Geschäftsgeheimnissen vor rechtswidrigem Erwerb sowie rechtswidriger Nutzung und Offenlegung" umgesetzt. Zum besseren Schutz von Geschäftsgeheimnissen sollen sich Unternehmen künftig einfacher bei Rechtsverletzungen – etwa bei unerlaubter Erlangung, Nutzung und Offenlegung von Geschäftsgeheimnissen – wehren können. Das Gesetz richtet sich vor allem gegen Wettbewerber, die ihre Konkurrenz ausspionieren und sieht zivilrechtliche Ansprüche wie Unterlassung, Auskunft oder Schadenersatz vor.

Der bereits bestehende Schutz im deutschen Recht soll damit verbessert werden sowie mehr Rechtssicherheit bieten. Bisher wurde im deutschen Recht vorwiegend über die Strafvorschriften § 17 ff. des Gesetzes gegen den unlauteren Wettbewerb (UWG) vorgegangen. Für die Umsetzung der Vorgaben der EU-Richtlinie war dies jedoch nicht mehr ausreichend.

15 Fazit und Ausblick

Was soll man unternehmen, wenn das Angebot an Cyber-Versicherungsschutz zwar umfangreich, aber dennoch oder gerade deshalb teilweise verwirrend und unübersichtlich ist?

Wie kann ich meinen Betrieb, mein Unternehmen am besten schützen und auf mögliche Cyberattacken vorbereiten?

Halten denn die angebotenen Standardversicherungen, Branchenlösungen, der GDV-Standard was sie versprechen?

Ist in jedem Fall eine eingehende Risikoanalyse externer Berater anzuraten und eine individuelle Versicherungsfallregelung zu vereinbaren?

Die Antwort lautet wie so oft: **„Es kommt darauf an."**

Für Großunternehmen ist die vorangestellte Risikoanalyse wohl der einzige Weg, um eine risikoadäquate Deckung zu erlangen. Diese Versicherungsnehmer sind es aber ohnehin gewohnt, individuelle Verträge abzuschließen.

Einige Versicherer setzen eine Risikoanalyse für den Abschluss voraus und formulieren eine individuelle Versicherungsfallregelung. Eine Lösung, die sicherlich den Vorteil hat, dass die Wagnissituation bekannt ist und die Versicherungsdeckung darauf abgestimmt werden kann.

Andere Versicherer setzen auf die „Modullösung" und verzichten auf eine vorangehende Risikodurchleuchtung; und andere setzen auf die vorgefertigten Standardprodukte und das Antragsmodell.

Standardprodukte sind für den Massenmarkt gedacht und deshalb nicht in der Lage, eine auf das einzelne Risiko abgestimmte Deckung zu bieten, es sei denn, die Zielgruppe ist homogen und das Produkt exakt auf die speziellen Bedürfnisse hin zugeschnitten.

Als Modullösungen bieten sie ansonsten bessere Voraussetzungen für einen angepassten Versicherungsschutz und könnten für kleinere Unternehmen einfach in der Umsetzung per fragebogenbasiertem Antrag ohne Vor-Ort-Check durch IT-Experten und geringen Deckungssummen sein.

Große Bedeutung hat gerade die Versicherungsfalldefinition! Die Voraussetzung für den Eintritt eines Versicherungsfalles sollte sich nicht auf einen eingeschränkten Sachverhalt (Hacker-Angriff oder Denial-of-Service-Attacken) beschränken, denn die Entwicklung auf diesem Gebiet geht rasant voran. Die beste und umfassendste Lösung dürfte eine „All-Risk-Deckung" sein.

Der Markt für Cyber-Versicherungen ist weiter in Bewegung: Großen Bedarf haben VN bei der Aufnahme externer IT-Dienstleister (inklusive Cloud-Services) in den Versicherungsschutz, denn fast jeder lagert inzwischen Daten in eine Cloud aus. Und es wird zunehmend Wert darauf gelegt, dass die Cyber-Versicherung Rückwirkungsschäden einschließt, denn der Ausfall bei Zulieferern oder Abnehmern kann für Unternehmen existenzbedrohend sein.

Munich Re geht aktuell davon aus, dass sich der globale Cyberversicherungsmarkt bis 2025 auf ein Volumen von über 20 Mrd. USD weiterentwickeln und anwachsen wird und sich damit, verglichen mit 2018, vervierfachen würde. Für 2020 schätzt Munich Re den globalen Cyber-Versicherungsmarkt auf ein Volumen von über 7 Mrd. USD, wobei Nord-Amerika mit 5,3 Mrd. USD weiterhin der stärkste Markt bleiben wird. In Asien und Europa wird ein starkes Wachstum erwartet, für Europa liegt die Schätzung für 2020 bei über 1 Mrd. USD.

Für die Zukunft bleibt zu erwarten, dass eine vernetzte Welt und das Fortschreiten von Technologien (5G-Standard) oder künstliche Intelligenz Chancen und gleichzeitig aber auch Abhängigkeiten schaffen und immer professioneller agierenden Cyberkriminellen neue Angriffsflächen ermöglichen werden.

16 Literatur, Quellen, Studien, Internetlinks

Christian Becker, Fachanwalt Eversheds Sutherland (Germany) LLP, Die Cyber-Versicherung – Notwendigkeit individueller Verträge, in: Die VersicherungsPraxis, Heft 1.2019, Seite 14 –16

Johannes Beckers, Underwriter DUAL Deutschland GmbH, Deckungsumfang von Cyber-Versicherungen, in: Die VersicherungsPraxis, Heft 6.2015, Seite 22 – 23

Johannes Behrends, LL. M., Wie wirkt sich ein Cyber-Schaden auf die wirtschaftliche Situation und das Risikomanagement eines Unternehmens aus?, 3. DVS Cyber-Veranstaltung vom 07.05.2015

Sascha Bertsch, Patronat GmbH, Bieten traditionelle Unternehmensversicherungen einen ausreichenden Schutz vor Cyberrisiken?, Teile I und II, in: Zeitschrift für Versicherungswesen, Heft 09/2019 Seite 277 – 280 und Heft 10/2019 Seite 317 – 320

Sandra Dammalacks, deas, Cyberschaden: Das nicht greifbare Risiko, in: Die VersicherungsPraxis, Heft 4.2016, Seite 16 – 18

Sandra Dammalacks, deas, Vorsicht bei Cyberkrieg- und Cyberterror-Ausschlüssen, in: Die VersicherungsPraxis, Heft 1.2019, Seite 7 – 8

Christian Drave, LL. M., Wilhelm Rechtsanwälte, Cyber-Versicherung – Schadenpotenziale und rechtliche Grundlagen, DVS Cyber-Veranstaltung vom 21.05.2014

Christian Drave, RA, LL. M., Wilhelm Rechtsanwälte, Cyberrisiken als Herausforderungen für das Risikomanagement, in: Die VersicherungsPraxis, Heft 6.2015, Seite 32 – 35

Christian Drave, RA, LL. M., Wilhelm Rechtsanwälte, Cyberrisiken und Versicherung: Stand und Entwicklungen, in: Die VersicherungsPraxis, Heft 4.2016, Seite 3 – 6

Christian Drave, RA, LL. M., Wilhelm Rechtsanwälte, Wer zahlt den Cyberschaden? Schwierigkeiten im Verhältnis von Cyberdeckungen und anderen Versicherungsverträgen, in: Die VersicherungsPraxis, Heft 3.2017, Seite 30 – 32

Claudia Eckert, IT-Sicherheit: Konzepte, Verfahren, Protokolle, 2018, de Gruyter Studium

Bastian Finkel, RA, Dr. Alexander Beyer, RA, Partner der Kanzlei BLD Bach Langheid Dallmayr PartGmbH, Reform des europäischen Datenschutzrechts steht bevor – ein erster Überblick zur Datenschutz-Grundverordnung und einhergehender Haftungsrisiken, in: Die VersicherungsPraxis, Heft 4.2016, Seite 12 – 14

Prof. Dr.-Ing. Ulrich Greveler, Florian Salm, Erichsen GmbH, Wirtschaftskriminalität aufgrund von IT-Sicherheitslücken – Ist ein Risikotransfer auf die Cyber-Versicherung möglich?, in: Die VersicherungsPraxis, Heft 3.2018, Seite 7 – 10

Ralf Haftmann, Senior Underwriter, Dual, Bewertung von Cyber-Risiken, in: Die VersicherungsPraxis, Heft 3.2020, Seite 15 – 17

Mark Hawksworth, Technology Group Leader und Rainer Weusthoff, Specialty Solution Designer, Sedgwick, Ein Mausklick zu viel …, in: Die VersicherungsPraxis, Heft 3.2020, Seite 6 – 9

Jörg Heidemann, Sonderheft: Emerging Risks – Die neuen Gefahren und Chancen von morgen, 2015, DVS/WKD Deutschland

Jörg Henne, Präsentation Silent Cyber, anlässlich der Marktinformationsveranstaltung des GVNW e. V. am 05.11.2019

Dr. Falk Herrmann, CEO, Rohde & Schwarz Cybersecurity, Geschäftsrisiko „Cyberangriff", in: Die VersicherungsPraxis, Heft 3.2020 Seite 10 – 11

Yvonne Hofstetter, Sie wissen alles, 2014, C. Bertelsmann

Yvonne Hofstetter, Der unsichtbare Krieg, 2019, Droemer

Dr. Philipp Hurni, Cyber Risk Engineering Global Practice Leader, Zurich, Vom IT-Problem zum Business-Risiko – die Rolle des Bitcoin als Katalysator des Cyber-risikos, in: Die VersicherungsPraxis, Heft 3.2020, Seite 12 – 14

Thomas Kahl, RA, Tayloer Wessing, Cyber-Threats – Welche rechtlichen Risiken Unternehmen kennen müssen, in: Die VersicherungsPraxis, Heft 7.2019, Seite 19 – 25

Gunbritt Kammerer-Galahn, Leiterin der Practice Area Insurance bei der Kanzlei Taylor Wessing in Düsseldorf, Cyber GDV-Musterbedingungen in der Praxis, in: Versicherungsmonitor vom 24. April 2017

Dr. Rebecca Julia Koch, GF und Magnus Zellhorn, Leiter FL, beide Kleist Versicherungsmakler GmbH, Schmerzensgeld nach Datenschutzverstoß – ein unterschätztes Risiko?, in: Die VersicherungsPraxis, Heft 3.2020, Seite 18 – 23

Dorian Kroll, FiscalReps, Tax Compliance bei Cyber-Versicherungen, in: Die VersicherungsPraxis, Heft 4.2016, Seite 22 – 23

Tobias Kugler, Rechtsanwalt, Noerr LLP, IT-Sicherheitsgesetz – was erwartet die Versicherungsnehmer?, 3. DVS Cyber-Veranstaltung vom 07.05.2015

Dr. Christopher Lohmann, Cyber: Die Feuerversicherung des 21. Jahrhunderts, in: Die VersicherungsPraxis, Heft 4.2016, Seite 7 – 10

Dr. Paul Malek, LL.M. Noerr LLP, Cyber-Versicherung: Deckungsstreitigkeiten vorprogrammiert? In: Die VersicherungsPraxis, Heft 1.2019, Seite 9 – 11

Dr. Paul Malek, Amrei Zürn, RAte LL.M., Clyde & Co. LLP, Aufrüsten für den digitalen Ernstfall, in: Versicherungswirtschaft Nr. 9.2019, Seite 28 – 29

Isabel Münch, Referatsleiterin IT-Grundschutz und Allianz für Cyber-Sicherheit beim BSI, Cyber-Angriffe bedrohen die Existenz von Unternehmen, in: Die VersicherungsPraxis, Heft 6.2015, Seite 3 – 8

Thomas Pache, Cyberversicherung für Vermittler: Risiko, Bewertung und Deckung, 2019, VVW

Thomas Pache, Risk Engineering in „Neuland" – ein bekanntes Buzzword in neuer Umgebung, in: Die VersicherungsPraxis, Heft 8.2019, Seite 13 – 14

Sabine Pawig-Sander, Geschäftsführende Gesellschafterin des Spezialmaklers Erichsen, In Einklang gebracht, in: Versicherungswirtschaft Nr. 6 – Juni 2017, Seite 55

Sabine Pawig-Sander, Florian Salm, Dr. Sven Erichsen, Erichsen GmbH, Cyber-Versicherungen – Fakten, Ziele, Chancen, in: Die VersicherungsPraxis, Heft 3.2017, Seite 3 – 7

Sabine Pawig-Sander, Geschäftsführende Gesellschafterin des Spezialmaklers Erichsen, Cyber-Versicherung: Die Bedingungsvielfalt nimmt kein Ende, in: Die VersicherungsPraxis, Heft 1.2019, Seite 3 – 6

Norbert Pohlmann, Cyber-Sicherheit: Das Lehrbuch für Konzepte, Prinzipien, Mechanismen, Architekturen und Eigenschaften von Cyber-Sicherheitssystemen in der Digitalisierung, 2019, Springer

Robert Reinermann, MBA & Eng., VdS Schadenverhütung GmbH, Köln, VdS 3473 – ein neuer Standard für die Bewertung von IT-Risiken, 3. DVS Cyber-Veranstaltung vom 07.05.2015

Christian Schaaf, Corporate Trust Business Risk & Crisis Management GmbH, Cyberrisiken 2016 – Internet 4.0 betrifft nicht nur die IT!, 4. DVS Veranstaltung Fokus Cyber-Versicherung und Financial Lines am 19.04.2016

Christian Schaaf, GF, Corporate Trust, Business Risk & Crisis Management GmbH, Risk Engineering unter dem Einfluss politischer Umwälzungen, in: Die VersicherungsPraxis, Heft 8.2019, Seite 11 – 12

Florian Salm, Erichsen GmbH, Struktur gesucht, in: Versicherungswirtschaft, Heft 2.2019, Seite 84 – 86

Dr. Dan Schilbach, Versicherungsschutz für Cyber-Risiken im Home-Office in Corona-Zeiten, in: Die VersicherungsPraxis, Heft 5.2020, Seite 25 – 27

Dr. Marcus Schreibauer, Dr. Detlef Haß, Martin Strauch, LL. M., Hogan Lovells International LLP, Haftungsfragen bei Cyberangriffen, in: Die VersicherungsPraxis, Heft 3.2017, Seite 8 – 11

Thomas Schulz, Cybersicherheit: Für vernetzte Anwendungen in der Industrie 4.0, 2019, Vogel Communications Group

Reiner Siebert, GF GVNW e. V., Die Versicherung von Cyber-Risiken – Zeit für einen marktweiten Dialog, in: 6.2019, Seite 17 + 20

Stefanie Speyrer, Referentin für Presse- und Öffentlichkeitsarbeit beim DVS, 2. DVS Cyber Veranstaltung 2014 „Cyberkriminalität: Risiko und Versicherung – ein Tagungsbericht, in: Die VersicherungsPraxis, Heft 7.2014, Seite 123 – 128

Stefanie Speyrer, Referentin für Presse- und Öffentlichkeitsarbeit beim DVS, 3. DVS-Fachveranstaltung „Fokus Cyber-Versicherung und Financial Lines" – Ein Tagungsbericht, in: Die VersicherungsPraxis, Heft 6.2015, Seite 13 – 16

Stefanie Speyrer, Referentin für Presse- und Öffentlichkeitsarbeit beim DVS: 4. DVS Veranstaltung Fokus Cyber-Versicherung und Financial Lines am 19.04.2016 – ein Tagungsbericht, in: Die VersicherungsPraxis, Heft 5.2016, Seite 23 – 25

Stefanie Speyrer, Referentin für Presse- und Öffentlichkeitsarbeit beim DVS, Ergebnisse der DVS-Umfrage „Cyber-Versicherung", in: Die VersicherungsPraxis, Heft 5.2016, Seite 26

Holger Tittko, Dipl.-Betriebswirt, DVS Deutscher Versicherungs-Schutzverband e. V., Cyber-Versicherungen im Überblick, DVS Cyber-Veranstaltung vom 21.05.2014

Holger Tittko, Dipl.-Betriebswirt, DVS Deutscher Versicherungs-Schutzverband e. V., Deckungsstandards in der Cyber-Versicherung?, 3. DVS Cyber-Veranstaltung vom 07.05.2015

Holger Tittko, Dipl.-Betriebswirt, DVS Deutscher Versicherungs-Schutzverband e. V., Vorstellung der DVS-Umfrage „Cyber-Versicherung", 4. DVS Veranstaltung Fokus Cyber-Versicherung und Financial Lines am 19.04.2016

Holger Tittko, Dipl.-Betriebswirt, GVNW e. V., Ansätze zur Abgrenzung traditioneller betrieblicher Versicherungen von Cyber-Versicherungen aktueller Prägung, in: Die VersicherungsPraxis, Heft 8.2018, Seite 29 – 30

Christopher David Wolf, M. sc., Senior Cyber Security Consultant, DVS Cyber-Veranstaltung am 21.05.2014

5. GVNW-Tagung Fokus Cyber-Versicherung und Financial Lines – Ein Tagungsbericht, in: Die VersicherungsPraxis, Heft 5.2017, Seite 29 – 30

6. GVNW-Tagung Fokus Cyber und Financial Lines, Tagungsbericht, in: Die VersicherungsPraxis, Heft 4.2018, Seite 22 – 25

7. GVNW-Tagung Fokus Cyber und Financial Lines, Tagungsbericht, in: Die VersicherungsPraxis, Heft 5.2019, Seite 22 – 25

Broschüre der Munich Re „Cyber-Risiken – Herausforderungen, Strategien und Lösungen für Versicherer"

„CYBERWAR, Industriespionage 2012 – Aktuelle Risiken für die Deutsche Wirtschaft durch Cyberwar"von Corporate Trust

„Industriespionage 2014 – Cybergeddon der deutschen Wirtschaft durch NSA & Co.?" von Corporate Trust

„IT- und Cyber-Risiken sowie Versicherungsmöglichkeiten" Workshop der IRM Versicherungsberatung GmbH, Stuttgart

Studien und Internetlinks

BSI-Studien: Lageberichte zur IT-Sicherheit in Deutschland aus den Jahren 2005 bis 2018

BSI-Studie: Lagebericht zur IT-Sicherheit in Deutschland 2019

https://www.bsi.bund.de/DE/Publikationen/Lageberichte/lageberichte_node.html

https://www.bsi.bund.de/SharedDocs/Downloads/DE/BSI/Zertifizierung/MS-ExternZert.pdf?__blob=publicationFile&v=3

https://www.bsi.bund.de/DE/Themen/Cyber-Sicherheit/Dienstleistungen/IT-Forensik/forensik_node.html

https://www.beratungsprozesse.de/downloads/

Deloitte Security Report 2019

https://www2.deloitte.com/de/de/pages/risk/articles/cyber-security-report.html

https://www.franke-bornberg.de/ratings/gewerbeversicherung/cyber-versicherung, das Cyber-rating der Franke und Bornberg Research GmbH

Gothaer KMU Studie 2019

Gothaer KMU Studie 2020

https://www.gothaer.de/ueber-uns/presse/publikationen/studien/kmu-studie-2020.htm

Hiscox Cyber Readiness Report 2018

Hiscox Cyber Readiness Report 2019

Hiscox Cyber Readiness Report 2020

https://www.hiscox.de/wp-content/uploads/2019/04/Hiscox-Cyber-Readiness-Report-2019.pdf

Allianz Risk Barometer 2018

Allianz Risk Barometer 2019

Allianz Risk Barometer 2020

https://www.allianz.com/de/presse/news/studien/200115_Allianz-Risk-Barometer-2020.html

BITKOM Studie 2015 Spionage, Sabotage und Datendiebstahl

BITKOM Studie 2017 Spionage, Sabotage und Datendiebstahl

BITKOM Studie 2019 Spionage, Sabotage und Datendiebstahl

KPMG Studie Wirtschaftskriminalität 2018

pwc Studie Wirtschaftskriminalität in der analogen und digitalen Wirtschaft 2017

MRIC LMU Cyber Studie Versicherung 2017

KPMG e-Crime in der deutschen Wirtschaft, Studie 2015

KPMG e-Crime in der deutschen Wirtschaft 2017

KPMG e-Crime in der deutschen Wirtschaft 2019

https://hub.kpmg.de/studie-e-crime-in-der-deutschen-wirtschaft-2019?utm_campaign=KPMG%20-%20Studie%20-%20e-Crime%20in%20der%20deutschen%20Wirtschaft%202019&utm_source=AEM

KPMG Cloud-Monitor 2017

KPMG Cloud-Monitor 2019

https://hub.kpmg.de/cloud-monitor-2019

HISOLUTIONS Schwachstellenreport 2017

McAfee Studie 2018 (Economic Impact of Cybercrime – No Slowing Down, 2018)

Sopra Steria Consulting Potenzialanalyse Digitale Plattformen 2017

Sopra Steria Consulting Potenzialanalyse Digitale Plattformen 2019

https://www.soprasteria.de/newsroom/publikationen/studie/potenzialanalyse-digitale-oekosysteme

BSI IT- Grundschutz - Kataloge, Edition 2020, https://www.bsi.bund.de/DE/Themen/ITGrundschutz/ITGrundschutzDownloads/itgrundschutzDownloads_node.html

https://www.bitkom.org/Themen/Datenschutz-Sicherheit/Datenschutz-Sicherheit/index.jsp

https://www.bsi.bund.de/DE/Publikationen/Studien/studien_node.html

https://assets.kpmg.com/content/dam/kpmg/ch/pdf/neues-denken-neues-handeln-cyber-de.pdf

https://www.datenschutz-grundverordnung.eu/

https://dsgvo-gesetz.de/

www.bka.de

www.verfassungsschutz.de

17 ANHANG: Überblick Deckungskonzepte

Mithilfe der nachfolgenden Tabellen soll eine grobe Übersicht erreicht werden. Bitte berücksichtigen Sie jedoch, dass eine Übersicht der Produktinhalte in tabellarischer Form nur schwer und eingeschränkt darstellbar ist, da die Versicherer unterschiedliche Begriffe für den gleichen Sachverhalt verwenden.

Der Deckungsinhalt ist u. a. abhängig von der Versicherungsfalldefinition und den Ausschlüssen, die nicht nur im allgemeinen Teil der Bedingungen enthalten sind. Auch in den einzelnen Deckungsmodulen können Ausschlüsse die Leistung begrenzen oder ausschließen. Außerdem sind Selbstbehalte und Limits bei den einzelnen Leistungsangeboten zu beachten.

Die einzelnen Deckungsmodule der Gesellschaften enthalten auch unterschiedliche Leistungsbeschreibungen. Sie beinhalten zum Teil Leistungen, die andere Versicherer extra ausweisen.

Die Vergleichbarkeit der Policen wird dadurch erschwert, dass in den Cyber-Policen mehrere unterschiedliche Versicherungsfalldefinitionen für Eigenschäden, Haftpflicht- und Betriebsunterbrechungsversicherung verwandt werden und deshalb eine verkürzte, klare und eindeutige Aussage oft nicht getroffen werden kann.

Hinzu kommt, dass sich die zugrunde gelegten Bedingungen immer noch in ständiger Überarbeitung und Veränderung befinden, sodass Änderungen und individuelle Anpassungen an besondere Bedarfssituationen jederzeit möglich sein werden bzw. sein müssten. Insofern ist jede Darstellung eine Momentaufnahme und dies wird dadurch illustriert, dass bereits mehrere Anbieter einen Relaunch bzw. Updates ihrer bisherigen Bedingungen für das 2. Halbjahr 2020 angekündigt haben und vermutlich auch weitere neue Anbieter hinzukommen werden.

Leider wurde es notwendig, den Versuch einer Darstellung auf einige wenige der inzwischen über 40 Cyber-Policen-Angebote zu beschränken, zu denen wir zeitnah Bedingungstexte und Informationen erhielten und die eine gewisse gemeinsame Grundstruktur aufwiesen, was die Darstellung vereinfacht und die Vergleichbarkeit verbessert.

Inzwischen sind die **Allgemeinen Versicherungsbedingungen für die Cyberrisko-Versicherung (Musterbedingungen) vom GDV** vorgestellt worden.

Die darin enthaltenen Formulierungen zu ausgewählten Sachverhalten werden der nachfolgenden Tabelle vorangestellt, um einen Vergleich mit den von den einzelnen Versicherern verwendeten Definitionen (11.4 – 11.6 und 11.9) zu ermöglichen.

Formulierungen zu einzelnen Sachverhalten in den Musterbedingungen des GDV

Subsidiaritätsklausel
Abschnitt A1 – 12 Vorrangige Versicherung
Besteht Versicherungsschutz nach den Bedingungen dieses Vertrages auch in einem anderen Versicherungsvertrag, so geht die Cyberrisiko-Versicherung vor.
Repräsentantenklausel
Abschnitt A 1 – 9 Repräsentantenbegriff
Als Repräsentanten stehen dem Versicherungsnehmer gleich: a) Mitglieder des Vorstandes bei Aktiengesellschaften; b) Geschäftsführer bei Gesellschaften mit beschränkter Haftung; c) Komplementäre bei Kommanditgesellschaften; d) Gesellschafter bei offenen Handelsgesellschaften; e) Inhaber von Einzelfirmen; f) die nach Gesetz und Satzung berufenen obersten Vertretungsorgane bei anderen Unternehmensformen (z. B. Genossenschaften, Verbänden, Vereinen, Körperschaften des öffentlichen Rechts, Kommunen, ausländische Unternehmen). Die unter a) – f) aufgeführten Personen mitversicherter Unternehmen stehen ebenfalls als Repräsentanten dem Versicherungsnehmer gleich.
Geltungsbereich
Abschnitt A 1 – 11
Versicherungsschutz besteht für Versicherungsfälle weltweit. Dies gilt jedoch nur, soweit die Ansprüche in EWR-Staaten und nach deren Recht geltend gemacht werden.
Versicherungsfalldefinition
Abschnitt A 1 – 4
Versicherungsfall ist der erstmals nachprüfbar festgestellte Schaden nach A 1 – 1 (Gegenstand der Versicherung) Der Versicherungsfall muss während der Wirksamkeit der Versicherung eingetreten sein.

Abschnitt A 1 Basis Baustein

Abschnitt A 1 – 1 Gegenstand der Versicherung

Gegenstand der Versicherung sind Vermögensschäden im Umfang der nachfolgenden Bestimmungen, die durch eine Informationssicherheitsverletzung verursacht worden sind.

Abschnitt A 1 – 2 Informationssicherheitsverletzung

A1 – 2.1 Informationssicherheitsverletzung ist eine Beeinträchtigung der

- Verfügbarkeit,
- Integrität,
- Vertraulichkeit

von elektronischen Daten des Versicherungsnehmers oder von informationsverarbeitenden Systemen, die er zur Ausübung seiner betrieblichen oder beruflichen Tätigkeit nutzt.

A1 – 2.2 Dabei ist unerheblich, ob sich die elektronischen Daten oder die informationsverarbeitenden Systeme des

Versicherungsnehmers in dessen unmittelbarem Verfügungsbereich befinden oder der Versicherungsnehmer sich eines externen Dienstleisters bedient.

Bedient sich der Versicherungsnehmer eines externen Dienstleisters, besteht kein Versicherungsschutz für Schäden, infolge des Ausfalls, der Unterbrechung oder Störung der Dienstleistung entstehen.

A1 – 2.3 Der Begriff „elektronische Daten" umfasst auch Software und Programme.

A1 – 2.4 Die Informationssicherheitsverletzung muss durch folgende Ereignisse ausgelöst werden:

- Angriffe auf elektronische Daten oder informationsverarbeitende Systeme des Versicherungsnehmers;
- unberechtigte Zugriffe auf elektronische Daten des Versicherungsnehmers;
- Eingriffe in informationsverarbeitende Systeme des Versicherungsnehmers;
- eine Handlung oder Unterlassung, die zu einer Verletzung von datenschutzrechtlichen Vorschriften durch den Versicherungsnehmer führt;
- Schadprogramme, die auf elektronische Daten oder informationsverarbeitende Systeme des Versicherungsnehmers wirken.

A1 – 3 Vermögensschäden

Vermögensschäden sind solche Schäden, die weder Personenschäden (Tötung, Verletzung des Körpers oder Schädigung der Gesundheit von Menschen), nach Sachschäden (Beschädigung, Verderben, Vernichtung oder Abhandenkommen von Sachen) sind, noch sich unmittelbar aus solchen Schäden herleiten.

Elektronische Daten sind keine Sachen im Sinne dieser Bedingungen. Der Verlust von elektronischen Daten als Folge des Abhandenkommens von Sachen bleibt als Vermögensschaden versichert.

17.1 Subsidiaritätsklausel und Kumulklausel

Anbieter	
AGCS	**ACPP Allianz Cyber Protect Premium (V27022019)** **Ziffer III.10 Vorrangige Versicherung** Ist ein Versicherungsfall oder ein Schaden auch unter einem anderen Versicherungsvertrag versichert, so geht der vorliegende Allianz Cyber Protect Premium Vertrag als der speziellere Vertrag vor. Dies gilt nicht, wenn es sich bei dem anderen Versicherungsvertrag um eine Versicherung von Datenschutzverletzungen und Risiken der Informationstechnologie (Cyberversicherung) handelt. In diesem Fall steht die vorliegende Versicherung im Anschluss an die Versicherungssumme der anderen Versicherung zur Verfügung. Versicherungsschutz besteht in Ergänzung zu der Leistung des anderen Versicherers, soweit der Versicherungsschutz unter dem vorliegenden Vertrag weiter ist als unter dem anderen einschlägigen Versicherungsvertrag (Konditionendifferenzdeckung) oder der anderweitige Versicherungsschutz durch Zahlung verbraucht ist (Summenausschöpfungsdeckung). Erhält der Versicherte aus dem anderweitigen Versicherungsvertrag wegen dauerhafter Zahlungsunfähigkeit des anderen Versicherers keine Leistung, so leistet der Versicherer Zug um Zug gegen Abtretung der Leistungsansprüche des Versicherten. Enthält der anderweitig bestehende Versicherungsvertrag hiermit vergleichbare Regelungen, so geht der Versicherungsvertrag vor, der mit dem Versicherungsfall oder Schaden in engerem sachlichen Zusammenhang steht. Ein engerer sachlicher Zusammenhang besteht insbesondere zu dem Vertrag, den eine versicherte Gesellschaft als eigenen Versicherungsvertrag gesondert unterhält. Bestreitet der anderweitige Versicherer seine Eintrittspflicht ganz oder teilweise, so leistet der Versicherer des vorliegenden Vertrages unter Eintritt in die Rechte des Versicherten vor. **III.11. Kumul** Ist ein Versicherungsfall und/oder Schaden unter mehreren Versicherungsverträgen des Versicherers mit der Versicherungsnehmerin gedeckt (Kumulfall), so ist die Leistung des Versicherers insgesamt auf die höchste summenmäßige Beteiligung je Versicherungsfall und/oder Schaden und Versicherungsperiode begrenzt. Hiervon ausgenommen bleiben Versicherungsverträge, die ausdrücklich als Exzedentenversicherung zu dem vorliegenden Versicherungsvertrag vereinbart sind. Ist für den Versicherungsfall und/oder Schaden sowohl in diesem Vertrag als auch in dem anderen Versicherungsvertrag des Versicherers ein Selbstbehalt vereinbart, so kommt in einem Kumulfall gemäß obigem Absatz insgesamt nur der höchste Selbstbehalt zur Anwendung. Ist nur in einer der Versicherungen eine Selbstbehaltregelung getroffen, so findet diese in jedem Fall Anwendung.

Anbieter	
AIG	**Cyber Edge Version 3.0 (4.2018)** **Ziffer X Nr. 2 Anderweitige Versicherungen** Ist ein Versicherungsfall oder ein Schaden auch unter einem anderen Versicherungsvertrag versichert, so geht dieser CyberEdge-Vertrag als der speziellere vor. **Kumulklausel** Handelt es sich bei dem anderen Versicherer um eine Gesellschaft der AIG-Gruppe, ist die maximale Leistung aus allen, von dem Versicherungsfall betroffenen, Versicherungen auf die höchste der in diesen Versicherungsverträgen je Versicherungsfall und -periode vereinbarten Versicherungssummen begrenzt.
AON	**AON Fokus Cyber 2016** **Ziffer 3.4 Anderweitige Versicherung** Ist ein versichertes Ereignis auch unter einem anderen zugunsten des Versicherten bestehenden Versicherungsvertrages versichert, so geht der vorliegende Vertrag als der speziellere Vertrag vor. 1.7.3 Eine Höchstentschädigung wird erst in Anrechnung gebracht, nachdem alle Beträge, die vom versicherten Schaden in Abzug zu bringen sind (Selbstbeteiligung, usw.) berücksichtigt wurden. 1.7.4 Soweit eine Maximierung vereinbart ist, ist die Entschädigungsleistung des Versicherers für alle versicherten Ereignisse einer Versicherungsperiode auf die im Versicherungsschein genannte Maximierung der vereinbarten Versicherungssumme begrenzt.
AXA	**ByteProtect Rev. 5.0** Keine
AXA XL	**AXA XL Cyber 2018** **II. Allgemeine Bestimmungen** **Ziffer 4 Verhältnis zu anderen Versicherungen** Ist der geltend gemachte Schaden unter mehreren Verträgen des Versicherers gedeckt, so ist die Leistung des Versicherers insgesamt auf die höchste seiner summenmäßigen Beteiligungen je Versicherungsfall und Versicherungsperiode begrenzt. Hiervon ausgenommen sind Verträge, die ausdrücklich als Exzedentenversicherung zu dem vorliegenden Vertrag vereinbart sind.

Anbieter	
CHUBB	**Cyber Enterprise Risk Management 5.2017** **4.16 Sonstige Versicherungen** A. Besteht Versicherungsschutz für Ansprüche, Aufwendungen oder Schadensersatz unter einer anderen von einem Versicherten oder im Namen eines Versicherten abgeschlossenen Versicherung oder eine Versicherung, in Bezug auf die ein Versicherter leistungsberechtigt ist, dann gewährt die vorliegende Police, vorbehaltlich ihrer Einschränkungen, Bedingungen, Bestimmungen und sonstigen Vertragsformeln, nur insoweit Versicherungsschutz, wie deren Versicherungssumme die Summe der anderen Versicherung überschreitet. Der Versicherungsschutz dieser Police besteht im Anschluss an die andere Versicherung zur Verfügung. B. Die obige Klausel A gilt nicht für andere Versicherungen, die ausdrücklich als Exzedentenversicherungen abgeschlossen wurden und die über die in der Police angegebene Versicherungssumme hinausgehen.
DUAL	**Dual Cyber Defence 2.2020** **Ziffer 7.7 Vorrangige Versicherung** Ist ein Versicherungsfall oder ein Schaden unter einem anderen Versicherungsvertrag als diesem versichert, so geht der vorliegende Vertrag als der speziellere Vertrag vor. Ist der geltend gemachte Anspruch auch unter einem anderen, zeitlich früher abgeschlossenen Cyber-Versicherungsvertrag versichert, steht die Versicherungssumme dieses Vertrages erst im Anschluss an die Versicherungssumme des anderen Cyber- Versicherungsvertrages zur Verfügung. Bestreitet der anderweitige Versicherer seine Eintrittspflicht ganz oder teilweise, so leistet der Versicherer dieses Vertrages unter Eintritt in die Rechte der versicherten Gesellschaft bzw. der versicherten Person vor. **Ziffer 7.8 Kumulklausel** Ist der Versicherungsfall unter mehreren Versicherungsverträgen des Versicherers dieses Vertrages gedeckt, so ist die maximale Leistung auf die in einer dieser Versicherungen vereinbarte höchste Versicherungssumme je Versicherungsfall und Versicherungsperiode begrenzt.

Anbieter	
Gothaer	**Gothaer Cyber Versicherung 10/2019** **11. Vorrangige Versicherung** Besteht Versicherungsschutz nach den Bedingungen dieses Versicherungsvertrages auch in einem anderen Versicherungsvertrag, so geht der vorliegende Vertrag vor, es sei denn, in dem anderen Versicherungsvertrag besteht Versicherungsschutz im Rahmen einer Nachmeldefrist oder Nachhaftung, es handelt sich um einen Anspruch aus dem Bereich Medienhaftpflicht, der unter Teil II Ziffer 7.4 gedeckt wäre oder um einen Sachschaden, der unter Teil IV Ziffer 3.4 gedeckt wäre. **12. Kumulklausel** Besteht Versicherungsschutz auch unter einem anderen Versicherungsvertrag der Gothaer Allgemeine Versicherung AG des Versicherungsnehmers, so steht für diese Versicherungsfälle nicht der Gesamtbetrag kumulativ aus den verschiedenen Versicherungssummen, sondern bei gleichen Versicherungssummen höchstens eine Versicherungssumme, ansonsten maximal die höhere Versicherungssumme zur Verfügung. Für die Feststellung der höchsten Versicherungssumme ist der Zeitpunkt maßgebend, in dem der erste Versicherungsfall eingetreten ist. Hiervon ausgenommen bleiben Versicherungsverträge, die ausdrücklich als Exzedentenversicherung zu dem vorliegenden Versicherungsvertrag vereinbart sind. Ist sowohl im vorliegenden Versicherungsvertrag als auch in dem anderen Versicherungsvertrag der Gothaer Allgemeine Versicherung AG eine Selbstbeteiligung vereinbart, so kommt in einem Kumulfall gemäß Teil VI Ziffer 11. Absatz 1 insgesamt nur die höchste Selbstbeteiligung zur Anwendung.
HDI Global SE	**Cyber + (1.17)** **Ziffer 5.3.5 Anderweitige Versicherungen/Kumulklausel** Ist der geltend gemachte Versicherungsfall und/oder Schaden auch unter einem anderweitigen Versicherungsvertrag des VN oder mitversicherter Unternehmen versichert, so leistet dieser Cyber+-Vertrag als der speziellere Vertrag vor (Prioritätsklausel). Ist der anderweitige Versicherungsvertrag ebenfalls bei einer Gesellschaft des Talanx-Konzerns abgeschlossen, so ist die Leistung insgesamt auf die höchste der vereinbarten Versicherungssummen begrenzt, wobei lediglich die höchste vereinbarte Selbstbeteiligung angewendet wird. Vorstehende Regelungen gelten nicht für bei Gesellschaften des Talanx-Konzerns abgeschlossene D&O-Einzelpolicen. Sind in einem Schadenkomplex mehrere Versicherungsfalldefinitionen verwirklicht, die in unterschiedliche Versicherungsperioden fallen, so findet eine Kumulierung der Versicherungssummen aus mehreren Versicherungsperioden nicht statt. Die Versicherungssumme der Versicherungsperiode, in der die erste Informationssicherheitsverletzung aufgetreten ist, kommt zur Anwendung.

Anbieter	
HISCOX	**Cyber Clear 03.2019** **Abschnitt IV. – Allgemeine Regelungen** **Ziffer 2. Vorrangige Versicherung** Ist ein Versicherungsfall oder ein Schaden auch unter einem anderen Versicherungsvertrag versichert, so geht der vorliegende Vertrag vor. Dies gilt nicht für die Werbe-Haftpflicht. Dies gilt zudem nicht, wenn es sich bei dem anderen Versicherungsvertrag um eine Cyber-Versicherung handelt. In diesem Fall steht die vorliegende Versicherung erst im Anschluss an die Versicherungssumme der anderen Versicherung zur Verfügung. Versicherungsschutz besteht in Ergänzung zu der Leistung des anderen Versicherers, soweit der Versicherungsschutz unter dem vorliegenden Vertrag weiter ist als unter dem anderen einschlägigen Versicherungsvertrag (Konditionendifferenzdeckung) oder der anderweitige Versicherungsschutz durch Zahlung verbraucht ist (Summenausschöpfungsdeckung). Erhält der Versicherte aus dem anderweitigen Versicherungsvertrag wegen dauerhafter Zahlungsunfähigkeit des anderen Versicherers keine Leistung, so leistet der Versicherer des vorliegenden Vertrags Zug um Zug gegen Abtretung der Leistungsansprüche des Versicherten. Bestreitet der andere Versicherer seine Leistungspflicht ganz oder teilweise, so leistet der Versicherer des vorliegenden Vertrags unter Eintritt in die Rechte eines Versicherten vor. **Ziffer 5. Kumulklausel** Die Leistungspflicht des Versicherers ist auf die höchste der vereinbarten Versicherungssummen begrenzt, wenn für einen Versicherungsfall oder Schaden über mehrere Versicherungsverträge der Hiscox Gruppe Versicherungsschutz besteht (Kumulfall). Eine Kumulierung der Versicherungssummen findet nicht statt. Sind für den Versicherungsfall oder Schaden in den betroffenen Versicherungsverträgen unterschiedliche Selbstbehalte vereinbart, so kommt in einem Kumulfall nur der niedrigere der vereinbarten Selbstbehalte zur Anwendung.

Anbieter	
MARKEL	**Markel Pro Cyber 4.2019** **Abschnitt F. Ziffer 4.Primäre Deckung bei anderweitigen Versicherungen** Ist der eingetretene Schaden gemäß einem der Bausteine A.1 – A.6 auch ▪ unter einem weiteren, zeitlich früher abgeschlossenen Cyber-Versicherungsvertrag oder ▪ unter einem Versicherungsvertrag anderer Art versichert, so geht der vorliegende Cyber-Versicherungsvertrag dem weiteren, zeitlich früher abgeschlossenen Cyber- Versicherungsvertrag oder dem Versicherungsvertrag anderer Art vor. Die Versicherten sind verpflichtet, die Ansprüche aus dem weiteren, zeitlich früher abgeschlossenen Cyber-Versicherungsvertrag oder dem Versicherungsvertrag anderer Art an den Versicherer abzutreten, soweit der Versicherer leistet und ihm im Fall der Gesamtschuld ein Ausgleichsanspruch gegen den anderen Versicherer zusteht. Handelt es sich bei dem anderweitigen Vertrag um einen Vertrag bei der Markel International Insurance Company Limited oder einer zur Markel Gruppe gehörenden Gesellschaft, ist die maximale Leistung aus allen von dem Versicherungsfall betroffenen Versicherungen auf die höchste der in diesen Versicherungsverträgen je Versicherungsfall und -jahr vereinbarten Versicherungssumme begrenzt. Hiervon ausgenommen bleiben Versicherungsverträge, die ausdrücklich als Exzedentenversicherung zu dem vorliegenden Cyber-Versicherungsvertrag vereinbart sind. ▪ **Abschnitt G. Ziffer 3. Kumulklausel** Die Leistungspflicht des Versicherers ist auf die höchste der vereinbarten Versicherungssummen begrenzt, wenn für ein und denselben Verstoß oder für ein und dasselbe Schadenereignis Versicherungsschutz über mehrere Versicherungsverträge bei Markel oder mehrere Deckungserweiterungen und Zusatzbausteine dieses Versicherungsvertrages besteht. Eine Kumulierung der Versicherungssummen findet nicht statt.

Anbieter	
TOKIO MARINE KILN	**Cyber ProTEC** **Abschnitt V. Ziffer 3 – Anderweitige Versicherungen/Vorleistungspflicht/Rechtsübergang** Besteht für einen unter diesem Versicherungsvertrag geltend gemachten Vermögensschaden auch unter einem beliebigen anderen Versicherungsvertrag Versicherungsschutz, so leistet die TKM-Europe KILN Europe S. A. Westendstraße 28, 60325 Frankfurt im Rahmen des Deckungsumfanges und der Deckungssumme dieses Cyber-Versicherungsvertrages und Zug um Zug gegen Abtretung der Rechte der versicherten Person oder der versicherten Unternehmen, welche diese gegenüber dem anderen Versicherer haben, vor. **Ziffer 4. Kumulklausel** Unterhalten die Versicherten weitere Versicherungsverträge bei der Tokio Marine Kiln Europe S. A. oder bei einem anderen der Tokio Marine Gruppe zugehörigen Versicherungsunternehmen und kann für einen unter diesen Versicherungsvertrag fallenden Versicherungsfall auch ein solcher weiterer Versicherungsvertrag in Anspruch genommen werden, begrenzt die Deckungssumme des Vertrages mit der höchsten Deckungssumme die Leistungen aller wegen dieses Versicherungsfalles eintrittspflichtigen Versicherungsverträge; eine Kumulierung der Deckungssummen findet also nicht statt.
Württembergische	**Cyber-Police (CPW 11/2019)** Keine
ZURICH	**Zurich Cyber & Data Protection** **Ziffer VII Nr. 8 Anderweitige Versicherungen** Ist der geltend gemachte Anspruch auch unter jeglichem anderen Versicherungsvertrag versichert, so geht der anderweitige Versicherungsvertrag vor. Die Deckungssumme des vorliegenden Versicherungsvertrages steht im Anschluss an die Versicherungsleistung des anderweitigen Versicherungsvertrages zur Verfügung.

17.2 Repräsentantenklausel

Anbieter	
AGCS	**ACPP Ziffer VII.23 Repräsentanten** Repräsentanten der versicherten Gesellschaften sind a) bei Aktiengesellschaften ausschließlich die Mitglieder des Vorstandes und ihnen gleichgestellte Generalbevollmächtigte; b) bei Gesellschaften mit beschränkter Haftung ausschließlich die Geschäftsführer; c) bei Kommanditgesellschaften ausschließlich die Komplementäre; d) bei offenen Handelsgesellschaften und bei Gesellschaften bürgerlichen Rechts ausschließlich die Gesellschafter; e) bei Einzelfirmen ausschließlich die Inhaber; f) bei ausländischen Firmen ausschließlich der entsprechende Personenkreis; g) bei anderen Unternehmungsformen (z. B. Genossenschaften, Verbänden, Vereinen, Körperschaften des öffentlichen Rechts, Kommunen u. a.), ausschließlich die nach den gesetzlichen Vorschriften berufenen obersten Vertretungsorgane; h) bei allen Unternehmensformen, Leiter der IT-Abteilung, Leiter IT-Sicherheit, Datenschutzbeauftragter oder vergleichbare Funktionen.
AIG	keine explizite Klausel
AON	**AON Ziffer 3.8 Repräsentanten** Repräsentanten im Sinne dieses Vertrages sind: ■ bei Aktiengesellschaften die Mitglieder des Vorstandes ■ bei Gesellschaften mit beschränkter Haftung die Geschäftsführer ■ bei Kommanditgesellschaften die Komplementäre ■ bei offenen Handelsgesellschaften die Gesellschafter ■ bei Gesellschaften des bürgerlichen Rechts die Gesellschafter ■ bei Einzelfirmen die Inhaber ■ bei anderen Unternehmensformen (z. B. Genossenschaften, Verbänden, Vereinen, Körperschaften des öffentlichen Rechts, Kommunen, ausländischen Unternehmen, die nach den gesetzlichen Vorschriften berufenen obersten Vertretungsorgane.

<table>
<tr><th colspan="2">Anbieter</th></tr>
<tr><td>AXA</td><td>Ziffer 2e Repräsentantenklausel
Repräsentanten im Sinne des Vertrages sind:
■ die Mitglieder des Vorstandes (bei Aktiengesellschaften),
■ die Geschäftsführer (bei Gesellschaften mit beschränkter Haftung),
■ die Komplementäre (bei Kommanditgesellschaften),
■ die Gesellschafter (bei offenen Handelsgesellschaften),
■ die Gesellschafter (bei Gesellschaften des bürgerlichen Rechts),
■ die Inhaber (bei Einzelfirmen),
■ bei anderen Unternehmensformen (z. B. Genossenschaften, Verbänden, Vereinen, Körperschaften des öffentlichen Rechts, Kommunen) die nach den gesetzlichen Vorschriften berufenen obersten Vertretungsorgane,
■ der dem vorstehenden entsprechende Personenkreis (bei ausländischen Firmen),
■ der Leiter der Rechtsabteilung und der Risikomanagement-Abteilung,
■ die angestellten Datenschutzbeauftragten.</td></tr>
<tr><td>AXA XL</td><td>II. Allgemeine Bestimmungen
Ziffer 14.25
Repräsentanten der Versicherungsnehmerin sind:
■ bei Aktiengesellschaften die Mitglieder des Vorstandes
■ bei Gesellschaften mit beschränkter Haftung die Geschäftsführer
■ bei Kommanditgesellschaften die Komplementäre
■ bei offenen Handelsgesellschaften die Gesellschafter
■ bei Gesellschaften bürgerlichen Rechts die Gesellschafter
■ bei Einzelkaufleuten der Einzelkaufmann
■ bei anderen Rechtsformen (z. B. Genossenschaften, Verbänden, Vereinen, Körperschaften des öffentlichen Rechts, Kommunen, ausländischen Unternehmen) die nach den gesetzlichen Vorschriften berufenen obersten Vertretungsorgane.
Der Leiter der Abteilung für Datensicherheit/IT bzw. ein mit diesen Personen vergleichbarer Funktionsträger bei Gesellschaften ausländischen Rechts.</td></tr>
<tr><td>CHUBB</td><td>keine explizite Klausel</td></tr>
</table>

<table>
<tr><th colspan="2">Anbieter</th></tr>
<tr><td>DUAL</td><td>7.4 Zurechnung
Den versicherten Personen werden das Wissen, der Vorsatz sowie die Handlungen und Unterlassungen anderer versicherter Personen nicht zugerechnet.
Der Versicherungsnehmerin werden ausschließlich das Wissen, der Vorsatz sowie die Handlungen und Unterlassungen ihrer Repräsentanten zugerechnet.
Den sonstigen versicherten Gesellschaften werden ausschließlich das Wissen, der Vorsatz sowie die Handlungen und Unterlassungen der Repräsentanten der Versicherungsnehmerin und der eigenen Repräsentanten zugerechnet.
Ziffer 8 Definitionen
Repräsentanten
Repräsentanten der versicherten Gesellschaften sind deren:
■ Mitglieder des Vorstands, Board of Directors, Geschäftsführer und alle Mitglieder sonstiger vergleichbarer geschäftsführender satzungsgemäßer Organe nach dem für die Gesellschaft jeweils gültigen Recht,
■ Leiter der Rechtsabteilung,
■ Leiter der Risikomanagementabteilung,
■ Leiter der IT-Abteilung,
■ Leiter der Personalabteilung,
■ Datenschutzbeauftragter,
■ Leiter der Complianceabteilung,
■ sowie ein mit diesen Personen vergleichbarer Funktionsträger bei versicherten Gesellschaften.</td></tr>
<tr><td>Gothaer</td><td>7. Repräsentanten
Sofern sich der Versicherte das Verhalten eines Repräsentanten zurechnen lassen muss, gelten als Repräsentanten in diesem Sinne ausschließlich
■ die Mitglieder des Vorstandes (bei Aktiengesellschaften);
■ die Geschäftsführer (bei Gesellschaften mit beschränkter Haftung);
■ die Komplementäre (bei Kommanditgesellschaften);
■ die Gesellschafter (bei offenen Handelsgesellschaften und Gesellschaften bürgerlichen Rechts);
■ die Inhaber (bei Einzelfirmen);
bei anderen Unternehmensformen (z. B. Genossenschaften, Verbänden, Vereinen, Körperschaften des öffentlichen Rechts, Kommunen) die nach den gesetzlichen Vorschriften obersten Vertretungsorgane. Bei ausländischen Firmen gelten die vorgenannten Regelungen entsprechend.</td></tr>
</table>

<table>
<tr><th colspan="2">Anbieter</th></tr>
<tr><td>HDI Global SE</td><td>5.15 Repräsentanten

Soweit es auf das Verhalten, das Verschulden, das Bewusstsein, die Kenntnis oder das Kennenmüssen des Versicherungsnehmers, mitversicherter Unternehmen und/oder mitversicherter Personen ankommt, gilt abweichend von § 47 VVG:

Dem Versicherungsnehmer und den mitversicherten Unternehmen wird nur das Verhalten, das Bewusstsein, die Kenntnis oder das Kennenmüssen solcher Personen zugerechnet, die Repräsentanten des Versicherungsnehmers und der mitversicherten Unternehmen sind.

Repräsentanten des VN und der mitversicherten Unternehmen im Sinne des Vertrages sind deren
■ Mitglieder des Vorstands/der Geschäftsführung, bei ausländischen mitversicherten Unternehmen der entsprechende Personenkreis,
■ Leiter der Rechtsabteilung,
■ Leiter der IT-Abteilung oder vergleichbare Funktion,
■ Leiter der Risikomanagement-Abteilung,
■ Datenschutzbeauftragte,
■ Leiter der mit Versicherungseinkauf betrauten Abteilung sowie Geschäftsführung des firmenverbundenen Versicherungsvermittlers.</td></tr>
<tr><td>HISCOX</td><td>IV. Allgemeine Regelungen

10. Repräsentanten

Repräsentanten im Sinne des Vertrages sind:
■ die Mitglieder des Vorstandes (bei Aktiengesellschaften),
■ die Geschäftsführer (bei Gesellschaften mit beschränkter Haftung),
■ die Komplementäre (bei Kommanditgesellschaften),
■ die Gesellschafter (bei offenen Handelsgesellschaften),
■ die Gesellschafter (bei Gesellschaften bürgerlichen Rechts),
■ die Inhaber (bei Einzelfirmen),
■ die nach den gesetzlichen Vorschriften berufenen obersten Vertretungsorgane (bei anderen Unternehmensformen, z. B. Genossenschaften, Verbänden, Vereinen, Körperschaften des öffentlichen Rechts, Kommunen),
■ der dem Vorstehenden entsprechende Personenkreis (bei ausländischen Unternehmen) oder
■ der Leiter der Rechtsabteilung, der IT-Abteilung oder des Risiko-Managements.</td></tr>
</table>

<table>
<tr><th colspan="2">Anbieter</th></tr>
<tr><td>MARKEL</td><td>Abschnitt B Nr. 2
Im Falle einer Verhaltenszurechnung gelten als Repräsentanten im Sinne des Vertrags:
■ die Inhaber (bei Einzelfirmen),
■ die Geschäftsführer (bei Gesellschaften mit beschränkter Haftung),
■ die Komplementäre (bei Kommanditgesellschaften),
■ die Gesellschafter (bei offenen Handelsgesellschaften),
■ die Gesellschafter (bei Gesellschaften bürgerlichen Rechts),
■ bei anderen Unternehmensformen (z. B. Genossenschaften, Verbänden, Vereinen, Körperschaften des öffentlichen Rechts, Kommunen) die nach den gesetzlichen Vorschriften berufenen obersten Vertretungsorgane,
■ die Mitglieder des Vorstandes (bei Aktiengesellschaften),
■ bei ausländischen Firmen der dem Vorstehenden entsprechende Personenkreis.</td></tr>
<tr><td>TOKIO MARINE KILN</td><td>Keine explizite Klausel</td></tr>
<tr><td>Württembergische</td><td>Abschnitt C Nr. 12 der Allgemeinen Bestimmungen
Repräsentanten
Als Repräsentanten stehen dem Versicherungsnehmer gleich:
a) Mitglieder des Vorstandes bei Aktiengesellschaften,
b) Geschäftsführer bei Gesellschaften mit beschränkter Haftung,
c) Komplementäre bei Kommanditgesellschaften,
d) Gesellschafter bei offenen Handelsgesellschaften,
e) Inhaber von Einzelfirmen,
f) die nach Gesetz oder Satzung berufenen obersten Vertretungsorgane bei anderen Unternehmensformen (z. B. Genossenschaften, Verbänden, Vereinen, Körperschaften des öffentlichen Rechts, Kommunen, ausländische Unternehmen).
Die unter a)-f) aufgeführten Personen mitversicherter Unternehmen stehen ebenfalls als Repräsentanten dem Versicherungsnehmer gleich.</td></tr>
</table>

Anbieter	
ZURICH	**Ziffer VIII Nr. 22 Repräsentanten** Als Repräsentanten gelten nur ■ der Vorstandsvorsitzende/Sprecher des Vorstandes bzw. der Vorsitzende/ Sprecher der Geschäftsleitung, ■ der Finanzvorstand/-geschäftsführer, ■ der für Compliance zuständige Vorstand/Geschäftsführer, ■ der für die IT zuständige Vorstand/Geschäftsführer, ■ der Leiter der Rechts- und der IT-Abteilung, ■ der Versicherungsnehmerin bzw. mit den vorgenannten Personen vergleichbare Funktionsträger bei Tochtergesellschaften ausländischen Rechts sowie Personen, welche den Antrag auf Abschluss des Versicherungsvertrages und/ oder den Fragebogen unterzeichnet haben.

17.3 Räumlicher Geltungsbereich

Anbieter	
AGCS	**ACPP Ziffer II.13 Örtlicher Geltungsbereich** Der Versicherungsschutz besteht, soweit rechtlich zulässig, weltweit.
AIG	**VIII. Umfang der Versicherung, Ziffer 2.1** **Versicherte Unternehmen** Versicherungsschutz besteht für den im Versicherungsschein genannten VN, dessen Tochterunternehmen und die im Versicherungsschein genannten mitversicherten Unternehmen.
AON	**AON Ziffer 1.6 Räumlicher Geltungsbereich** Es besteht weltweiter Versicherungsschutz
AXA	**Ziffer 2b) Geografischer Geltungsbereich** Es gilt weltweiter Versicherungsschutz. Vom Versicherungsschutz ausgeschlossen sind Versicherungsfälle in den USA und US-Territorien und Versicherungsfälle durch Erzeugnisse, die im Zeitpunkt der Auslieferung durch den Versicherungsnehmer oder von ihm Beauftragte Dritte ersichtlich für eine Leistung dorthin bestimmt waren. Standorte in den USA oder in US-Territorien sind nicht versichert. Bezüglich Baustein H (Cyber Liability) gilt: Ansprüche, die vor Gerichten der USA geltend gemacht werden oder auf Verletzung des Rechts der USA beruhen, besteht nur Versicherungsschutz, sofern dies ausdrücklich vereinbart ist.

Anbieter	
AXA XL	**II. Allgemeine Bedingungen** **Ziffer 5. Räumlicher Geltungsbereich** Der Versicherungsschutz besteht, soweit gesetzlich zulässig, weltweit.
CHUBB	**4.1 Geltungsbereich** Soweit nach den Vorschriften und gesetzlichen Bestimmungen zulässig (für den vorliegenden Zweck schließt diese Formulierung insbesondere auch für die jeweiligen Vertragsparteien geltende Handels- und Wirtschaftssanktionen ein) und vorbehaltlich der Bedingungen dieser Police sind unter der Police Pflichtverletzungen und Ansprüche versichert, unabhängig davon, wo in der Welt diese begangen oder geltend gemacht werden.
DUAL	**Ziffer 1.1 Versicherungsschutz für Haftpflichtansprüche (Drittschäden) und Ziffer 1.2 Versicherungsschutz für Eigenschäden** Der Versicherer gewährt – soweit zulässig – weltweiten Versicherungsschutz.
Gothaer	**4. Versicherungsfälle im Ausland** Es besteht weltweiter Versicherungsschutz mit Ausnahme von Haftpflichtansprüchen, die in den Vereinigten Staaten von Amerika geltend gemacht werden oder auf der Verletzung deren Rechts beruhen. Soweit ein ausländischer Versicherter aufgrund ausländischer Rechtsvorschriften keinen Anspruch gegen den Versicherer auf Versicherungsschutz aus diesem Vertrag hat oder haben darf, besteht für ihn kein Versicherungsschutz. Die Leistungen des Versicherers erfolgen in Euro. Soweit der Zahlungsort außerhalb der Staaten, die der Europäischen Währungsunion angehören, liegt, gelten die Verpflichtungen des Versicherers mit dem Zeitpunkt als erfüllt, in dem der Euro-Betrag bei einem in der Europäischen Währungsunion gelegenen Geldinstitut angewiesen ist.
HDI Global SE	**Ziffer 5.13 Geltungsbereich** Es besteht, soweit rechtlich zulässig, weltweiter Versicherungsschutz.
HISCOX	**Ziffer IV, Nr. 4 Räumlicher Geltungsbereich und Non-Admitted-Countries** Es besteht weltweiter Versicherungsschutz. Soweit es dem Versicherer aus rechtlichen Gründen nicht möglich ist, vertraglich geschuldete Leistungen im Ausland zu erbringen, sind diese Leistungen am Sitz des Versicherungsnehmers gegenüber dem Versicherungsnehmer zu erbringen. Einen Anspruch auf Erbringung von Leistungen hat in diesem Fall nur der Versicherungsnehmer selbst.

<table>
<tr><th colspan="2">Anbieter</th></tr>
<tr><td>MARKEL</td><td>Abschnitt C Räumlicher Geltungsbereich und Non-Admitted-Countries
Es besteht weltweiter Versicherungsschutz.
Soweit es dem Versicherer aus rechtlichen Gründen nicht möglich ist, vertraglich geschuldete Leistungen im Ausland zu erbringen, werden diese Leistungen am Sitz des Versicherungsnehmers erbracht. Einen Anspruch auf Erbringung von Leistungen hat in diesem Fall nur der Versicherungsnehmer selbst.</td></tr>
<tr><td>TOKIO MARINE KILN</td><td>Abschnitt C Räumlicher Geltungsbereich und Non-Admitted-Countries
Es besteht weltweiter Versicherungsschutz.
Soweit es dem Versicherer aus rechtlichen Gründen nicht möglich ist, vertraglich geschuldete Leistungen im Ausland zu erbringen, werden diese Leistungen am Sitz des Versicherungsnehmers erbracht. Einen Anspruch auf Erbringung von Leistungen hat in diesem Fall nur der Versicherungsnehmer selbst.</td></tr>
<tr><td>Württembergische</td><td>Abschnitt C Nr. 6 der Bestimmungen über den Versicherungsumfang
Geografischer Geltungsbereich
Es besteht weltweiter Versicherungsschutz mit Ausschluss der Staaten USA und Kanada. Für Ansprüche, die vor Gerichten der USA oder Kanadas geltend gemacht werden oder auf der Verletzung des Rechts dieser Staaten beruhen, besteht nur Versicherungsschutz, sofern dieses ausdrücklich im Versicherungsschein vereinbart gilt.
Kein Versicherungsschutz besteht zusätzlich in den Staaten, in denen gesetzliche Bestimmungen dies verbieten.</td></tr>
<tr><td>ZURICH</td><td>Ziffer VII, Nr. 12 Örtliche Geltung
Der Versicherungsschutz wird – soweit rechtlich zulässig – aufgrund des vorliegenden Versicherungsvertrages weltweit gewährt.
Sofern wegen lokaler gesetzlicher Regelungen (insbesondere aufgrund sog. „Non-admitted“-Regelungen) die Gewährung des Versicherungsschutzes aus diesem Vertrag rechtlich nicht zulässig sein sollte, wird durch Vereinbarung der Klausel zur Versicherung des Finanzinteresses Versicherungsschutz zur Verfügung gestellt.</td></tr>
</table>

17.4 Versicherungsfalldefinition

Anbieter	
AGCS	**ACPP (V27022019)** **Hinweis:** Dieser Vertrag gewährt Versicherungsschutz für Haftpflichtansprüche (gemäß Ziffer I.1.) und für behördliche Verfahren (gemäß Ziffer I.3.1.) auf Basis **des Anspruchserhebungsprinzips (Claims Made)**. Auf der Grundlage des Anspruchserhebungsprinzips sind nur solche Ansprüche und behördliche Verfahren versichert, die innerhalb der Versicherungsperiode oder einer sich daran anschließenden vertraglich vereinbarten Nachhaftungsfrist erstmalig geltend gemacht oder eingeleitet w erden. Versicherungsschutz für Eigenschäden (gemäß Ziffer I.2.) wird geboten für Versicherungsfälle und/oder Schäden, bei denen der zugrundeliegende versicherte Sachverhalt innerhalb der Versicherungsperiode festgestellt wird (Feststellungsprinzip) oder ein versicherter Sachschaden entstanden ist. Kosten und sonstige Versicherungsleistungen sind in dem Versicherungslimit enthalten. Eigene Kosten des Versicherers werden nicht auf das Versicherungslimit angerechnet.
	Ziffer I. Gegenstand der Versicherung **I.1 Versicherungsschutz für Haftpflichtansprüche** **I.1.1 Informationssicherheitsverletzung** Der Versicherer bietet Versicherungsschutz für Ansprüche, die gegen Versicherte wegen einer Informationssicherheitsverletzung geltend gemacht werden. Ausgenommen sind Ansprüche aufgrund von vertraglich übernommenen Verpflichtungen, es sein denn es handelt sich um Ansprüche aufgrund a) einer Datenschutzverletzung oder einer Vertraulichkeitsverletzung, oder b) einer Netzwerksicherheitsverletzung in der Form i. der Übermittlung von Schadsoftware an das Computer System eines Dritten und/oder ii. einer DDoS-Attacke durch das Computer System einer versicherten Gesellschaft, oder c) einer durch eine Netzwerksicherheitsverletzung verursachte Betriebsunterbrechung, wegen der die von einer versicherten Gesellschaft vertraglich geschuldete Herstellung oder Lieferung eines Erzeugnisses, die Erbringung einer Dienstleistung teilweise oder vollständig unterbleibt, oder nicht rechtzeitig erbracht oder bereitgestellt wird. Versicherungsschutz besteht insoweit ausschließlich für Ansprüche wegen

Anbieter	
AGCS	i. des Ausfalls der Nutzung des Erzeugnisses, der Arbeit oder sonstigen Leistung; ii. eines Mehraufwands für die Ersatzbeschaffung des Erzeugnisses, der Arbeit oder sonstigen Leistung; iii. eines Ertragsausfallschadens/entgangenen Gewinns aufgrund einer nicht nachholbaren Betriebsunterbrechung bei Dritten. Es gilt für den Versicherungsschutz gemäß Ziffer I.1.1 c) (Informationssicherheitsverletzung) das im Versicherungsschein festgelegte Sublimit. **I.1.2 Externe Dienstleister** Der Versicherer bietet Versicherten Versicherungsschutz für die Freistellung von externen Dienstleistern gegen die Ansprüche wegen einer Informationssicherheitsverletzung geltend gemacht werden, sofern eine Freistellungsverpflichtung des Versicherten gegenüber dem externen Dienstleister besteht. **I.1.3 Digitale Kommunikation** Der Versicherer bietet Versicherungsschutz für Ansprüche, die gegen Versicherte wegen durch eine Netzwerksicherheitsverletzung verursachter rechtswidriger Kommunikation geltend gemacht werden. Es gilt insoweit das im Versicherungsschein festgelegte Sublimit. **I.1.4 E-Payment/Vertragsstrafen** Der Versicherer bietet Versicherungsschutz für Ansprüche oder Forderungen zur Zahlung einer Vertragsstrafe, die gegen Versicherte durch einen E-Payment-Service-Provider wegen der Verletzung eines Payment Card Industry (PCI) Datensicherheitsstandards geltend gemacht werden. Vertragsstrafe ist das vertragliche Versprechen eines Versicherten zur Zahlung einer Geldsumme, sofern er eine vertragliche Verpflichtung nicht oder nicht in gehöriger Weise erfüllt. Es gilt insoweit das im Versicherungsschein festgelegte Sublimit. **I.1.5 Versicherungsfall** Der Versicherungsfall für Ansprüche und Forderungen gemäß Ziffer I.1.1 bis I.1.4 (Versicherungsschutz für Haftpflichtansprüche) tritt ein, wenn innerhalb der Versicherungsperiode oder einer sich daran anschließenden vertraglich vereinbarten Nachhaftungsfrist erstmalig ein Anspruch, ein Freistellungsanspruch oder eine Forderung zur Zahlung einer Vertragsstrafe geltend gemacht wird. Maßgeblicher Zeitpunkt hierfür ist der Zeitpunkt des Zugangs des Anspruchs, des Freistellungsanspruchs oder der Forderung in Textform beim Versicherten.

Anbieter	
AGCS	**Ziffer I.2 Versicherungsschutz bei Eigenschäden** **Ziffer I.2.1 Betriebsunterbrechung** Der Versicherer bietet Versicherungsschutz für Betriebsunterbrechungsschäden innerhalb der vereinbarten Haftzeit durch eine Betriebsunterbrechung, die die vereinbarte Wartefrist überschreitet, unmittelbar und ohne Rücksicht auf mitwirkende Ursachen verursacht durch die teilweise oder komplette Nichtverfügbarkeit des Computer Systems einer versicherten Gesellschaft aufgrund a) einer Netzwerksicherheitsverletzung, oder b) fehlerhafter Bedienung des Computer Systems einer versicherten Gesellschaft, oder c) unvorhergesehener technischer Probleme des Computer Systems einer versicherten Gesellschaft, oder d) einer vollziehbaren Verfügung einer Datenschutzbehörde wegen einer unvorhergesehenen Datenschutzverletzung oder einer unvorhergesehenen Vertraulichkeitsverletzung, oder e) der Erfüllung einer gesetzlichen Verpflichtung eines Versicherten aufgrund einer Datenschutzverletzung oder einer Vertraulichkeitsverletzung,
	i. deren Nichteinhaltung zu einer vollziehbaren Verfügung einer Datenschutzbehörde wegen einer Datenschutzverletzung oder einer Vertraulichkeitsverletzung führen kann, und ii. die verursacht wurde durch eines der Ereignisse gemäß den vorstehenden Buchstaben a) bis c). Überschreitet die Betriebsunterbrechung die vereinbarte Wartefrist, besteht Versicherungsschutz auch für die Betriebsunterbrechungsschäden, die während der Wartefrist entstanden sind. **I.2.2. Wiederherstellung** Der Versicherer bietet Versicherungsschutz für den notwendigen Wiederherstellungsaufwand, der entsteht a) durch eine Informationssicherheitsverletzung, oder b) durch die fehlerhafte Bedienung des Computer Systems einer versicherten Gesellschaft oder unvorhergesehene technische Probleme des Computer Systems einer versicherten Gesellschaft, oder c) durch die teilweise oder komplette Nichtverfügbarkeit des Computer Systems einer versicherten Gesellschaft aufgrund i. einer vollziehbaren Verfügung einer Datenschutzbehörde wegen einer unvorhergesehenen Datenschutzverletzung oder einer unvorhergesehenen Vertraulichkeitsverletzung, oder

Anbieter	
AGCS	ii. der Erfüllung einer wegen einer Datenschutzverletzung oder einer Vertraulichkeitsverletzung bestehenden gesetzlichen Verpflichtung eines Versicherten, deren Nichteinhaltung zu einer vollziehbaren Verfügung einer Datenschutzbehörde führen kann, wenn die Datenschutzverletzung oder die Vertraulichkeitsverletzung verursacht wurde durch eine Netzwerksicherheitsverletzung, die fehlerhafte Bedienung des Computer Systems einer versicherten Gesellschaft oder unvorhergesehene technische Probleme des Computer Systems einer versicherten Gesellschaft. Als Wiederherstellungsaufwand im Sinne von Ziffer I.2.2. Absatz 2a) (Wiederherstellung) gelten insbesondere die angemessenen Honorare, Auslagen und Aufwendungen für einen IT-Spezialisten, zum Zwecke der Behebung eines Denial-of-Service-Angriffs oder der Beseitigung der Schadsoftware, schädlicher Computercodes oder Viren von dem Computer System einer versicherten Gesellschaft. Als Wiederherstellungsaufwand gelten auch interne Kosten der versicherten Gesellschaft (wie zum Beispiel Arbeitskosten, Overheadkosten, etc.), deren Übernahme der Versicherer vor deren Anfall schriftlich zugestimmt hat. Als Wiederherstellungsaufwand gelten nicht a. Kosten zur Erfüllung von nicht-monetären Verpflichtungen, wie zum Beispiel Unterlassungs-, Auskunfts- oder Herausgabeverpflichtungen; b. Rechtsberatungs- oder Rechtsverfolgungskosten jeder Art; c. Kosten, die auch dann entstanden wären, wenn der Schaden nicht eingetreten wäre (z. B. für Wartung); d. zusätzliche Kosten, die dadurch entstehen, dass anlässlich eines Versicherungsfalles Änderungen oder Verbesserungen an dem Computer System einer versicherten Gesellschaft vorgenommen werden, es sei denn, es besteht Versicherungsschutz gemäß Ziffer I. 2.4. (Systemverbesserung); e. Kosten für die Korrektur von manuell fehlerhaft eingegebenen Daten. **I.2.3. Sachschaden an der IT-Hardware** Der Versicherer bietet versicherten Gesellschaften Versicherungsschutz für den infolge einer Netzwerksicherheitsverletzung entstehenden Sachschaden an dem Computer System einer versicherten Gesellschaft. Abweichend von Ziffer VII. 6. Absatz 2 (Computer System) gelten, soweit Versicherungsschutz für den Sachschaden an der IT-Hardware geboten wird, Informationstechnologien zur Steuerung oder zur Kontrolle technischer Produktionsprozesse, wie eingebettete Systeme (embedded systems), SCA DA-Systeme (Supervisory control and data acquisition systems) oder andere industrielle Automationssysteme nicht als Computer System.

Anbieter	
AGCS	Der Versicherer erstattet den versicherten Gesellschaften die Reparaturkosten oder den Neuwert der beschädigten IT-Hardware abzüglich des Wertes des Altmaterials. Neuwert ist der Betrag, der aufzuwenden ist, um IT-Hardware gleicher Art und Güte in neuwertigem Zustand wiederzubeschaffen oder sie neu herzustellen; maßgebend ist der niedrigere Betrag. Der Versicherer leistet ohne Rücksicht auf mitwirkende Ursachen keine Entschädigung für einen Sachschaden, soweit für sie ein Dritter als Lieferant einzutreten hat. Bestreitet der Dritte seine Eintrittspflicht, so leistet der Versicherer zunächst Entschädigung. Ergibt sich nach Zahlung der Entschädigung, dass ein Dritter für den Schaden eintreten muss und bestreitet der Dritte dies, so behält die versicherte Gesellschaft zunächst die bereits gezahlte Entschädigung. § 86 VVG – Übergang von Ersatzansprüchen – gilt für diese Fälle nicht. Die versicherte Gesellschaft hat ihren Anspruch auf Kosten und nach Weisung des Versicherers außergerichtlich und erforderlichenfalls gerichtlich geltend zu machen. Die Entschädigung ist zurückzuzahlen, wenn die versicherte Gesellschaft einer Weisung des Versicherers nicht folgt oder soweit der Dritte der versicherten Gesellschaft Schadenersatz leistet. Es gilt insoweit das im Versicherungsschein festgelegte Sublimit. **I.2.6. Versicherungsfall bei Eigenschäden** Der Versicherungsfall bei Eigenschäden tritt ein im Fall von a. Ziffer I.2.1. a) bis c) (Betriebsunterbrechung) mit der ersten Feststellung der teilweisen oder kompletten Nichtverfügbarkeit des Computer Systems einer versicherten Gesellschaft, b) Ziffer I.2.1. d) (Betriebsunterbrechung) mit dem Zugang der vollziehbaren Verfügung einer Datenschutzbehörde bei dem Versicherten, c) Ziffer I.2.1. e) (Betriebsunterbrechung) mit der ersten Feststellung der gesetzlichen Verpflichtung des Versicherten, e) Ziffer I.2.2. Absatz 1c) i. (Wiederherstellung) mit dem Zugang der vollziehbaren Verfügung einer Datenschutzbehörde bei dem Versicherten, f) Ziffer I.2.3. (Sachschaden an der IT-Hardware) mit dem Eintritt des Sachschadens am Computer System einer versicherten Gesellschaft, g) Ziffer I.2.4. (Systemverbesserung) und Ziffer I.2.5. (Cyber-Diebstahl) mit der ersten Feststellung der Netzwerksicherheitsverletzung, innerhalb der Versicherungsperiode.

Anbieter	
AGCS	**I.3.5. Versicherungsfall bei Verfahrensrechtsschutz** Der Versicherungsfall für Verfahrensrechtsschutz tritt ein im Fall von a) Ziffer I.3.1. (Behördliche Verfahren) und Ziffer I.3.4. (Geldbußen), wenn innerhalb der Versicherungsperiode oder einer sich daran anschließenden vertraglich vereinbarten Nachhaftungsfrist erstmalig einem Versicherten die schriftliche Anzeige der Einleitung des behördlichen Verfahrens zugeht, b) Ziffer I.3.2. a) (Interne Untersuchung), wenn innerhalb der Versicherungsperiode oder einer sich daran anschließenden vertraglich vereinbarten Nachhaftungsfrist erstmalig einer versicherten Gesellschaft das schriftliche Verlangen einer Datenschutzbehörde zur Durchführung einer internen Untersuchung zugeht, c) Ziffer I.3.2. b) (Interne Untersuchung), mit der ersten Feststellung einer Datenschutzverletzung oder einer Vertraulichkeitsverletzung innerhalb der Versicherungsperiode oder einer sich daran anschließenden vertraglich vereinbarten Nachhaftungsfrist, d) Ziffer I.3.3. (Consumer Redress Fund Verpflichtungen) mit dem Eintritt eines Versicherungsfalles gemäß Ziffer I.3.5. a), b) oder c) (Versicherungsfall bei Verfahrensrechtsschutz) innerhalb der Versicherungsperiode oder einer sich daran anschließenden vertraglich vereinbarten Nachhaftungsfrist, durch den die Rechtspflicht eines Versicherten zur Hinterlegung von Geld entsteht. **I.4.2. Versicherungsfall bei Cyber-Erpressung** Der Versicherungsfall bei Cyber Erpressung tritt ein mit dem ersten Zugang einer widerrechtlichen Drohung bei einer versicherten Gesellschaft innerhalb der Versicherungsperiode. **I.5.9. Versicherungsfall bei Incident-Management-Aufwendungen** Der Versicherungsfall bei Incident-Management-Aufwendungen tritt ein im Fall von a. Ziffer I.5.1. (Cyber-Krisenmanagement), Ziffer I.5.2. (Forensische Dienstleistungen), Ziffer I.5.3. (Rechtsberatung) und Ziffer I.5.4. a) (Krisenkommunikation) mit der ersten Feststellung der Informationssicherheitsverletzung, der unvorhergesehenen technischen Probleme, der fehlerhaften Bedienung oder der Cyber-Erpressung, b. Ziffer I.5.4. b) (Krisenkommunikation) mit der ersten Feststellung der Berichterstattung in den Medien, c. Ziffer I.5.5. (Informationskosten) mit der ersten Feststellung der Informationssicherheitsverletzung, d. Ziffer I.5.6. (Kosten einer freiwilligen Anzeige) mit der ersten Feststellung der Datenschutzverletzung oder Vertraulichkeitsverletzung,

<table>
<tr><th colspan="2">Anbieter</th></tr>
<tr><td>AGCS</td><td>e. Ziffer I.5.7. (Rettungsaufwendungen) mit der ersten Feststellung eines Ereignisses, dass zu einem gemäß Ziffer I.1 (Versicherungsschutz für Haftpflichtansprüche) versicherten Anspruch führen kann, oder
f. Ziffer I.5.8. (E-Discovery) mit dem erstmaligen Zugang der schriftlichen Aufforderung zur Herausgabe von elektronisch gespeicherten Informationen
innerhalb der Versicherungsperiode.
I.6.2. Versicherungsfall Sofortreaktion
Der Versicherungsfall tritt ein mit der ersten Feststellung eines durch tatsächliche Anhaltspunkte begründeten Verdachts einer Informationssicherheitsverletzung innerhalb der Versicherungsperiode.
I.7.2. Inanspruchnahme der Cyber- Krisenpräventionsmaßnahme
Der Versicherungsnehmer kann die Durchführung der Cyber-Krisenpräventionsmaßnahme bei dem Versicherer innerhalb der Versicherungsperiode in Textform anfordern.
IV. Ausschlüsse
Neben den Ausschlüssen für sämtliche Gegenstände der Versicherung aus den Ziffern IV.1.1 bis IV.1.13 bestehen noch spezielle Ausschlüsse für Betriebsunterbrechung und Wiederherstellung unter IV.2.1 bis IV.2.3.
IV.1.1. Vorsätzliche Pflichtverletzung/Strafbares Verhalten
IV.1.2. Personen- und Sachschaden
IV.1.3. Vertragliche Haftung
IV.1.4. Anhängige Verfahren und bekannte Sachverhalte
IV.1.5. Geschäftsgeheimnisse und geistiges Eigentum
IV.1.6. Krieg und hoheitliche Eingriffe
IV.1.7. Finanzmarkttransaktionen
IV.1.8. Umweltschäden
IV.1.9. Schäden durch Naturgefahren, Kernenergie, radioaktive Strahlung
IV.1.10. Produktrückruf
IV.1.11. Lizenzgebühren
IV.1.12. Wertpapierrechtsverstöße
IV.1.13. Versicherte Gesellschaft gegen Versicherte
IV.2.1. Vorsätzliche Schadenverursachung
IV.2.2. Netzwerkunterbrechung
IV.2.3. Wartungsarbeiten/Geplante Abschaltungen</td></tr>
</table>

Anbieter	
AIG	**CyberEdge 3.0 (04/2018)** **Abschnitt VIII. Umfang der Versicherung** **Ziffer 1. Versicherungsfall** Versicherungsschutz wird für einen Versicherungsfall gewährt, der erstmals während der Wirksamkeit der Versicherung eingetreten ist. **1.1 Versicherungsfall bei Drittschäden** Versicherungsfall bei Drittschäden gemäß Ziffer I und IV.3. ist das Schadenereignis, als dessen Folge die Schädigung des Dritten unmittelbar entstanden ist. Auf den Zeitpunkt der Schadenverursachung bzw. Pflichtverletzung kommt es nicht an. **1.2 Versicherungsfall bei Eigenschäden** Versicherungsfall bei Eigenschäden ist der Eintritt einer Informationssicherheitsverletzung. Abweichend hiervon gilt Folgendes: ■ Im Fall von Ziffer III. ist der Versicherungsfall der formelle Bescheid an die Versicherten über die Einleitung des jeweiligen Verfahrens; ■ im Fall von Ziffer V.3. die in den Medien erfolgte erstmalige Veröffentlichung, sowie die erstmalige Androhung in Textform gegenüber dem Versicherten; ■ im Fall von Ziffer V.7. die Fehlbedienung; ■ im Fall von Ziffer VI.3 der Eintritt der Fehlfunktion. Bei dem Eintritt eines Versicherungsfalles kommt es nicht darauf an, ob zu diesem Zeitpunkt bereits Ursache oder Umfang des Schadens oder die Möglichkeit zur Erhebung von Haftpflichtansprüchen erkennbar war. **I.1. Gegenstand der Versicherung (bei Drittschäden)** Der Versicherer gewährt Versicherungsschutz für den Fall, dass Versicherte wegen eines während der Wirksamkeit der Versicherung eingetretenen Schadenereignisses (Versicherungsfall gemäß Ziffer VIII.1.) von einem Dritten aufgrund gesetzlicher Haftpflichtbestimmungen privatrechtlichen Inhalts auf Ersatz eines Vermögensschadens in Anspruch genommen werden, sofern das Schadenereignis durch eine Informationssicherheitsverletzung eingetreten ist. Eine Informationssicherheitsverletzung im Sinne dieser Bedingungen ist: **1.1 Datenschutzverletzung** eine Verletzung der Sicherheit nach dem Bundesdatenschutzgesetz (BDSG), der DatenschutzGrundverordnung (DSGVO) oder entsprechender nationaler Regelungen, die zur Vernichtung, zum Verlust, zur Veränderung, zur unbefugten Offenlegung von oder zum unbefugten Zugang zu personenbezogener Daten führt, die durch Versicherte verarbeitet wurden.

Anbieter	
AIG	**1.2 Datenvertraulichkeitsverletzung** eine Verletzung der Vertraulichkeit von Daten sofern sich die Daten im Verantwortungsbereich des Versicherten befinden. **1.3 Netzwerksicherheitsverletzung** die Verletzung der Netzwerksicherheit durch a) eine Übermittlung von Schadprogrammen (Viren, Trojaner, sich selbst reproduzierende Schadcodes etc.) durch Versicherte, die geeignet sind, Software oder Daten zu löschen oder zu verändern oder den Funktionsablauf der Computersysteme zu stören, b) eine Übermittlung von Schadprogrammen (Viren, Trojaner, sich selbst reproduzierende Schadcodes etc.) auf von Versicherten genutzte Computersysteme, die geeignet sind, Software oder Daten zu löschen bzw. zu verändern oder den Funktionsablauf der Computersysteme zu stören, c) einen Überlastungsangriff (z. B. DDoS-Attacke) auf oder durch von Versicherten genutzten Computersystemen, d) eine Verhinderung des autorisierten Zugangs Dritter zu ihren auf von Versicherten genutzten Computersystemen gespeicherten Daten, e) eine unberechtigte Aneignung von Zugangscodes der Versicherten, f) Dritte im Sinne der §§ 303a, 303b Absatz 1 Nr. 3 StGB, sofern Computersysteme eines Versicherten betroffen sind, g) eine nicht unautorisierte Veränderung oder Löschung von Daten, die in Computersystemen eines Versicherten gespeichert sind, h) einen Diebstahl oder Verlust von Hardware, Software oder anderen Geräten eines Versicherten zur elektronischen Datenverarbeitung, oder i) eine Veröffentlichung von Daten durch Mitarbeiter der Versicherten. **2. Verletzung der Benachrichtigungspflicht** Versicherungsschutz besteht auch für Ansprüche gemäß Ziffer I.1., sofern der Vermögensschaden aufgrund einer nicht erfolgten oder verspäteten Anzeige des Versicherten gemäß Bundesdatenschutzgesetzes (BDSG), Datenschutz-Grundverordnung (DSGVO) oder entsprechender nationaler Vorschriften geltend gemacht wird. **3. Outgesourcte Datenverarbeitung** **3.1 Haftung für Outsourcing-Dienstleister** Versicherungsschutz besteht für Ansprüche gemäß Ziffer I.1., sofern die Informationssicherheitsverletzung durch ein Unternehmen (Outsourcing-Dienstleister) verursacht wurde, das durch einen Versicherten mit der Verarbeitung der Daten beauftragt ist und der Versicherte für dieses gesetzlich einzutreten hat.

Anbieter	
AIG	**3.2 Freistellung eines Outsourcing-Dienstleisters** Versicherungsschutz besteht für Versicherte für die Freistellung von Ansprüchen gemäß Ziffer I.1. wegen Informationssicherheitsverletzungen, die gegen ein Unternehmen (Outsourcing-Dienstleister) geltend gemacht werden, das durch einen Versicherten mit der Verarbeitung von Daten beauftragt ist. Voraussetzung ist, dass eine Freistellungsverpflichtung des Versicherten gegenüber diesem Unternehmen besteht. **4. Multimedia-Haftpflicht (optional)** Sofern im Versicherungsschein gesondert vereinbart und sofern durch eine Informationssicherheitsverletzung verursacht, besteht Versicherungsschutz im Sinne von Ziffer I.1. für Ansprüche wegen: ■ Persönlichkeitsrechtsverletzungen, oder ■ Urheberrechts- und Markenverletzungen, oder ■ aus Spiegelstrich 1. und 2. resultierender Verstöße gegen das Wettbewerbsrecht. Die Leistungspflicht des Versicherers ist auf die im Versicherungsschein genannte Summe (Sublimit) begrenzt, die auf die Versicherungssumme angerechnet wird. **IX. Ausschlüsse** Neben den **„Allgemeinen Ausschlüssen"** wie wissentliche Pflichtverletzung, strafbares Verhalten usw. sind eine Reihe von **„Ergänzenden Ausschlüssen"** in den Bedingungen enthalten. **Ziffer 2. Ergänzende Ausschlüsse für Ziffer 1.4** **(Multimedia-Haftpflicht – optional)** **2.1 Fehlerhafte Produktbeschreibungen** Der Versicherungsschutz bezieht sich nicht auf Haftpflichtansprüche wegen fehlerhafter, unrichtiger oder unvollständiger Beschreibung von Produkten oder Dienstleistungen, insbesondere im Hinblick auf Beschaffenheitsangaben oder Preisgestaltungen zu den Produkten oder Dienstleistungen. **2.2 Finanzdaten** Der Versicherungsschutz bezieht sich nicht auf Haftpflichtansprüche wegen der Veröffentlichung fehlerhafter, unrichtiger oder unvollständiger Finanzdaten eines versicherten Unternehmens, insbesondere in der Bilanz, im Geschäftsbericht oder bei sonstigen Kapitalmarktinformationen.

Anbieter	
AIG	**Ziffer 3. Ergänzende Ausschlüsse für Ziffer VI. (Betriebsunterbrechungsschäden)** **3.1 Andere den Ertragsausfallschaden erhöhende Einflüsse** Der Versicherer leistet keine Entschädigung, soweit der Ertragsausfallschaden erhöht wird durch ■ während der Unterbrechung oder Beeinträchtigung hinzutretende Ereignisse; ■ behördliche angeordnete Wiederherstellungs- oder Betriebsbeschränkungen; ■ den Umstand, dass dem Versicherten zur Wiederherstellung oder Wiederbeschaffung zerstörter, beschädigter oder abhanden gekommener Sachen, Daten oder Programme nicht rechtzeitig genügend Kapital zur Verfügung steht. **3.2 Nicht versicherte Schadenpositionen** Der Versicherungsschutz erstreckt sich nicht auf ■ Aufwendungen für Roh-, Hilfs- und Betriebsstoffe sowie für bezogene Waren und Leistungen, soweit es sich nicht um Aufwendungen zur Betriebserhaltung oder um Mindest- und Vorhaltegebühren für Energiefremdbezug handelt; ■ Umsatzsteuer, Verbrauchssteuern und Ausfuhrzölle; ■ umsatzabhängige Aufwendungen für Ausgangsfrachten; ■ umsatzabhängige Versicherungsprämien; ■ umsatzabhängige Lizenzgebühren und umsatzabhängige Erfindervergütungen; ■ entgangene Gewinne und Kosten, die mit dem Fabrikations-, Handels- oder Gewerbebetrieb nicht zusammenhängen. **3.3 Behördliche Maßnahmen** Der Versicherungsschutz erstreckt sich nicht auf eine Betriebsunterbrechung aufgrund von oder im Zusammenhang mit einer Beschlagnahme, Verstaatlichung, Zerstörung stehenden oder sonstigen Maßnahme durch eine Behörde oder einer anderen staatlichen Institution. **3.4 Rechtskosten und Ansprüche Dritter** Der Versicherungsschutz erstreckt sich nicht auf Rechtskosten oder Schadenersatzansprüche Dritter aufgrund von oder im Zusammenhang mit einer Betriebsunterbrechung. **3.5 Softwareoptimierung** Der Versicherungsschutz erstreckt sich nicht auf Kosten aufgrund von oder im Zusammenhang mit einer Betriebsunterbrechung, die aufgewendet werden, um das Computersystem des Versicherten zu ersetzen, zu erneuern oder auf einen moderneren Stand der Technik zu bringen. **3.6 Ungünstige Marktsituation** Der Versicherungsschutz erstreckt sich nicht auf Verluste, welche durch eine ungünstige Marktsituation verursacht werden.

Anbieter	
AIG	**3.7 Behebung von Softwarefehlern und Sicherheitslücken** Der Versicherungsschutz erstreckt sich nicht auf Kosten aufgrund von oder im Zusammenhang mit einer Betriebsunterbrechung, die zur Behebung von Softwarefehlern oder Sicherheitslücken aufgewendet werden. **Ziffer 4. Ergänzender Ausschluss für Ziffer VII.** **(Cyber-Kriminalität)** **4.1 Behördliche Maßnahmen** Der Versicherungsschutz erstreckt sich nicht auf eine angedrohte Verletzung der Informationssicherheit, sofern die Androhung durch eine Behörde oder eine andere staatliche Institution erfolgt. **Optionale Deckungserweiterungen** I. 4. Multimedia-Haftpflicht (optional) IV. Entschädigungen mit Strafcharakter/Bußgelder/Gebühren (optional) V.8. E-Discovery (optional) V.9. Kreditkarten und Monitoring (optional) V.10. Kulanzgutscheine („Goodwill-Coupons") (optional) VI.1. Netzwerkunterbrechung (optional) bei BU VI.2. Ausfall von externen IT-Dienstleistungen (optional) VI.3. Systemausfall & Technische Probleme (optional) VII.1. Cyber-Erpressung (optional) bei Cyber-Kriminalität VII.2. Cyber-Diebstahl & Telefon-Hacking (optional) VII.3. Criminal Reward Fund (optional) – gezahlte Belohnung für sachdienliche Hinweise

Anbieter	
AON	**AON Fokus Cyber 2016** **Ziffer 2 Besondere Vereinbarungen zur Cyber-Versicherung** **2.1 Haftpflichtversicherung** **2.1.1 Gegenstand der Versicherung** 2.1.1.1 Der Versicherer gewährt Versicherungsschutz für den Fall, dass Versicherte wegen einer Informationssicherheitsverletzung von einem anderen aufgrund gesetzlicher Haftpflichtbestimmungen privatrechtlichen Inhalts auf Ersatz eines Vermögensschadens in Anspruch genommen werden, sofern die Informationssicherheitsverletzung während der Wirksamkeit der Versicherung und bei Ausübung der im Versicherungsschein genannten versicherten Tätigkeit eingetreten ist. **2.1.2 Versichertes Ereignis** Das versicherte Ereignis ist die Informationssicherheitsverletzung **2.1.3 Informationssicherheitsverletzung** Eine Informationssicherheitsverletzung ist gegeben durch 2.1.3.1 eine Verletzung anwendbarer datenschutzrechtlicher Bestimmungen, wie beispielsweise des Bundesdatenschutzgesetzes (BDSG) oder vergleichbarer inländischer Rechtsnormen, 2.1.3.2 eine Verletzung der Vertraulichkeit von Daten, insbesondere geschäftlicher Informationen, 2.1.3.3 eine Verletzung von Persönlichkeits-, Urheber-, Marken, oder Wettbewerbsrechten durch eine Datenrechtschutzverletzung im Sinne von 2.1.3.1 oder 2.1.3.2., 2.1.3.4 eine Verletzung der Netzwerksicherheit durch a) eine Übermittlung von Schadprogrammen (Viren, Trojaner, sich selbst reproduzierende Schadcodes etc.) durch Versicherte, die beispielsweise geeignet sind, Software oder Daten Anderer zu löschen, zu verändern oder auszuspähen oder den Funktionsablauf der Computersysteme zu stören, b) eine Übermittlung von Schadprogrammen (Viren, Trojaner, sich selbst reproduzierende Schadcodes etc.) auf von Versicherten genutzte Computersysteme, die beispielsweise geeignet sind Software oder Daten zu löschen, zu verändern oder auszuspähen oder den Funktionsablauf der Computersysteme zu stören, c) eine Denial-of-Service Attacke auf der durch von Versicherten genutzt Computersysteme, d) eine Beeinträchtigung oder Verhinderung des autorisierten Zugangs zu von Versicherten genutzten Computersystemen,

Anbieter	
AON	e) eine unberechtigte Aneignung von Zugangscodes der Versicherten, f) eine Veränderung oder Löschung von Daten, die in von Versicherten genutzten Computersystemen gespeichert werden, g) einen Diebstahl oder Verlust von Hardware, Software oder anderen Geräten zur elektronischen Datenverarbeitung eines Versicherten, oder h) eine unberechtigte Veröffentlichung von Daten Anderer durch die Versicherten, i) eine Handlung, ein Unterlassen Dritter im Sinn der §§ 303a, 303b 1. Absatz Nr. 3 StGB in Bezug auf von Versicherten genutzte Computersysteme. **2.1.4 Ausgelagerte Datenverarbeitung** 2.2.4.1 Bedient sich ein Versicherter eines externen Unternehmens für die Erhebung, Verarbeitung, Speicherung oder Nutzung der Daten, steht das dem Versicherungsschutz nicht entgegen. 2.1.4.2 Versicherungsschutz besteht auch für die Freistellung von Ansprüchen auf Grund von Informationssicherheitsverletzungen, die gegen ein Unternehmen geltend gemacht werden, das durch einen Versicherten mit der Erhebung, Verarbeitung, Speicherung oder Nutzung von Daten Dritter beauftragt ist, sofern aus der Beauftragung eine Freistellungsverpflichtung des Versicherten gegenüber diesem Unternehmen besteht. **2.2 Betriebsunterbrechung** **2.2.1 Gegenstand der Versicherung** 2.2.1.1 Der Versicherer gewährt Versicherungsschutz wenn infolge a) einer Informationssicherheitsverletzung gemäß 2.1.3; b) einer vollziehbaren Verfügung einer Datenschutzbehörde wegen einer Informationssicherheitsverletzung gemäß 2.13.1 bis 2.13.3; c) einer Informationssicherheitsverletzung gemäß 2.1.3 auf Weisung des Versicherers zur Schadenminderung; d) eines Cloud-Service-Ausfalles; e) eines Bedienungsfehlers; der Betrieb der Versicherten unterbrochen oder beeinträchtigt wird (Ertragsausfallschaden) und eines Ereignisses gemäß a) bis e) während der Versicherungsdauer eingetreten ist. 2.2.1.2.2 Bedienungsfehler ist die fehlerhafte Bedienung des von Versicherten genutzten Computersystems durch fahrlässiges Handeln oder Unterlassen eines Mitarbeiters der Versicherten, die eine nachteilige Veränderung oder den Verlust von Daten oder Computerprogrammen zur Folge hat.

Anbieter	
AON	**2.3 Wiederherstellungskosten** **2.3.1 Gegenstand der Versicherung** Der Versicherer gewährt Versicherungsschutz für die infolge einer während der Vertragsdauer eingetretenen Informationssicherheitsverletzung gemäß 2.1.3 oder eines Bedienungsfehlers gemäß 2.2.1.2.2 entstehenden Kosten. **2.4 Diebstahl und Betrug** **2.4.1 Gegenstand der Versicherung** Der Versicherer gewährt Versicherungsschutz für Schäden durch Verlust von Geld oder Übertragung a) von Wertpapieren der Versicherten oder b) Verlust von Waren der Versicherten aufgrund einer unbefugten Lieferung dieser Waren infolge eines Eingriffes in von Versicherten genutzte Computersysteme; die dadurch entstehen, dass ein Versicherter oder einer seiner Mitarbeiter aufgrund eines Eingriffes in die von Versicherten genutzten Computersysteme irrtümlich und ohne Rechtsgrund Geld überweisen oder überweisen lassen; c) durch die Manipulation der von Versicherten genutzten Telekommunikationsanlage, einschließlich mobiler Geräte, die eine unberechtigte Kommunikation zur Folge hat; und sofern eines der Ereignisse gemäß a) bis c) während der Versicherungsdauer eingetreten ist.

Anbieter	
AXA	**ByteProtect Bedingungen Rev. 5.0** **Teil B Besondere Versicherungsbedingungen** **Kapitel 2 Weitere Bestimmungen** **2.1.1 Versicherungsfall** Versicherungsfall ist das während der Wirksamkeit des Vertrages eingetretene Schadenereignis, das einen Vermögensschaden zur Folge hatte. Das Schadenereignis ist das Ereignis, als dessen Folge die Schädigung unmittelbar entstanden ist. Auf den Zeitpunkt der Schadenverursachung, die zum Schadenereignis geführt hat, kommt es nicht an. Ist der Zeitpunkt des Schadenereignisses nicht mehr feststellbar, gilt der Zeitpunkt der erstmaligen Feststellung als Versicherungsfall. Hiervon gelten folgende Ausnahmen: ■ Wirtschaftsspionage gemäß Kapitel 1 Ziffer 1.2 und 1.4; hier ist ausschließlich der Zeitpunkt der erstmaligen Feststellung eines möglichen Spionagevorfalls maßgeblich. ■ Baustein Haftpflicht Kapitel 1 Ziffer 1.8: es gilt die Versicherungsfalldefinition gemäß Kapitel 1 Ziffer 1.8.2. Der Versicherungsfall muss während der Wirksamkeit der Versicherung eingetreten sein. **Diese Regelung gilt ergänzend zu den in den Bausteinen A bis H unter Kapitel 1 aufgeführten Regelungen. Sofern sie im Widerspruch zu den Baustein-Regelungen stehen, gelten die Baustein-Regelungen.** **Im Baustein A Ertragsausfall (Betriebsunterbrechung) wird der Gegenstand der Versicherung (Ziffer 1.1.1) wie folgt beschrieben:** Wird die technische Einsatzmöglichkeit der Daten- oder Telekommunikationsnetze sowie Daten und Programme des Versicherungsnehmers oder externer Daten- oder Telekommunikationsnetze infolge einer versicherten Gefahr gemäß Ziffer 1.1.3 unterbrochen oder beeinträchtigt, leistet der Versicherer Entschädigung für den dadurch entstehenden Unterbrechungsschaden des VN. Der Unterbrechungsschaden besteht aus a) dem VN entstehenden Mehrkosten; b) dem VN entstehenden Ertragsausfall. Ein Unterbrechungsschaden liegt auch vor, wenn der Betrieb des Versicherungsnehmers lediglich beeinträchtigt wird.

<table>
<tr><th colspan="2">Anbieter</th></tr>
<tr><td>AXA</td><td>Der Ertragsausfall besteht aus den fortlaufenden Kosten und dem Betriebsgewinn in dem versicherten Betrieb, die der VN bis zu dem Zeitpunkt, von dem an ein Ertragsausfall nicht mehr entsteht, längstens jedoch bis zum Ende der Haftzeit, infolge der Betriebsunterbrechung oder -beeinträchtigung nicht erwirtschaften konnte.

Treten mehrere versicherte Unterbrechungsschäden durch Ursachen gleicher Art (z. B. Hacker-Angriffe) innerhalb eines Zeitraums von 72 h ein, werden diese zusammengefasst und gelten als ein Versicherungsfall. Weitere Unterbrechungsschäden nach diesem Zeitraum gelten als neuer Versicherungsfall.

3. Versicherte Gefahren sofern diese in den individuellen Vertragsvereinbarungen vereinbart wurden

a) Unvorhergesehene Beeinträchtigung (teilweise oder komplette Nichtverfügbarkeit) des Telekommunikationsnetzes oder der Webseite des Versicherungsnehmers, sofern diese bei einem externen Dienstleister gehostet wird und die Ursache der Beeinträchtigung außerhalb der Kontrolle des Versicherungsnehmers liegt. Hiervon ausgeschlossen sind Beeinträchtigungen, die in Ländern außerhalb der EWR eintreten. Ebenso sind Gefahren ausgeschlossen, die in f) versicherbar sind.</td></tr>
<tr><td></td><td>b) Bedienungsfehler (z. B. falscher Einsatz von Datenträgern, falsche Befehlseingabe) am vom VN genutzten EDV-Systemen oder der Webseite des Versicherungsnehmers durch eigene Mitarbeiter (Human Error) der zu Verlust, nachteiliger Veränderung oder Nichtverfügbarkeit von Daten und Programmen oder der Web-Seite des VN führt.

c) Unvorhergesehene Überlastung durch Denial of Service-Angriff auf das EDV-System oder auf die Webseite des Versicherungsnehmers (DoS-Attacke).

d) Vorsätzliche Programm- oder Datenänderungen auf dem EDV-System oder der Webseite des VN durch einen Angriff Dritter (Hacker-Angriff) z. B. mittels eingeschleuster Schadsoftware die zu Verlust, nachteiliger Veränderung, Nichtverfügbarkeit von Daten und Programmen oder der Webseite des Versicherungsnehmers führen.

e) Vorsätzliche Programm- oder Datenänderungen auf vom VN genutzten EDV-Systemen oder der Webseite des Versicherungsnehmers durch eigene Mitarbeiter in schädigender Absicht die zu Verlust, nachteiliger Veränderung oder Nichtverfügbarkeit von Daten und Programmen führen.

f) Unvorhergesehener Ausfall einer vom VN mit einem Dienstleister vertraglich vereinbarten IT-Dienstleistung, der zu einer unmittelbaren Betriebsunterbrechung beim VN führt (z. B. Cloud-Dienste). Hiervon ausgeschlossen sind Gefahren, die in a) versicherbar sind.</td></tr>
</table>

Anbieter	
AXA	Versichert ist auch die Betriebsunterbrechung aufgrund notwendiger Abschaltungen des EDV-Systems des Versicherungsnehmers nach Eintritt einer versicherten Gefahr oder einer Datenschutzverletzung zum Zwecke der Untersuchung/Forensik, aufgrund behördlicher Anordnungen/Beschlagnahmung oder zur Minderung bzw. Verhütung eines möglichen versicherten Folgeschadens. Versichert ist auch die Verlängerung der BU durch den Verlust einer Betriebserlaubnis bzw. einer Lizenz aufgrund einer versicherten Gefahr. **Baustein B Sachverständigen- und Beratungskosten** Versichert sind die nachfolgend genannten notwendigen zusätzlichen Kosten bis zur Höhe der hierfür vereinbarten Versicherungssumme auf Erstes Risiko, wenn eine versicherte Gefahr oder ein versicherter Schaden gemäß Ziffer 1.2.3 eingetreten ist. Bezüglich Ziffer 1.2.1 a) reicht auch die begründete Vermutung eines solchen Schadens aus. a) Kosten für externe Sachverständige zwecks Schadenermittlung b) Beratungskosten für Schadenabwendung und -minderung c) Kosten für die Identifizierung von betroffenen Personen bei Datenschutzverletzungen. **Baustein C Wiederherstellungskosten für Daten und Programme** Der Versicherer leistet Entschädigung für unvorhergesehene Verluste, nachteilige Veränderungen an oder Nichtverfügbarkeit von Daten und Programmen des Versicherungsnehmers infolge versicherter Gefahren und Schäden gemäß Ziffer 1.3.5. **Baustein D Rufschädigung/Krisenmanagement** Versichert sind Kosten zur Abwendung oder Minderung eines Reputationsschadens sowie zur Wiederherstellung des guten Rufes des versicherten Unternehmens oder eines seiner Repräsentanten in seiner beruflichen Funktion nach einer der unter Ziffer 1.4.3 beschriebenen Gefahren und Schäden durch: ■ Beratung durch externe Krisen- und Kommunikationsberater (Krisenmanagement) ■ juristische Beratung durch einen externen, auf IT-Recht spezialisierten Rechtsanwalt ■ gerichtliche Maßnahmen zur Klage auf Unterlassung oder Widerruf ■ externe Kommunikation durch Pressearbeit, Anzeigen, Beauftragung eines Call-Centers u. ä. **Baustein E Datenschutzverletzungen** Versichert sind nach einer Verletzung von Gesetzen zum Schutz von personenbezogenen Daten durch eine unter Ziffer 1.5.3 genannte versicherte Gefahr oder einen Schaden entstehende Aufwendungen des Versicherungsnehmers zur gesetzlich geforderten Information von Behörden, Öffentlichkeit und potentiell betroffenen Personen (Eigenschäden).

Anbieter	
AXA	Hierzu gehören insbesondere: ■ Kosten für eine diesbezügliche juristische Beratung durch einen externen auf IT-/Datenschutz-Recht spezialisierten Rechtsanwalt. ■ Kosten für Einrichtung einer telefonischen Hotline (Call-Center) und eines Internetportals, um Anfragen der Betroffenen zu beantworten. ■ Kosten des behördlichen Meldeverfahrens entsprechend gesetzlicher Vorgaben. ■ Kosten für Kreditüberwachungsdienstleistungen, die als unmittelbare Folge einer Datenschutzverletzung erbracht werden bis zu einem Zeitraum von 12 Monaten nach erfolgter Datenschutzverletzung, sofern diese aufgrund der Art der in unbefugte Hand geratenen Daten oder gesetzlicher Vorgaben erforderlich werden. Nicht versichert sind im Rahmen dieses Bausteins die hieraus ggf. folgenden Ansprüche Dritter (siehe dazu Ziffer 1.8). **Baustein F Internet-Betrug** Versichert ist der durch einen vorsätzlichen und rechtswidrigen Hacker-Angriff über ein Telekommunikationsnetz eingetretene unmittelbare Vermögensschaden des Versicherungsnehmers (z. B. Betrug, Unterschlagung), sofern eine der unter Ziffer 1.6.3 aufgeführten Gefahren ursächlich war. Der Versicherer erstattet außerdem dem VN im Rahmen der Versicherungssumme nachweislich entstandene Kosten für interne und externe Rechtsverfolgung (Kosten zur Durchsetzung von Schadenersatzansprüchen gegen den Schadenstifter) in Höhe von bis zu 20 % der für diesen Baustein vereinbarten Versicherungssumme. **Baustein G Erpressung** Versichert ist das vom VN an den Erpresser gezahlte Erpressungsgeld aufgrund eines der unter Ziffer 1.7.3 aufgeführten Gefahren oder einer entsprechenden Drohung. Als Erpressungsgeld ist jede Form von Geld, Waren oder Dienstleistungen anzusehen, die der Dritte verlangt. Versichert sind außerdem Kosten für externe Krisenberatung gemäß Ziffer 1.4. Der Versicherer erstattet auch Aufwendungen für Belohnungsgelder, die in Abstimmung mit dem Versicherer für die Belohnung von Informanten ausgesetzt werden. Der Abschluss einer solchen Versicherung muss streng vertraulich bleiben. Der VN ist zu einer entsprechenden Geheimhaltung verpflichtet. Der Versicherer behält sich ein sofortiges Kündigungsrecht vor, wenn die Existenz des Versicherungsabschlusses mit dem VN Dritten bekannt geworden ist.

Anbieter	
AXA	Im **Baustein H Haftpflicht** (Cyber-Liability) wird darauf hingewiesen, dass dieser Baustein eine auf dem **Anspruchsprinzip (Claims-made-Prinzip)** basierende Versicherung beinhaltet, d. h., der Versicherungsfall ist die erstmalige Geltendmachung eines Haftpflichtanspruchs gegen eine versicherte Person während der Dauer des Versicherungsvertrages. Unter Ziffer 1 wird das **Versicherte Risiko** wie folgt beschrieben: Versichert ist im Umfang der nachfolgenden Bestimmungen die gesetzliche Haftpflicht privatrechtlichen Inhalts des Versicherungsnehmers wegen Vermögensschäden (inklusive immaterieller Schäden) Dritter ■ aus Löschung, Verlust, Veränderung oder Nichtverfügbarkeit von Daten oder Programmen eines Dritten; ■ aufgrund von Hacker-Angriffen auf das EDV-System oder die Web-Seite des Versicherungsnehmers; ■ aus Datenschutzverletzung und unberechtigter Verbreitung von Daten und Programmen (z. B. Schadsoftware). Versichert ist auch das schuldhafte Versäumnis, eine Verwendung des EDV-Systems des Versicherungsnehmers für einen Hacker-Angriff gegen eine Drittpartei zu verhindern. **Vermögensschäden…** Nach Ziffer 1.8.2.1 ist Versicherungsfall die erstmalige Geltendmachung eines Haftpflichtanspruchs gegen den Versicherungsnehmer (Anspruchserhebung) oder eine mitversicherte Person während der Dauer des Versicherungsvertrages. **Teil B Kapitel 2 2.3 Ausschlüsse** Neben den hier aufgeführten übergreifend geltenden allgemeinen Ausschlüssen sind noch diejenigen in den einzelnen Bausteinen zu berücksichtigen: **Baustein G Erpressung** **1.7.5 Ausschluss** Nicht versichert ist Erpressungsgeld, das zur Finanzierung einer terroristischen Organisation bzw. von Terrorismus dient. **Baustein H Cyber-Haftpflicht** **1.8.8 Ausschlüsse** **1.8.8.1** Vom Versicherungsschutz ausgeschlossen sind Ansprüche, auch wenn es sich um gesetzliche Ansprüche handelt, ■ auf Erfüllung von Verträgen, Nacherfüllung, aus Selbstvornahme, Rücktritt, Minderung, auf Schadensersatz statt der Leistung; ■ wegen Schäden, die verursacht werden, um die Nacherfüllung durchführen zu können;

Anbieter	
AXA	■ wegen des Ausfalls der Nutzung des Vertragsgegenstandes oder wegen des Ausbleibens des mit der Vertragsleistung geschuldeten Erfolges; ■ auf Ersatz vergeblicher Aufwendungen im Vertrauen auf ordnungsgemäße Vertragserfüllung; ■ auf Ersatz von Vermögensschäden wegen Verzögerung der Leistung; ■ wegen anderer an die Stelle der Erfüllung tretender Ersatzleistungen. **1.8.8.2** Vom Versicherungsschutz ausgeschlossen sind Ansprüche ■ des Versicherungsnehmers selbst oder der in Ziffer 1.8.8.3 benannten Personen gegen die mitversicherten Personen, ■ zwischen mehreren Versicherungsnehmern desselben Versicherungsvertrages, ■ zwischen mehreren mitversicherten Personen desselben Versicherungsvertrages, ■ soweit sie auf Grund Vertrages oder Zusagen über den Umfang der gesetzlichen Haftpflicht des Versicherungsnehmers hinausgehen; ■ aus Garantiezusagen; ■ aus Schäden durch die Nichteinhaltung von Fristen, Terminen und Kostenvoranschlägen; ■ wegen Schäden aufgrund Patentrechts- und Lizenzverletzungen sowie Verstößen gegen Kartellrecht; ■ wegen Schäden aus Anfeindung, Schikane, Belästigung, Ungleichbehandlung oder sonstigen Diskriminierungen; ■ aus wissentlichem Abweichen von Gesetz, Vorschrift oder Anweisung des Auftraggebers und durch Arbeiten oder sonstige Leistungen des Versicherungsnehmers in Kenntnis der Mangelhaftigkeit oder Schädlichkeit, ■ aus planender Tätigkeit, ■ wegen Tätigkeiten, für die eine gesetzliche Versicherungs- oder Deckungsvorsorgepflicht besteht. **1.8.8.3** Ausgeschlossen sind Ansprüche gegen den Versicherungsnehmer von ■ seinen gesetzlichen Vertretern, wenn der Versicherungsnehmer eine juristische Person des privaten oder öffentlichen Rechts oder ein nicht rechtsfähiger Verein ist, ■ seinen unbeschränkt persönlich haftenden Gesellschaftern, wenn der Versicherungsnehmer eine Offene Handelsgesellschaft, Kommanditgesellschaft oder Gesellschaft bürgerlichen Rechts ist, ■ seinen Partnern, wenn der Versicherungsnehmer eine eingetragene Partnergesellschaft ist, ■ seinen Liquidatoren, Zwangs- und Insolvenzverwaltern; ■ Unternehmen, die mit dem Versicherungsnehmer oder seinen Gesellschaften durch Kapital mehrheitlich verbunden sind oder unter einer einheitlichen unternehmerischen Leitung stehen.

Anbieter	
AXA XL	**AXA XL Cyber 2018** **1. Haftpflichtversicherungen** Die Haftpflichtversicherungen im Rahmen dieses Vertrages werden auf Basis der Geltendmachung eines Anspruchs geboten **(Claims-Made Prinzip)**. Für die Erstattung von Kosten gelten abweichende Regelungen. Der Versicherungsfall für die Haftpflichtversicherungen ist unter **Ziffer 1.7.** geregelt: Bei Ansprüchen oder Forderungen (inklusive etwa mitversicherter Entschädigungen mit Strafcharakter oder Bußgeldern) tritt der Versicherungsfall ein, wenn diese erstmalig während der Versicherungsperiode oder einer sich daran anschließenden Nachmeldefrist erhoben werden. Im Sinne dieses Vertrages gelten Ansprüche bzw. Forderungen als erhoben, wenn sie den Versicherten zugehen. Bei Kosten tritt der Versicherungsfall ein, wenn diese erstmalig während der Versicherungsperiode oder einer sich daran anschließenden Nachmeldefrist entstehen. Kosten gelten als in dem Zeitpunkt entstanden, zu dem der ihnen zugrundeliegende Auftrag erstmalig erteilt worden ist. Versicherte Ereignisse und Gegenstand der Versicherung: 1.1 Verletzung von Datenrecht 1.2 Verletzungen von Rechtsgütern 1.3 Verletzungen der Netzwerksicherheit 1.4 E-Payment 1.5 Entschädigungen mit Strafcharakter (optional) 1.6 Bußgelder (optional) **2. Eigenschadenversicherungen** Die Eigenschadenversicherungen im Rahmen dieses Vertrages werden auf Basis des Eintritts des versicherten Ereignisses geboten. Für die Erstattung von Kosten gelten abweichende Regelungen. **Ziffer 2.5** beschreibt den Versicherungsfall für die Eigenschadenversicherungen: Versicherungsfall bei Eigenschäden ist der Eintritt eines oder mehrerer der folgenden versicherten Ereignisse während der Versicherungsperiode: ■ Datenmissbrauch, Datenbeschädigung; ■ Betriebsunterbrechung; ■ Datenerpressung.

Anbieter	
AXA XL	Bei Kosten tritt der Versicherungsfall ein, wenn diese erstmalig während der Versicherungsperiode entstehen. Kosten gelten als in dem Zeitpunkt entstanden, zu dem der ihnen zugrundeliegende Auftrag erstmalig erteilt worden ist. Versicherte Kosten und Gegenstand der Versicherung: **2.1 Datenmissbrauch, Datenbeschädigung** Gegenstand der Versicherung Der Versicherer bietet Versicherungsschutz für Vermögensschäden durch Datenmissbrauch oder eine Datenbeschädigung. **2.2 Kosten** Der Versicherer übernimmt die angemessenen und notwendigen Kosten bzw. Aufwendungen der Versicherten, soweit diese Kosten unmittelbare Folge der nachstehend genannten versicherten Ereignisse sind: a. Wiederherstellung b. Computer-Forensik c. Informationskosten d. Freiwille Anzeige
	e. Kreditüberwachungsdienstleistungen f. Vorbeugende Rettungsaufwendungen g. Krisenmanagement und PR-Maßnahmen h. E-Discovery **2.3 Betriebsunterbrechung** a. Versichertes Ereignis Der Versicherer bietet Versicherungsschutz für die den Versicherten aufgrund einer Betriebsunterbrechung entstehenden Vermögensschäden und Kosten. b. Versicherungsumfang aa. Ertragsausfall Wird der Betrieb einer versicherten Gesellschaft aufgrund von ▪ Verletzungen der Informationssicherheit, ▪ Datenmissbrauch, ▪ Datenbeschädigungen, ▪ [optional] fehlerhafter Bedienung des Computersystems, ▪ Anordnungen einer Datenschutzbehörde, ▪ gesetzlichen Verpflichtungen, deren Nichteinhaltung zur Anordnung einer Datenschutzbehörde führen kann, ▪ unvorhergesehenen Ausfällen des Computersystems,

Anbieter	
AXA XL	vollständig oder teilweise unterbrochen oder beeinträchtigt (Betriebsunterbrechung), so ersetzt der Versicherer den nachweislich entstandenen Ertragsausfallschaden für diese Betriebsunterbrechung. Unvorhergesehene Ausfälle des Computersystems sind jedoch nur dann versichert, sofern die für den Ausfall ursächlichen Systeme, Netzwerke und IT-Infrastrukturen direkt in der Kontrolle der Versicherten liegen. bb. Schadenminderungskosten Der Versicherer erstattet ferner alle angemessenen und notwendigen Aufwendungen der Versicherten zur Verkürzung des Zeitraums einer eingetretenen Betriebsunterbrechung, sofern diese Aufwendungen geringer sind als der versicherte Schaden. cc. Kosten externer Dienstleister Der Versicherer zahlt die notwendigen und angemessenen Kosten externer Dienstleister. **2.4 Datenerpressungen** a. Versichertes Ereignis Der Versicherer bietet im Wege der Erstattung an die Versicherungsnehmerin Versicherungsschutz für den Fall, dass Versicherte aufgrund einer Datenerpressung durch Dritte ein Lösegeld bezahlen. b. Versicherungsumfang Der Versicherer erstattet: ■ das gezahlte Lösegeld, bei Bezahlung eines Lösegeldes in Form von Waren oder Dienstleistungen, deren Marktwert zum Zeitpunkt der Aushändigung; ■ die notwendigen und angemessenen Kosten des Sicherheitsberaters. **Ziffer 13 Ausschlüsse** Neben den gemeinsamen Ausschlüssen für die Haftpflicht- und Eigenschadenversicherungen unter Ziffer 13 der Bedingungen bestehen folgende Ausschlüsse zusätzlich für die Haftpflichtversicherungen unter Ziffer **1.7 e.**: Bekannte Pflichtverletzungen und Verfahren Kein Versicherungsschutz besteht für Versicherungsfälle wegen oder aufgrund von Pflichtverletzungen, ■ die einem Repräsentanten der Versicherungsnehmerin, den betroffenen Versicherten oder den mit der Verhandlung und Vereinbarung dieses Versicherungsvertrages befassten Personen zu Beginn des Vertrages oder dem gegebenenfalls im Versicherungsschein festgelegten Kontinuitätsdatum bekannt waren oder ■ die bereits unter einem anderen Versicherungsvertrag oder einer früheren Versicherungsperiode dieses Vertrages gemeldet wurden.

<table>
<tr><th colspan="2">Anbieter</th></tr>
<tr><td>AXA XL</td><td>Nicht versichert sind des Weiteren Versicherungsfälle wegen oder aufgrund von gerichtlichen oder behördlichen Verfahren gegen Versicherte, die bereits an oder vor dem Kontinuitätsdatum eingeleitet, anhängig oder abgeschlossen waren. Die Regelungen gemäß Ziffer II.2.3. dieses Vertrages gelten entsprechend.

Es bestehen folgende Ausschlüsse zusätzlich für die Eigenschadenversicherungen unter Ziffer 2.5 c.:

Bekannte Sachverhalte und Umstände

Kein Versicherungsschutz besteht für versicherte Ereignisse und deren zugrundeliegende Umstände,
■ die einem Repräsentanten der Versicherungsnehmerin oder den mit der Verhandlung und Vereinbarung dieses Versicherungsvertrages befassten Personen zu Beginn des Vertrages oder dem gegebenenfalls im Versicherungsschein festgelegten Kontinuitätsdatum bekannt waren oder
■ die bereits unter einem anderen Versicherungsvertrag oder einer früheren Versicherungsperiode dieses Vertrages gemeldet wurden.

Hinzu kommen besondere Ausschlüsse unter Ziffer 2.4 d. Datenerpressung:</td></tr>
<tr><td></td><td>Kein Versicherungsschutz besteht für Lösegeld,
aa. das unter Anwendung oder Androhung von Gewalt übergeben wird, es sei denn es wird von einer Person übergeben, die zur Zeit der Übergabe im Besitz des Lösegeldes ist, um eine versicherte Lösegeldforderung zu bezahlen (standortunabhängiger Raubüberfall).
bb. das am Ort der Datenerpressung bezahlt wird, es sei denn, es wurde nach Erhalt der Drohung zum Zweck der Bezahlung der Lösegeldforderung an diesen Ort gebracht (standortabhängiger Raubüberfall).
cc. das infolge betrügerischer oder krimineller Handlungen der Versicherten verlorengeht, zerstört, gestohlen wird oder in sonstiger Weise abhanden kommt, unabhängig davon, ob sie allein oder gemeinsam mit anderen handeln.</td></tr>
</table>

Anbieter	
CHUBB	**Cyber Enterprise Riskmanagement Fassung 30.05.2017** Unter Hinweise: Die Versicherungsgegenstände 1.1, 1.2 und 1.3 basieren auf dem Anspruchserhebungsprinzip („Claims-Made"). Maßgeblich für den Versicherungsschutz ist der Zeitpunkt der Anspruchserhebung bzw., soweit zutreffend, der Verfahrenseinleitung während des versicherten Zeitraums. **1.1 Haftung bei Datenschutzverletzungen** Der Versicherer leistet Schadenersatz und zahlt Aufwendungen für Ansprüche aus Datenschutzverletzungen im Falle eines Anspruchs aus Datenschutzverletzung. Voraussetzung ist, dass der Anspruch aus Datenschutzverletzung erstmals während der Versicherungsperiode geltend gemacht wurde und sich die zugrunde liegende Datenschutzverletzung nach dem Rückwirkungsdatum und vor Ablauf der Versicherungsperiode ereignet hat. **1.2 Haftung bei Netzwerksicherheitsverletzungen** Der Versicherer leistet Schadenersatz und zahlt Aufwendungen für Ansprüche aus Netzwerksicherheitsverletzungen im Falle eines Anspruchs aus Netzwerksicherheitsverletzung. Voraussetzung ist, dass der Anspruch aus Netzwerksicherheitsverletzung erstmals während der Versicherungsperiode geltend gemacht wird und sich auf eine Netzwerksicherheitsverletzung bezieht, die sich nach dem Rückwirkungsdatum und vor Ende der Versicherungsperiode ereignet hat. **1.3 Haftung bei Medienrechtsverletzungen** Der Versicherer leistet Schadenersatz und zahlt Aufwendungen für Ansprüche aus Medienrechtsverletzungen im Falle eines Anspruchs aus Medienrechtsverletzung. Voraussetzung ist, dass der Anspruch aus Medienrechtsverletzung erstmals während der Versicherungsperiode geltend gemacht wird und sich die Medienrechtsverletzung nach dem Rückwirkungsdatum und vor Ablauf der Versicherungsperiode ereignet hat. Für den Versicherungsschutz unter diesem Versicherungsgegenstand gelten folgende Definitionen: **A. Gemeinsame Ansprüche aus Datenschutzverletzungen/Netzwerksicherheitsverletzungen/Medienrechtsverletzung** sind: i. eine schriftlich an einen Versicherten gerichtete Forderung, monetären oder nicht-monetären Schadenersatz zu leisten; ii. ein gegen einen Versicherten gerichtetes zivilrechtliches Verfahren, das durch die Zustellung einer Klageschrift oder eines ähnlichen Schriftsatzes eingeleitet wird und in dem monetärer Schadenersatz oder ein nicht-monetärer Anspruch oder ein Unterlassungsanspruch geltend gemacht wird;

Anbieter	
CHUBB	iii. ein gegen einen Versicherten gerichtetes Schiedsgerichtsverfahren, in dem monetärer Schadenersatz oder ein nicht-monetärer Anspruch oder ein Unterlassungsanspruch geltend gemacht wird; oder iv. eine von einem Versicherten an den Versicherer gerichtete schriftliche Anzeige über eine Medienrechtsverletzung, die von einem Versicherten tatsächlich oder behaupteter Weise begangen wurde und die nach den obigen genannten Punkten i-iv einen Anspruch aus Datenschutzverletzung/Netzwerksicherheitsverletzung/Medienrechtsverletzung begründen könnte. Hinzu tritt noch bei Datenschutz- und Netzwerksicherheits-Verletzungen ein Anspruch aufgrund eines behördlichen Verfahrens (Ziffern 1.1 A iv. und 1.2 A iv.) **1.4 Haftung bei Datenverlusten und -beschädigungen** Der Versicherer zahlt im Falle eines Datenbestandsvorfalls die Wiederherstellungskosten. Voraussetzung ist, dass der Datenbestandsvorfall nach dem Rückwirkungsdatum und vor Ablauf der Versicherungsperiode eintritt. Für den Versicherungsschutz unter diesem Versicherungsgegenstand gelten folgende Definitionen: Datenbestandsvorfall bezeichnet das Eindringen in die Daten eines Versicherten oder deren Veränderung bzw. Zerstörung, durch: i. mut- und böswillige Handlungen gegen Computer; ii. Malware; iii. Hacking; iv. unberechtigte Nutzungen oder Zugriffe; v. Denial of Service-Angriffe; vi. menschliches Versagen; vii. Programmierfehler; oder viii. Stromausfälle, Überspannungen oder Spannungsabfälle, die das Computersystem eines Versicherten schädigen. **1.5 Betriebsunterbrechung (BU)** Der Versicherer ersetzt im Falle einer BU den dadurch entstandenen Betriebsunterbrechungsschaden sowie die hieraus entstehenden Wiederherstellungskosten innerhalb des Betriebsunterbrechungszeitraums. Voraussetzung ist, dass der Betriebsunterbrechungsschaden erstmals während der Versicherungsperiode geltend gemacht wird und die BU nach dem Rückwirkungsdatum und vor Ablauf der Versicherungsperiode eintritt.

Anbieter	
CHUBB	Die Wiederherstellungskosten sind nicht höher als der Betriebsunterbrechungsschaden, der von einem Versicherten auf Basis allgemein anerkannter Rechnungslegungsgrundsätze eindeutig als abgewendet oder verhindert nachgewiesen werden kann. Für den Versicherungsschutz unter diesem Versicherungsgegenstand gelten folgende Definitionen: A. Eine Betriebsunterbrechung ist die Unmöglichkeit, Störung oder Behinderung des Zugriffs auf das Computersystem eines Versicherten oder Daten. Voraussetzung ist, dass dies ausschließlich oder unmittelbar durch Folgendes – und nicht durch einen Sachschaden – verursacht wird: i. mut- und böswillige Handlungen gegen Computer; ii. Malware; iii. Hacking; iv. unberechtigte Nutzungen oder Zugriffe; v. Denial of Service-Angriffe; vi. menschliches Versagen; vii. Programmierfehler; oder viii. Stromausfälle, Überspannungen und Spannungsabfälle eines von einem Versicherten gesteuerten Elektrosystems. B. Ein Betriebsunterbrechungsschaden besteht aus den fortlaufenden Kosten und dem Betriebsgewinn in dem versicherten Unternehmen, die das versicherte Unternehmen innerhalb des BU-Zeitraums, längstens jedoch während der Haftzeit, nicht erwirtschaften kann. **1.6 Haftung bei manipulativer Nutzung von Telekommunikationsanlagen** Der Versicherer zahlt im Falle einer manipulativen Nutzung von Telekommunikationsanlagen die Telekommunikationskosten, die während der Versicherungsperiode festgestellt werden. Für den Versicherungsschutz unter diesem Versicherungsgegenstand gelten folgende Definitionen: A. Manipulative Nutzung von Telekommunikationsanlagen sind mut- und böswillige Handlungen gegen Computer oder unberechtigte Nutzungen oder Zugriffe auf das Telekommunikationssystem von versicherten Unternehmen durch einen Dritten mit der Folge von Telekommunikationskosten. B. Telekommunikationskosten sind berechnete Gebühren für unrechtmäßige Anrufe oder unrechtmäßig genutzte Bandbreiten. Keine Telekommunikationskosten sind vom oder im Namen des Telekommunikationsanbieter(s) abgelehnte, rückerstattete oder wiedererlangte betrügerische Gebühren.

<table>
<tr><th colspan="2">Anbieter</th></tr>
<tr><td>CHUBB</td><td>C. Telekommunikationssystem eines Versicherten umfasst das Festnetz-Telekommunikationssystem oder ein im Namen eines Versicherten betriebenes Festnetz-Telekommunikationssystem, für das der Versicherte gemäß einem schriftlichen Vertrag verantwortlich ist.
1.7 Haftung bei Cyber-Diebstahl
Der Versicherer ersetzt im Falle eines Cyber-Diebstahls die unmittelbaren Vermögensschäden, die ausschließlich infolge eines Diebstahls von Geld oder Wertpapieren entstanden
sind. Der Cyber-Diebstahl muss während der Versicherungsperiode festgestellt werden.
Ziffer 3 Allgemeine Ausschlüsse
Zusätzlich zu den hier aufgeführten Ausschlüssen finden sich in den Bedingungen unter Ziffer 1.7 bei Cyber-Diebstahl folgende ergänzende Ausschlüsse:
Der Versicherer leistet nicht im Falle von unmittelbaren Vermögensschäden, die sich aus folgendem ergeben oder hierauf zurückzuführen sind:
A. Handlungen von versicherten Personen oder unabhängigen Auftragnehmern des Versicherten. Dies schließt Schäden ein, die durch unerlaubte Absprachen mit versicherten Personen oder unabhängigen Auftragnehmern entstanden sind;
B. Wertschwankungen von Geld und Wertpapieren;
C. Mittelbare- oder Folgeschäden, insbesondere von Einkünften und Gewinnen;
D. Rückrufkosten und Aufwendungen.</td></tr>
</table>

Anbieter	
DUAL	**Dual Cyber Defence Versicherung AVB Cyber 02/2020** **Hinweis:** Dieser Versicherungsvertrag beruht hinsichtlich der Geltendmachung von Haftpflichtansprüchen (Ziffer 1.1) auf **dem Anspruchserhebungsprinzip (Claims- Made)**. Dies bedeutet, dass ausschließlich solche Haftpflichtansprüche vom Versicherungsschutz umfasst sind, die während der Versicherungslaufzeit oder einer vereinbarten Nachmeldefrist erstmals in Textform gegen die Versicherten geltend gemacht werden. Die Leistungspflicht des Versicherers ist auf die Versicherungssumme begrenzt. Für Eigenschäden (Ziffer 1.2), Betriebsunterbrechungsschäden (Ziffer 2.3.1) und Cyber-Erpressung (Ziffer 2.3.3) wird Versicherungsschutz geboten, sofern der Eintritt des versicherten Cyber-Events bzw. die Cyber-Erpressung innerhalb der Laufzeit dieses Vertrages festgestellt wird (Feststellungsprinzip). Auf die Versicherungssumme werden alle versicherten Leistungen, insbesondere auch die Kosten der Abwehr von Haftpflichtansprüchen, angerechnet. **Ziffer 1 Gegenstand der Versicherung** **1.1 Versicherungsschutz für Haftpflichtansprüche (Drittschäden)** Der Versicherer gewährt – soweit zulässig – weltweiten Versicherungsschutz für den Fall, dass gegen die Versicherten aufgrund eines Cyber-Events ein gesetzlicher Haftpflichtanspruch wegen eines Vermögensschadens durch den jeweilig im Cyber-Event benannten Dritten geltend gemacht wird. **1.2 Versicherungsschutz für Eigenschäden** Der Versicherer gewährt – soweit zulässig – weltweiten Versicherungsschutz für Eigenschäden der versicherten Gesellschaft, die in Folge eines in der Laufzeit dieses Vertrages festgestellten Cyber-Events im Sinne der Ziffer 1.3 dieses Bedingungswerkes entstehen. Feststellung ist die Kenntnisnahme durch einen Repräsentanten einer versicherten Gesellschaft. **1.3 Cyber-Event** Ein Cyber-Event im Sinne von Ziffer 1.1 und 1.2 der Bedingungen ist eine 1.3.1 Datenschutzverletzung, 1.3.2 Datenvertraulichkeitsverletzung, 1.3.3 Netzwerksicherheitsverletzung, 1.3.4 Rechtswidrige Kommunikation (Medienverstoß), 1.3.5 Verletzung PCI-Datensicherheitsstandard, 1.3.6 Fehlbedienung.

Anbieter	
DUAL	1.3.1 Datenschutzverletzung Eine Datenschutzverletzung ist jede Verletzung anwendbarer datenschutzrechtlicher Bestimmungen, wie beispielsweise das Schweizer Datenschutzgesetz (DSG) oder vergleichbarer inländischer oder ausländischer Rechtsnormen, die durch einen Betroffenen oder einen externen Dienstleister, aufgrund einer Freistellungsverpflichtung für Ansprüche aus einer Datenschutzverletzung, geltend gemacht wird. 1.3.2 Datenvertraulichkeitsverletzung Eine Datenvertraulichkeitsverletzung ist die fahrlässige Veröffentlichung von Kundeninformationen durch Versicherte oder einen externen Dienstleister, der unberechtigte Zugriff auf oder die unberechtigte Nutzung von Kundeninformationen, die im Computer System einer versicherten Gesellschaft gespeichert sind, infolge einer unberechtigten Benutzung dieses Systems, die durch einen Kunden oder einen externen Dienstleister, aufgrund einer Freistellungsverpflichtung für Ansprüche aus einer Datenvertraulichkeitsverletzung, geltend gemacht wird. 1.3.3 Netzwerksicherheitsverletzung Eine Netzwerksicherheitsverletzung ist jedes von einem Dritten geltend gemachte behauptete oder tatsächliche pflichtwidrige Tun oder Unterlassen von Versicherten, das einen Netzwerkeingriff zur Folge hat. Ein Netzwerkeingriff ist ■ jeder unzulässige Zugriff oder die unzulässige Nutzung des Computer-Systems einer versicherten Gesellschaft durch eine hierzu nicht berechtigte Person oder durch eine hierzu berechtigte Person, die ihre Berechtigung in Schädigungsabsicht überschreitet; ■ jedes unbefugte Eindringen in das Computer-System einer versicherten Gesellschaft, das zu einer Übertragung von Daten in dieses System oder in das Computer-System eines Dritten durch das Computer-System einer versicherten Gesellschaft führt und das Ziel dabei verfolgt, Daten, ohne Berechtigung zu verändern, zu beschädigen, zu zerstören, zu löschen, aufzuzeichnen oder zu übertragen. Eine Netzwerksicherheitsverletzung liegt insbesondere vor bei: ■ ziel- oder nicht zielgerichteten (Hacker-) Angriffen auf das Computer-System einer versicherten Gesellschaft, sofern die Angriffe die Veränderung, Beschädigung, Zerstörung, Löschung, Verschlüsselung, Kopie oder das Abhandenkommen von Daten zur Folge haben; ■ Eingriffen in das Computer-System einer versicherten Gesellschaft, z. B. mit durch Täuschung (Phishing) erhaltenen Zugangsdaten von Mitarbeitern; ■ Schadprogrammen, wie Viren, Würmern oder Trojanern, die sich im Computer-System einer versicherten Gesellschaft ausbreiten;

Anbieter	
DUAL	■ Denial-of-Service-Angriffen, durch die der Betrieb des Computer-System einer versicherten Gesellschaft unterbrochen wird; ■ jeder Weitergabe von Schadprogrammen an oder Denial-of-Service-Angriffen gegen das Computer-System eines Dritten ausgehend vom Computer-System einer versicherten Gesellschaft. 1.3.4 Rechtswidrige Kommunikation (Medienverstoß) Rechtswidrige Kommunikation ist die Veröffentlichung von digitalen Medieninhalten durch Versicherte, die zu einer Verletzung von Rechten Dritter führt. Hierzu zählen insbesondere: ■ Verletzung von Markenrechten, Urheberrechten, Plagiaten, widerrechtlichen Verwendung oder Diebstahl deep-linking framing; ■ Rufschädigung, Verletzung oder Beeinträchtigung des Persönlichkeitsrechts des Dritten, die Veröffentlichung von Informationen aus der Privatsphäre oder die kommerzielle Verwendung des Namens des Dritten; ■ Verletzung des Wettbewerbsrechts, die aus den beiden vorgenannten Punkten resultiert (unlauterer Wettbewerb oder Wettbewerbsbeschränkung). Die Verbreitung von unaufgeforderter oder ungebetener Korrespondenz oder Kommunikation (gleichgültig ob physisch oder digital), insbesondere in Form von (Werbe-) E-Mails, (Werbe-) Telefaxen, Telemarketing oder anderweitiger Direktwerbung ist keine rechtswidrige Kommunikation. 1.3.5 Verletzung PCI-Datensicherheitsstandard Eine Verletzung des Payment Card Industry Datensicherheitsstandards (PCI DSS) ist eine durch den E-Payment Service Provider geltend gemachte Verletzung eines veröffentlichten Payment Card Industry Datensicherheitsstandards. Vom Versicherungsschutz umfasst ist auch eine für eine solche Verletzungen vereinbarte Vertragsstrafe. E-Payment Service Provider sind die nachfolgend genannten Unternehmen: American Express, Master Card, Visa, Maestro Card. Andere Unternehmen gelten nach schriftlicher Vereinbarung mit dem Versicherer als E-Payment Service Provider im Sinne dieses Vertrages. 1.3.6 Fehlbedienung Eine Fehlbedienung ist eine fehlerhafte (unsachgemäße) Bedienung des Computer-Systems der versicherten Gesellschaft durch fahrlässiges Handeln oder Unterlassen eines Mitarbeiters einer versicherten Gesellschaft bei dem Betrieb, der Wartung oder Aktualisierung des vom Versicherten genutzten Computer-Systems.

Anbieter	
DUAL	**2. Umfang der Versicherung** **2.1 Allgemeine Regelung** Der Umfang der vom Versicherer zu tragenden Kosten für 2.2 und 2.3 ergibt sich aus den jeweiligen Regelungen. Der Aufwendung von Kosten muss der Versicherer vorab zustimmen. Dies gilt nicht für Kosten, die durch die Einschaltung der in der Versicherungspolice benannten Servicepartner entstehen. Bei allen anderen Kosten kann der Versicherer die Zustimmung nur aus sachlichen Gründen verweigern, z. B. weil die Aufwendungen im Hinblick auf die Schwierigkeit und Bedeutung der Sache nicht angemessen sind. **2.2 Drittschäden** Der Versicherungsschutz umfasst die Prüfung der Haftpflichtfrage, die Abwehr unberechtigter Haftpflichtansprüche sowie die Freistellung von berechtigten Haftpflichtansprüchen. **2.3 Eigenschäden** Der Versicherungsschutz umfasst im Versicherungsfall gem. Ziffer 1.2 der Bedingungen die Übernahme der nachfolgenden Eigenschäden: **2.3.1 Betriebsunterbrechung**
	Der Versicherungsschutz umfasst auch durch eine **unvorhergesehene** Betriebsunterbrechung **unmittelbar entstehende** Betriebsunterbrechungsschäden einer versicherten Gesellschaft, sofern die Betriebsunterbrechung **ausschließlich** darauf zurückzuführen ist, dass das Computer-System dieser versicherten Gesellschaft durch ein Cyber-Event im Sinne der Ziffer 1.3 der Bedingungen ganz oder teilweise ausfällt. Eine Betriebsunterbrechung ist die vollständige oder teilweise Beeinträchtigung des Betriebes, z. B. der Produktion, des Handels oder der Erbringung von Dienstleistungen. Der Versicherer bietet Versicherungsschutz für Betriebsunterbrechungsschäden innerhalb der vereinbarten Haftzeit (Ziffer 2.3.1.3) durch eine Betriebsunterbrechung, die die vereinbarte Wartezeit (Ziffer 2.3.1.4) überschreitet. Der Betriebsunterbrechungsschaden besteht aus den fortlaufenden Kosten und dem Betriebsgewinn, den die betroffene versicherte Gesellschaft innerhalb der Haftzeit infolge der Betriebsunterbrechung nicht erwirtschaften konnte. **2.3.2 Kostenübernahme** Der Versicherer übernimmt die nachfolgend benannten angemessenen und notwendigen Kosten:
	2.3.2.1 Soforthilfe im Notfall 2.3.2.2 Computer-Forensik/Sachverständiger

Anbieter	
DUAL	2.3.2.3 Informations- und Benachrichtigungskosten 2.3.2.4 Rechtsanwaltskosten 2.3.2.5 Krisenkommunikation/PR-Maßnahmen 2.3.2.6 Schadenermittlungskosten 2.3.2.7 Datenwiederherstellung 2.3.2.8 Kreditkarten-Monitoring 2.3.2.9 Kosten für Kulanzgutscheine 2.3.2.10 Schadenminderungskosten 2.3.2.11 Beseitigungs-, Überprüfungs- und Beratungskosten 2.3.2.12 Kosten für Systemverbesserungen Es gilt das in der Versicherungspolice vereinbarte Sublimit. **2.3.3 Cyber-Erpressung** Der Versicherungsschutz umfasst Kosten, die durch eine Cyber-Erpressung entstehen. Eine Cyber-Erpressung liegt vor, wenn der versicherten Gesellschaft rechtswidrig mit einer ■ Datenschutzverletzung gem. Ziffer 1.3.1, ■ Datenvertraulichkeitsverletzung gem. Ziffer 1.3.2 oder ■ Netzwerksicherheitsverletzung gem. Ziffer 1.3.3 ■ gedroht wird und für die Nicht-Verwirklichung der Drohung ein Lösegeld verlangt wird. Als Lösegeld ist dabei jede Form von Geld, Waren oder Dienstleistungen anzusehen, die der Erpresser von der versicherten Gesellschaft verlangt. Der Versicherer erstattet die angemessenen und notwendigen Kosten, die der versicherten Gesellschaft aufgrund der Drohung unmittelbar entstehen. Abweichend von Ziffer 2.1.2 besteht Versicherungsschutz für Löse-/Erpressungsgelder nur dann, wenn der Versicherer der Aufwendung dieser Kosten vorab zugestimmt hat. Die Lieferung von Waren oder Erbringung von Dienstleistungen wird nicht erstattet. **2.3.4 Cyber-Diebstahl** Der Versicherer bietet Versicherungsschutz für folgende Vermögenschäden, die einer versicherten Gesellschaft unmittelbar in Folge eines Cyber-Events nach den Ziffern 1.3.1 bis 1.3.3 durch einen Dritten entstehen: ■ Verluste von Vermögenswerten in Form von Geldern oder Wertpapieren aus rechtsgrundlosen und ■ irrtümlichen Überweisungen/Zahlungen;

Anbieter	
DUAL	■ Verluste von Waren durch unautorisierte und irrtümliche Auslieferung; ■ erhöhte Nutzungsentgelte durch widerrechtlich genutzte Anwendungen, z. B. durch Hacking einer Voice-Over-IP-Telefonanlage. Es gilt das in der Versicherungspolice vereinbarte Sublimit. **2.3.5 Sachschäden an IT-Hardware** Der Versicherer bietet versicherten Gesellschaften Versicherungsschutz für den unmittelbar infolge einer Netzwerksicherheitsverletzung im Sinne von Ziffer 1.3.3 entstehenden Sachschaden an dem Computer-System einer versicherten Gesellschaft. Der Versicherer erstattet den versicherten Gesellschaften die Reparaturkosten oder den Neuwert der beschädigten IT-Hardware abzüglich des Wertes des Altmaterials, wenn er seine Zustimmung für die geplante Reparatur/Neuanschaffung erteilt hat. Neuwert ist der Betrag, der aufzuwenden ist, um IT-Hardware gleicher Art und Güte in neuwertigem Zustand wiederzubeschaffen oder sie neu herzustellen; maßgebend ist der niedrigere Betrag. Es gilt das in der Versicherungspolice vereinbarte Sublimit. **2.3.6 Verfahrensschutz** 2.3.6.1 Strafrechtsschutz Wird wegen eines Cyber-Events ein Straf- oder Ordnungswidrigkeitenverfahren oder ein sonstiges behördliches Verfahren gegen einen Versicherten eingeleitet, trägt der Versicherer die Kosten zur Wahrnehmung der rechtlichen Interessen des Versicherten. Dies gilt auch für sonstige Verfahren und strafprozessuale Zwangsmaßnahmen, die mit den vorgenannten Verfahren im Zusammenhang stehen. Hierunter werden sämtliche Verfahren gefasst, die in Verbindung mit der Vorbereitung, Durchführung oder Abwicklung eines Strafverfahrens stehen oder sich als Konsequenz aus einem Strafverfahren ergeben können. Werden in einem behördlichen Verfahren ausschließlich Vorsatzvorwürfe oder Vorsatz- und Fahrlässigkeitsvorwürfe parallel erhoben, besteht vorläufig Versicherungsschutz bis zur rechtskräftigen Feststellung des Vorsatzes. Der Abschluss von Straf- oder Ordnungswidrigkeitenverfahren durch einen Strafbefehl oder durch eine Einstellung führt auch bei rechtskräftiger oder unanfechtbarer Feststellung einer Vorsatztat nicht zur Rückerstattungspflicht der für diese Verfahren angefallenen Kosten. Versichert ist auch die Vertretung versicherter Gesellschaften gegenüber Strafgerichten, Behörden, vergleichbaren Stellen und parlamentarischen Untersuchungsausschüssen, die berechtigt sind, wegen Straf- und Ordnungswidrigkeitenvorschriften zu ermitteln, auch ohne dass bestimmte Betriebsangehörige versicherte Personen beschuldigt sein müssen (Firmenstellungnahme).

Anbieter	
DUAL	2.3.6.2 Bußgelder, Geldstrafen und Entschädigung mit Strafcharakter Sofern kein gesetzliches Versicherungsverbot entgegensteht, übernimmt der Versicherer Kosten, die aufgrund von Bußgeldern wegen einer Ordnungswidrigkeit, Geldstrafen oder Entschädigungen mit Strafcharakter (z. B. punitive oder exemplary damages) entstehen. Die Leistungspflicht des Versicherers in Bezug auf die unter Ziffer 2.4.2 benannten Kosten ist auf die jeweils in der Versicherungspolice genannte Summe (Sublimit) begrenzt, welche auf die Versicherungssumme angerechnet wird. Sofern kein Sublimit vereinbart ist, gilt die in der Versicherungspolice festgelegte Deckungssumme.
Gothaer	**Gothaer Cyber Versicherung (10/2019)** **2. Versicherungsfall** Als Versicherungsfall im Rahmen des Versicherungsschutzes nach diesem Teil II (Haftpflichtversicherung) gilt die erstmalige schriftliche Geltendmachung eines versicherten Haftpflichtanspruchs gegenüber dem Versicherten **(Anspruchserhebungs-Prinzip)** während der Dauer des Versicherungsvertrages oder einer sich daran anschließenden Nachmeldefrist wegen einer Datenrechtsverletzung oder einer sonstigen Pflichtverletzung (Tun oder Unterlassen) des Versicherten gegenüber einem Dritten, die eine IT-Sicherheitsverletzung oder einen Hacker-Angriff zur Folge hat, soweit diese Datenrechtsverletzung oder die sonstige Pflichtverletzung während der Dauer des Versicherungsvertrages oder während der Rückwärtsversicherung begangen worden ist. Maßgeblicher Zeitpunkt für die Geltendmachung ist der Zeitpunkt des Zugangs des Anspruchsschreibens bei dem Versicherten. **Teil I Gegenstand der Versicherung** **1. Datenrechtsverletzung** **2. IT-Sicherheitsverletzung** **3. Hacker-Angriff** **Teil II Versicherungsschutz für Drittschäden (Haftpflichtversicherung)** **1. Versichertes Risiko** Versicherungsschutz besteht im Umfang der nachfolgenden Bestimmungen für die gesetzliche Haftpflicht eines Versicherten wegen Ansprüchen Dritter aufgrund von Haftpflichtbestimmungen privatrechtlichen Inhalts wegen Vermögensschäden inklusive immaterieller Schäden, soweit diese Haftpflichtansprüche auf einer Datenrechtsverletzung (Teil I Ziffer 1.) oder einer sonstigen Pflichtverletzung (Tun oder Unterlassen) des Versicherten gegenüber einem Dritten beruhen, die eine IT-Sicherheitsverletzung (Teil I Ziffer 2.) oder einen Hacker-Angriff (Teil I Ziffer 3.) zur Folge hat.

Anbieter	
Gothaer	Vermögensschäden im Sinne dieses Vertrags sind solche Schäden, die weder Personen- noch Sachschäden sind, noch sich aus solchen Schäden herleiten. Nicht als Vermögensschaden gelten Schäden ■ durch Abhandenkommen von Sachen; ■ durch Beschädigung, Vernichtung oder Abhandenkommen von Geld, virtuellen Währungen, geldwerten Zeichen oder sonstigen in Wertpapieren verbrieften Vermögenswerten. Nicht als Sache im Sinne dieses Vertrages gelten Daten gemäß Teil I Ziffer 1. **7. Deckungserweiterungen** **7.1 Versicherungsschutz für behördliche Verfahren wegen Datenrechtsverletzungen** **7.2 Einstweiliger Rechtsschutz, Unterlassungs- oder Widerrufsklagen** **7.3 Ausgegliederte Datenverarbeitung** **7.4 Medienhaftpflicht** **Teil III Versicherungsschutz für Eigenschäden** **1. Versichertes Risiko** Versicherungsschutz besteht im Rahmen der nachfolgenden Bestimmungen, wenn einem Versicherten ein Eigenschaden durch die in Teil III Ziffer 3. genannten Kosten entsteht. **2. Versicherungsfall** Der Versicherungsfall im Rahmen des Versicherungsschutzes nach diesem Teil III (Eigenschadenversicherung) tritt ein, wenn durch den Versicherten oder einen Dritten konkrete Anzeichen für eine Datenrechtsverletzung, IT-Sicherheitsverletzung oder einen Hacker-Angriff erstmalig nachprüfbar festgestellt werden (Feststellungsprinzip). Die Feststellung muss während der Dauer des Versicherungsvertrages erfolgen. Es kommt dabei nicht darauf an, ob im Zeitpunkt der erstmaligen Feststellung der Anzeichen bereits die Ursache oder der Umfang der Datenrechtsverletzung, IT-Sicherheitsverletzung oder des Hacker-Angriffes erkennbar war. Als Versicherungsfall gilt im Falle von Teil III Ziffer 3.4 auch die in den Medien erfolgte erstmalige Berichterstattung. **Teil IV Optionale Deckungserweiterungen** **1. Betriebsunterbrechung** **1.1 Versichertes Risiko** Versicherungsschutz besteht unter Berücksichtigung der im Versicherungsschein ausgewiesenen zeitlichen Selbstbeteiligung und der vereinbarten Haftzeit für den unmittelbar durch eine **unvorhergesehene** Betriebsunterbrechung verursachten Betriebsunterbrechungsschaden eines Versicherten.

Anbieter	
Gothaer	**1.2 Versicherungsfall** Der Versicherungsfall für den Versicherungsschutz des Betriebsunterbrechungsschadens des Versicherten nach Teil IV Ziffer 1. tritt bei der erstmaligen, nachprüfbaren Feststellung des der Betriebsunterbrechung zugrundeliegenden Sachverhalts innerhalb der Vertragslaufzeit durch den Versicherten oder einen sonstigen Dritten ein (Feststellungsprinzip). **2. PCI-DSS-Vertragsstrafen** **2.2 Versicherungsfall** Als Versicherungsfall gilt die erstmalige schriftliche Geltendmachung der Forderung gemäß Teil IV Ziffer 2.1 gegenüber dem Versicherten (Anspruchserhebungsprinzip) während der Dauer des Versicherungsvertrages oder der sich daran anschließenden Nachmeldefrist, soweit die Datenrechtsverletzung oder der Hacker-Angriff während der Dauer des Versicherungsvertrages oder während der Rückwärtsversicherung begangen worden ist. Hinsichtlich Nachmeldefrist und Rückwärtsversicherung gelten Teil II Ziffer 4. bzw. 3. entsprechend. Maßgeblicher Zeitpunkt für die Geltendmachung ist der Zeitpunkt des Zugangs des Anspruchsschreibens beim Versicherten. **3.1 Eigenschäden durch mitversicherte Personen** **3.2 Cyber-Diebstahl** **3.4 Sachschäden am Computersystem** **3.5 Unter- und Überspannung, elektromagnetische Störung** **3.6 Geldbußen nach EU-DSGVO (sofern kein gesetzliches Versicherungsverbot entgegensteht)** **3.7 Sachschäden an Fertigungserzeugnissen** **4. Cyber-Erpressung** **5. Bring-your-own-device (BYOD)** **Teil V Ausschlüsse** Hier sind 20 allgemeine Ausschlüsse benannt; hinzu kommen noch **Besondere Ausschlüsse für die Cyber-Erpressung (Teil IV Ziffer 4.)** Vom Versicherungsschutz unter Teil IV Ziffer 4. ausgeschlossen sind Eigenschäden im Zusammenhang mit ■ Aufwendungen und Kosten zur Vermeidung von Personen- und Sachschäden; ■ Aufwendungen und Kosten, die im Rahmen einer Entführung, nach oder unter Androhung von Gewalt gegenüber Personen oder anderer Gefahren für Leib oder Leben anfallen; ■ Erpressungsgelder die infolge betrügerischer oder krimineller Handlungen des Versicherungsnehmers und/oder Tochterunternehmen verlangt werden, unabhängig davon, ob er alleine oder mit anderen agiert.

Anbieter	
HDI Global SE	**Cyber+ 404-FL820 (1.17)** **Ziffer 1 Versicherungsschutz für Drittschäden** **1.5 Versicherungsfall** **Präambel** Für Haftpflichtansprüche sowie für sonstige benannte Ansprüche Dritter (Ziffer 1.1 bis 1.2) gewährt diese Versicherung Versicherungsschutz **auf Basis des Anspruchserhebungsprinzips (Claims-made-Prinzip).** Der Versicherungsfall wird dadurch ausgelöst, dass während der Vertragsdauer oder während einer Nachmeldefrist gegenüber dem Versicherungsnehmer, mitversicherten Unternehmen oder mitversicherten Personen erstmals ein Haftpflichtanspruch schriftlich geltend gemacht wird, der auf einer während der Vertragsdauer begangenen Informationssicherheitsverletzung (Ziffer 1.3.5) beruht. Für bestimmte Eigenschäden gewährt diese Versicherung Aufwendungs- und Kostenersatz, Ersatz für bestimmte Vermögensschäden aufgrund von Cyber-Vertrauensschäden sowie Ertragsausfall-Entschädigung nach Maßgabe dieser Bedingungen. Für diese Eigenschaden-Deckungsbausteine gelten unterschiedliche, in den Ziffern 2 und 3 gesondert benannte Versicherungsfalldefinitionen. **1.1 Gegenstand der Versicherung** Der Versicherer gewährt dem VN, den mitversicherten Unternehmen und mitversicherten Personen im Rahmen der nachfolgenden Bedingungen Versicherungsschutz, wenn diese von einem Dritten aufgrund gesetzlicher Haftpflichtbestimmungen erstmals während der Vertragsdauer oder einer Nachmeldefrist für einen Vermögensschaden auf Schadenersatz in Anspruch genommen werden, sofern dieser Vermögensschaden bei der Ausübung der versicherten Tätigkeit durch eine Informationssicherheitsverletzung eingetreten ist. Die Voraussetzungen des Versicherungsfalles ergeben sich aus Ziffer 1.5. Vertragliche Ansprüche Dritter sind vom Versicherungsschutz erfasst, sofern der Schadenersatzanspruch im gleichen Umfang auch aufgrund gesetzlicher Haftpflichtbestimmungen einredefrei besteht und es sich nicht um Erfüllungs- oder Nacherfüllungsansprüche gemäß Ziffer 1.2 handelt. 1.1.1 Mitversicherung vertraglicher Freistellungsverpflichtungen gegenüber Auftragsdaten verarbeitenden Stellen (Sublimit) 1.1.2 Unberechtigte Veröffentlichung digitaler Medieninhalte (Medien-Haftpflicht) 1.1.3 Optional: Vertragsstrafen wegen Verletzungen von PCI-Datensicherheitsstandards (Sublimit) 1.1.4 Verteidigung in Datenschutzverfahren; Erstattung von Bußgeldern wegen Datenschutzverletzung (Sublimit)

Anbieter	
HDI Global SE	1.1.5 Mitversicherung weiterer Ansprüche Dritter im Zusammenhang mit Datenschutzverletzungen (Sublimit) **1.2 Erfüllungs- und Nacherfüllungsansprüche** Kein Versicherungsschutz besteht für Ansprüche, auch wenn es sich um gesetzliche Ansprüche handelt, ■ auf Erfüllung von Verträgen, Nacherfüllung, aus Selbstvornahme, Rücktritt, Minderung, auf Schadenersatz statt der Leistung; ■ wegen Schäden, die verursacht werden, um die Nacherfüllung durchführen zu können; ■ wegen des Ausfalls der Nutzung des Vertragsgegenstandes oder wegen des Ausbleibens des mit der Vertragsleistung geschuldeten Erfolges; ■ auf Ersatz vergeblicher Aufwendungen im Vertrauen auf ordnungsgemäße Vertragserfüllung; ■ auf Ersatz von Vermögensschäden wegen Verzögerung der Leistung; ■ wegen anderer an die Stelle der Erfüllung tretender Ersatzleistungen. Sofern besonders vereinbart, sind – teilweise abweichend von Absatz 1 – gesetzliche Schadenersatzansprüche Dritter wegen Vermögensschäden vom Versicherungsschutz umfasst, wenn aufgrund einer Netzwerksicherheitsverletzung eine vertraglich geschuldete Herstellung/Lieferung eines Erzeugnisses, eine Erbringung von Arbeit oder sonstiger Leistung ■ teilweise oder vollständig unterbleibt, oder ■ nicht rechtzeitig erbracht oder bereitgestellt wird. Gedeckt sind ausschließlich Schadenersatzansprüche wegen ■ des Ausfalls der Nutzung des Erzeugnisses, der Arbeit oder sonstigen Leistung; ■ eines Mehraufwands für die Ersatzbeschaffung des Erzeugnisses, der Arbeit oder sonstigen Leistung; ■ eines Ertragsausfallschadens/entgangenen Gewinns aufgrund einer nicht nachholbaren Betriebsunterbrechung bei Dritten. Kein Versicherungsschutz besteht für Ansprüche ■ aufgrund einer Herstellung/Lieferung mangelhafter Erzeugnisse oder Erbringung mangelhafter Arbeiten oder sonstiger Leistungen; ■ aufgrund einer Herstellung/Lieferung anderer als der geschuldeten Erzeugnisse (sog. Aliud-Lieferung). **1.5 Versicherungsfall** Als Versicherungsfall gilt die erstmalige Geltendmachung eines Haftpflichtanspruchs wegen einer Informationssicherheitsverletzung gemäß Ziffer 1.3.5, die während der Vertragsdauer eingetreten ist, gegenüber dem Versicherungsnehmer oder mitversicherten Unternehmen oder mitversicherten Personen.

Anbieter	
HDI Global SE	Ein Haftpflichtanspruch im Sinne dieses Vertrags ist geltend gemacht, wenn während der Vertragsdauer oder während einer Nachmeldefrist gegen den VN oder mitversicherte Unternehmen oder mitversicherten Personen ein Haftpflichtanspruch erstmals schriftlich erhoben wird. **1.3 Begriffsbestimmungen (Auszug)** **1.3.5 Informationssicherheitsverletzung** Eine Informationssicherheitsverletzung im Sinne dieses Vertrages ist eine ▪ Datenschutzverletzung gemäß Ziffer 1.3.6; ▪ Datenvertraulichkeitsverletzung gemäß Ziffer 1.3.7; ▪ Netzwerksicherheitsverletzung gemäß Ziffer 1.3.8. **2 Versicherungsschutz für Eigenschäden** **2.1 Gegenstand der Versicherung** Versicherungsschutz besteht im Rahmen der Versicherungsbedingungen gemäß Ziffern 2.1.1 bis 2.3 bei dem VN oder einem mitversicherten Unternehmen während der Vertragsdauer im Zusammenhang mit den in Ziffern 2.1.1 bis 2.3 genannten Dienstleistungen entstehende notwendige und angemessene Kosten und Aufwendungen. Versichert ist ausschließlich das Interesse des Versicherungsnehmers und betroffener mitversicherter Unternehmen. **2.1.1 Vorsorgliche Dienst- und Beratungsleistungen** Im Falle hinreichender tatsächlicher Anhaltspunkte für eine Informationssicherheitsverletzung besteht Versicherungsschutz für einen Zeitraum von bis zu 48 Stunden ab erstmaliger Kontaktaufnahme mit dem im Versicherungsschein genannten Unternehmen für angemessene und notwendige Honorare, Auslagen und Aufwendungen des im Versicherungsschein benannten Unternehmens für Ziffer 2.1.4. ▪ **forensische Untersuchungen gem. Ziffer 2.1.2;** ▪ **Rechtsberatung gem. Ziffer 2.1.3;** ▪ **Öffentlichkeitsarbeit im Krisenfall gem. Ziffer 2.1.4.** Für darüber hinausgehende Zeiträume werden oben genannte Kosten und Aufwendungen im Rahmen dieser Ziffer 2.1.1 nur erstattet, sofern der Versicherer der Verlängerung im Vorfeld in Textform zugestimmt hat. **2.1.5 Kredit-Überwachungsdienstleistungen** Im Falle einer Informationssicherheitsverletzung im Zusammenhang mit bestimmten personenbezogenen Daten, die Identitätsmerkmale enthalten und in Kombination mit anderen Daten zur Eröffnung neuer Bank- und Kreditkartenkonten im Namen der betroffenen Person missbraucht werden können (beispielsweise Kreditkartennummer, Sozialversicherungsnummer, Führerscheinnummer, Ausweis-/Kennnummer), besteht Versicherungsschutz für angemessene und notwendige Aufwendungen für Überwachungsdienstleistungen zur Prüfung und Benachrichtigung.

Anbieter	
HDI Global SE	Versichert sind jedoch nur Kredit-Überwachungs-Dienstleistungen, ■ für die eine gesetzliche Verpflichtung oder eine behördliche Anordnung der zuständigen Datenschutzbehörde besteht; ■ innerhalb eines Zeitraumes von zwölf Monaten ab erstmaliger Feststellung der Informationssicherheitsverletzung angeboten und von der betroffenen Person genutzt werden. **2.3 Versicherungsfall** Versicherungsfall bei Eigenschäden gemäß Ziffer 2.1.1 bis 2.1.5 ist im Falle von ■ Ziffer 2.1.1 die erstmalige Feststellung hinreichender tatsächlicher Anhaltspunkte für eine Informationssicherheitsverletzung durch den VN während der Vertragsdauer; ■ Ziffer 2.1.2 die erstmalige Feststellung einer Informationssicherheitsverletzung durch den VN während der Vertragsdauer; ■ Ziffer 2.1.3 die erstmalige Feststellung einer Datenschutzverletzung durch den VN während der Vertragsdauer; ■ Ziffer 2.1.4 die in den Medien erfolgte erstmalige Veröffentlichung während der Vertragsdauer; ■ Ziffer 2.1.5 die erstmalige Feststellung einer Informationssicherheitsverletzung durch den VN während der Vertragsdauer. **2.4 Wiederherstellung von Daten und Software** **2.4.1 Gegenstand der Versicherung, Versicherungsfall** Im Falle von erstmalig während der Vertragsdauer festgestellten Netzwerksicherheitsverletzungen besteht im Rahmen und Umfang der Ziffer 2.4.1 bis 2.4.6 Versicherungsschutz am Versicherungsort für die Erstattung notwendiger und angemessener Kosten und Aufwendungen (auf Erstes Risiko) ■ zur Feststellung, ob versicherte Daten und Software, welche sich im Zeitpunkt der Netzwerksicherheitsverletzung in den IT-Systemen des Versicherungsnehmers oder mitversicherter Unternehmen befanden, wiederhergestellt, erneut erfasst oder neu erhoben werden können; ■ zur Wiederherstellung des früheren, betriebsfertigen Zustands versicherter Daten und Software einschließlich Websites des Versicherungsnehmers oder mitversicherter Unternehmen nach Ziffer 2.4.5. Versicherungsschutz besteht auch für eine Löschung, die Veränderung oder die Nichtverfügbarkeit versicherter Daten und Software, soweit diese durch eine fehlerhafte Bedienung der IT-Systeme verursacht wird. Versichert ist ausschließlich das Interesse des Versicherungsnehmers und des betroffenen mitversicherten Unternehmens.

Anbieter	
HDI Global SE	**2.5.3 Cyber-Vertrauensschäden (Sublimit)** Als Versicherungsfall gilt die erstmalige Feststellung eines Schadens gemäß Ziffer 2.5.1 durch den VN oder ein versichertes Unternehmen während der Vertragsdauer oder einer Nachmeldefrist, sofern die zugrundeliegende Netzwerksicherheitsverletzung, welche einen Straftatbestand im Sinne des Strafgesetzbuches erfüllt, erstmalig während der Vertragsdauer eingetreten ist. **3 Betriebsunterbrechung/Ertragsausfall** **3.1 Gegenstand der Versicherung/Versicherungsfall** Wird der Betrieb des Versicherungsnehmers oder mitversicherter Unternehmen während der Vertragsdauer durch ■ einen Daten-/Softwareschaden; ■ eine mit dem Versicherer abgestimmte forensische Untersuchung gemäß Ziffer 2.1.2 bei dem VN oder bei mitversicherten Unternehmen; ■ eine sofort vollziehbare Verfügung einer Datenschutzbehörde betreffend eine Betriebseinstellung bei dem VN oder mitversicherten Unternehmen wegen einer Datenschutzverletzung; ■ fehlerhafte Bedienung der IT-Systeme vollständig oder teilweise unterbrochen oder beeinträchtigt (Betriebsunterbrechung), so leistet der Versicherer Entschädigung für den dadurch innerhalb der Haftzeit entstehenden Ertragsausfallschaden gemäß Ziffer 3.4 (auf Erstes Risiko). Kein Versicherungsschutz besteht ohne Rücksicht auf mitwirkende Ursachen für Ertragsausfallschäden durch Sachschäden, die keine Daten-/Softwareschäden sind (z. B. Brandschäden an Datenverarbeitungsanlagen oder mechanische Schäden an Maschinen infolge eines Daten-/Softwareschadens). **3.2 Daten-/Softwareschaden; nicht versicherte Gefahren und Schäden** **3.2.1 Daten-/Softwareschaden** Daten-/Softwareschaden ist die Löschung, Veränderung oder Nichtverfügbarkeit von Daten und Software durch Netzwerksicherheitsverletzungen gemäß Ziffer 1.3.8. **3.2.2 Nicht versicherte Gefahren und Schäden** Der Versicherer leistet ohne Rücksicht auf mitwirkende Ursachen keine Entschädigung für Ertragsausfallschäden durch ■ Daten-/Softwareschäden, soweit der Versicherungsnehmer oder ein mitversichertes Unternehmen zur Nutzung der Daten und Software nicht berechtigt ist; ■ geplante Abschaltungen der Hardware, der Datenverarbeitungsanlagen oder der Datenfernübertragungseinrichtungen und -leitungen (ausgenommen sind Abschaltungen aufgrund von mit dem Versicherer ab-gestimmten forensischen Untersuchungen gemäß Ziffer 2.1.2);

Anbieter	
HDI Global SE	■ die Einführung neuer IT-Verfahren, IT-Systeme oder Software; ■ Mängel, die bei Abschluss der Versicherung bereits vorhanden waren und dem Versicherungsnehmer oder seinen Repräsentanten bekannt sein mussten, wobei nur grobe Fahrlässigkeit schadet und diese den Versicherer dazu berechtigt, seine Leistung in einem der Schwere des Verschuldens entsprechenden Verhältnis zu kürzen; ■ die Korrektur von manuell fehlerhaft eingegebenen Daten und für die Fehlerbeseitigung in Software; ■ Änderungen oder Verbesserungen von Daten und Software, die über die Wiederherstellung hinausgehen; ■ nicht notwendige Wiederbeschaffungen oder Wiedereingaben von Daten und Software. **3.5 Mehrkosten** Darüber hinaus besteht Versicherungsschutz für innerhalb der Haftzeit entstehende Mehrkosten zur Abwendung oder Verkürzung einer Betriebsunterbrechung. **4 Optionale Deckungserweiterungen** 4.1 Cyber-Straf- und Datenschutzverfahrens-Rechtsschutz (optionales Sublimit) 4.2 Cyber-Vermögensschaden-Haftpflicht für Unternehmensleiter, D&O-Versicherung (optionales Sublimit) 4.3 Cyber-Spionage (optionales Sublimit) sowie 2.5.8 Cyber-Vertrauensschäden durch mitversicherte Personen (optional) 2.4.7 und 3.12 Technische Probleme der IT-Systeme (optional) 3.11 Inanspruchnahme von Cloud/IT-Dienstleistungen (optional) 3.13 Vertrags- und Konventionalstrafen (optional) Sideletter Cyber-Bedrohung Sofern besonders vereinbart besteht Versicherungsschutz bei diesen optionalen Erweiterungen. **5.4 Ausschlüsse** Zusätzlich zu den in Ziffer 5.4 der Bedingungen FL 820 i. d. F. 1.17 aufgeführten Ausschlüssen erstreckt sich der Versicherungsschutz nicht auf eine angedrohte Verletzung der Informationssicherheit, welche durch eine Behörde oder eine andere staatliche Institution ausgesprochen wird; ■ Lösegeld, das im Rahmen einer Entführung, nach oder unter Anwendung oder Androhung von Gewalt gegenüber Personen oder anderer Gefahren für Leib oder Leben übergeben wird;

Anbieter	
HDI Global SE	■ Lösegeld, das infolge betrügerischer oder krimineller Handlungen des Versicherungsnehmers oder eines mitversicherten Unternehmens, von deren Aufsichtsräten, Direktoren, Vorständen, Geschäftsführern, Angestellten oder Vertretern verloren geht, zerstört oder gestohlen wird unabhängig davon, ob sie allein oder gemeinsam mit anderen agieren; ■ Lösegeld, soweit widerrechtlich damit gedroht wird, Produkte, die der Versicherungsnehmer oder mitversicherte Unternehmen herstellen, vertreiben oder bearbeiten, zu kontaminieren, verunreinigen oder minderwertig zu machen oder eine diesbezügliche Veröffentlichung vorzunehmen (Produkterpressung)
HISCOX	**Hiscox CyberClear Bedingungen 03.2019** **IV. Allgemeine Regelungen** **1. Versicherungsfall** Der Versicherungsfall ist der **tatsächliche Eintritt eines Ereignisses** gemäß Ziffer I., welches die Schädigung eines Dritten oder den Eigenschaden eines Versicherten unmittelbar herbeiführt. Für die Soforthilfe im Notfall gemäß Ziffer II.1., die Cyber-Eigenschäden in Form von Kosten für IT-Forensik gemäß Ziffer II.2.1., die Kosten für Krisenmanagement- und PR-Maßnahmen gemäß Ziffer II.2.2. und die Benachrichtigungskosten gemäß Ziffer II.2.4. besteht unabhängig vom tatsächlichen Eintritt des Versicherungsfalles bereits dann Versicherungsschutz, wenn der tatsächliche Eintritt eines Versicherungsfalles aufgrund der objektiven Umstände zu vermuten ist. **1.1. Serienschaden** Mehrere im versicherten Zeitraum eingetretene oder vermutete Versicherungsfälle, die auf derselben Ursache oder auf mehreren gleichen Ursachen, die in einem inneren, insbesondere sachlichen und zeitlichen Zusammenhang zueinander stehen, beruhen, gelten – auch wenn sie in unterschiedlichen Versicherungsperioden oder in der Nachmeldefrist eintreten – als ein Versicherungsfall, der in dem Zeitpunkt als eingetreten gilt, in dem der erste der zusammengefassten Versicherungsfälle eingetreten ist. **1.2. Beweiserleichterung bezüglich des Versicherungsfalles** Kann der Beweis, dass ein Versicherungsfall eingetreten ist, nicht erbracht werden, so gilt der Eintritt des Versicherungsfalles bereits dann als bewiesen, wenn aufgrund objektiver Umstände keine vernünftigen Zweifel daran bestehen können, dass alternative Ursachen für den Eintritt des versicherten Schadens nicht in Betracht kommen.

Anbieter	
HISCOX	Voraussetzung für die Anwendung der Beweiserleichterung ist weiterhin, dass der Krisendienstleister durch den Versicherten eingeschaltet wurde und dass kein Verstoß der Versicherten gegen Anzeige- bzw. Mitwirkungsobliegenheiten im Versicherungsfall vorliegt. **I. Was ist versichert?** Der Versicherer gewährt dem VN und den mitversicherten Personen (Versicherte) im Rahmen der nachstehenden Bedingungen Versicherungsschutz für Schäden aufgrund folgender Ereignisse (Cyber-Schäden): ■ einer Netzwerksicherheitsverletzung; ■ eines Bedienfehlers; ■ einer Datenrechtsverletzung; ■ einer Cyber-Erpressung; ■ einer Rechtsverletzung durch Werbung und Marketing. Versicherungsschutz besteht für Eigenschäden in Form von Soforthilfe im Notfall gemäß Ziffer II.1., für Kosten und Schäden gemäß Ziffer II.2. als auch für Cyber-Betriebsunterbrechungsschäden gemäß Ziffer II.5. Zudem besteht Versicherungsschutz für Vermögensschäden eines Dritten gemäß Ziffern II.3. und II.4., aufgrund derer ein Versicherter in Anspruch genommen wird (Haftpflicht). **1. Netzwerksicherheitsverletzung** Eine Netzwerksicherheitsverletzung ist jeder unzulässige Zugriff auf das IT-System oder jede unzulässige Nutzung des IT-Systems eines Versicherten. Eine Netzwerksicherheitsverletzung liegt insbesondere vor bei: ■ (Hacker-) Angriffen – gezielt und ungezielt – auf das IT-System eines Versicherten, sofern die Angriffe die Veränderung, Beschädigung, Zerstörung, Löschung, Verschlüsselung, Kopie oder das Abhandenkommen von Daten zur Folge haben; ■ Eingriffen in das IT-System des Versicherten zum Beispiel mit durch Täuschung (Phishing) erhaltenen Zugangsdaten von Mitarbeitern; ■ Schadprogrammen, wie Viren, Würmern oder Trojanern, die sich im IT-System eines Versicherten ausbreiten; ■ Denial-of-Service-Angriffen, durch die der Betrieb des IT-Systems eines Versicherten unterbrochen wird; ■ jeder Weitergabe von Schadprogrammen an oder Denial-of-Service-Angriffen gegen das IT-System eines Dritten ausgehend vom IT-System eines Versicherten.

Anbieter	
HISCOX	**2. Bedienfehler** Ein Bedienfehler ist die unsachgemäße Bedienung des IT-Systems eines Versicherten durch fahrlässiges, auch grob fahrlässiges, Handeln oder Unterlassen dieses Versicherten oder seiner Mitarbeiter, sofern die Bedienung die Veränderung, Beschädigung, Zerstörung, Löschung, Verschlüsselung, Kopie oder das Abhandenkommen von Daten zur Folge hat. **3. Datenrechtsverletzung** Eine Datenrechtsverletzung ist jeder Verstoß gegen gesetzliche Vorschriften oder vertragliche Vereinbarungen eines Versicherten, die den Schutz personenbezogener, persönlicher oder geschäftlicher Daten bezwecken und ein den gesetzlichen Bestimmungen entsprechendes Schutzniveau vorsehen. Im Zusammenhang mit Datenrechtsverletzungen bezeichnet der Begriff Daten sowohl elektronische als auch physische Daten. Eine Datenrechtsverletzung liegt insbesondere vor bei einem Verstoß gegen: ■ gesetzliche Datenschutzbestimmungen wie das Bundesdatenschutzgesetz, die Datenschutzgrundverordnung oder vergleichbare ausländische Rechtsnormen zum Datenschutz; ■ vertragliche Geheimhaltungspflichten; ■ vertragliche Payment Card Industry (PCI) Datensicherheitsstandards oder einer PCI Datensicherheitsvereinbarung durch einen E-Payment Service Provider. **4. Cyber-Erpressung** Eine Cyber-Erpressung liegt vor, wenn einem Versicherten rechtswidrig ■ mit einer Netzwerksicherheitsverletzung gemäß Ziffer I.1. oder ■ mit einer Datenrechtsverletzung gemäß Ziffer I.3. gedroht wird und für die Nicht-Verwirklichung der Drohung ein Lösegeld verlangt wird. Als Lösegeld ist dabei jede Form von Geld, Waren oder Dienstleistungen anzusehen, die der Erpresser von einem Versicherten verlangt. **5. Rechtsverletzung durch Werbung und Marketing** Eine Rechtsverletzung durch Werbung und Marketing liegt vor, wenn im Zusammenhang mit Veröffentlichungen zu Werbe- und Marketingzwecken für die Produkte oder die Dienstleistungen der Versicherten Rechte Dritter verletzt werden. **II. Was leistet der Versicherer?** Der Versicherer gewährt den Versicherten Versicherungsschutz in Form der nachstehenden Leistungen. 1. Soforthilfe im Notfall 2. Cyber-Eigenschaden

Anbieter	
HISCOX	3. Cyber-Haftpflicht 4. Werbe-Haftpflicht 5. Cyber-Betriebsunterbrechung **1. Soforthilfe im Notfall** Bei Bestehen einer konkreten Risikolage für einen Versicherten übernimmt der Versicherer die Kosten des Krisendienstleisters für eine erste telefonische Notfall- und Krisenunterstützung in Form von: ■ einer Experteneinschätzung zur geschilderten Lage, ■ Empfehlungen für Sofortmaßnahmen zur Schadensbegrenzung, ■ Empfehlungen für Sofortmaßnahmen zur Ursachenermittlung sowie ■ einer ersten Bewertung der bisherigen Maßnahmen. Eine konkrete Risikolage liegt vor, wenn aus Sicht eines Versicherten der tatsächliche oder der künftige Eintritt eines versicherten Ereignisses gemäß Ziffern I.1. bis I.4. aufgrund der objektiven Umstände zu vermuten ist. Hinsichtlich der Kosten für die Soforthilfe im Notfall fällt weder ein Selbstbehalt an noch werden diese Kosten auf die Versicherungssumme angerechnet. **2. Cyber-Eigenschaden** Der Versicherer gewährt den Versicherten Versicherungsschutz, wenn diesen aufgrund eines versicherten Ereignisses gemäß Ziffern I.1. bis I.4. ein Eigenschaden entsteht. Sämtliche der nachfolgend aufgeführten Schaden- und Kostenpositionen stellen Eigenschäden im Sinne dieser Bedingungen dar. Der Versicherer ersetzt die nachstehenden Schadenpositionen sowie alle angemessenen und notwendigen Kosten. Kosten, die nicht auf Weisung oder Veranlassung des Versicherers entstehen, insbesondere Kosten eines ohne Zustimmung des Versicherers beauftragten Dienstleisters, werden nicht erstattet. **3. Cyber-Haftpflicht** Der Versicherer gewährt den Versicherten Versicherungsschutz, wenn diese infolge eines versicherten Ereignisses gemäß Ziffern I.1. bis I.4. von einem Dritten aufgrund gesetzlicher Haftpflichtansprüche privatrechtlichen Inhalts für einen Vermögensschaden in Anspruch genommen werden. Versicherungsschutz in der Cyber-Haftpflicht besteht auch für immaterielle Schäden, die sich aus versicherten Vermögensschäden herleiten. Hierzu zählen immaterielle Schäden aufgrund einer Persönlichkeitsrechtsverletzung sowie psychischer Beeinträchtigungen (mental anguish oder emotional distress).

Anbieter	
HISCOX	**4. Werbe-Haftpflicht** Der Versicherer gewährt den Versicherten Versicherungsschutz, wenn diese infolge von Werbung und Marketing für das eigene Unternehmen gemäß Ziffer I.5. von einem Dritten aufgrund gesetzlicher Haftpflichtansprüche privatrechtlichen Inhalts für einen Vermögensschaden in Anspruch genommen werden. Bezüglich der Leistungen des Versicherers kommen die Ziffern II.3.1. bis II.3.3. entsprechend zur Anwendung. **5. Cyber-Betriebsunterbrechung** Der Versicherer gewährt den Versicherten unter Berücksichtigung des im Versicherungsschein vereinbarten zeitlichen Selbstbehalts und der Haftzeit Versicherungsschutz, wenn **unmittelbar und ausschließlich** durch ein versichertes Ereignis im Sinne der Ziffern I.1. bis I.4. eine Cyber-Betriebsunterbrechung verursacht wird und hierdurch den Versicherten ein Ertragsausfallschaden entsteht. Versicherungsschutz im Rahmen der Cyber-Betriebsunterbrechung besteht nur, wenn die Daten und das IT-System der alleinigen Herrschaftsgewalt des Versicherten unterliegen oder er die vollständige Kontrolle darüber hat. Darüber hinaus besteht Versicherungsschutz im Rahmen der Cyber-Betriebsunterbrechung, wenn die Daten und das IT-System nicht der alleinigen Herrschaftsgewalt des Versicherten unterliegen und er nicht die vollständige Kontrolle darüber hat und wenn das versicherte Ereignis von dem Teil des IT-Systems des Versicherten ausgeht, der seiner alleinigen Herrschaftsgewalt unterliegt und über den er die vollständige Kontrolle hat.
MARKEL	**Abschnitt E.** **Versicherungsfall und Schadenfalldefinitionen** **1. Versicherungsfall** **Versicherungsfall in den Cyber-Schaden-Bausteinen A.1 bis A.5** Versicherungsfall ist der Eintritt eines der gemäß den Bausteinen A.1 bis A.5. versicherten Ereignisse. **Versicherungsfall in der Cyber-Haftpflicht A.6** Versicherungsfall ist die **erstmalige schriftliche Erhebung eines Haftpflichtanspruchs** gegenüber den Versicherten. **2. Serienschaden** Mehrere im versicherten Zeitraum eintretende Versicherungsfälle, die auf derselben Ursache oder auf gleichen Ursachen mit innerem, insbesondere sachlichem, wirtschaftlichem und zeitlichem Zusammenhang beruhen, gelten als ein

Anbieter	
MARKEL	einziger Versicherungsfall, der zum Zeitpunkt des ersten dieser Versicherungsfälle als eingetreten gilt. **A.1 Cyber- und Dateneigenschaden** **1. Umfang des Versicherungsschutzes** Der Versicherer gewährt den Versicherten Versicherungsschutz für die Beschädigung, Zerstörung, Veränderung, Blockierung oder den Missbrauch ■ der IT-Systeme der Versicherten, insbesondere die Computer, Server, Netzwerke, Mobiltelefone, Tablets, Telefonanlagen, Videokonferenzsysteme, Datenleitungen sowie Intra- und Extranets, ■ der Programme der Versicherten, insbesondere Betriebssysteme, Datenbanken, Verwaltungssoftware, ■ oder der elektronischen Daten der Versicherten, insbesondere Auftragsdaten, Kundendaten, Personendaten infolge ■ eines unbefugten Eingriffs in die IT Systeme (Hacker-Einbruch) ■ eines unbefugten Angriffs mit dem Ziel, die IT Systeme zu unterbrechen (DoS – Denial of Service), ■ einer Infektion eines IT Systems durch Schadsoftware, insbesondere Viren, Schadcodes und Trojaner, durch ■ Dritte (z. B. Hacker, Kriminelle), ■ eine mitversicherte Person bei Gelegenheit einer dienstlichen Tätigkeit mit der Absicht, die Versicherten vorsätzlich zu schädigen (Innentäter), ■ einen Bedienfehler der Versicherten. Ein Bedienfehler ist die unsachgemäße Bedienung der IT-Systeme der Versicherten durch fahrlässiges, auch grob fahrlässiges Handeln oder Unterlassen der Versicherten. Für alle Bausteine dieser Cyber-Versicherung gelten sowohl gezielte als auch ungezielte Eingriffe, Angriffe und Infektionen mit Schadsoftware als versichert. **A.2 Cyber- Betriebsunterbrechung (sofern im Versicherungsschein vereinbart)** **1. Umfang des Versicherungsschutzes** Der Versicherer gewährt den Versicherten Versicherungsschutz für Cyber-Betriebsunterbrechungsschäden durch Unterbrechung oder Beeinträchtigung des versicherten Geschäftsbetriebs der Versicherten infolge ■ eines unbefugten Eingriffs in die IT Systeme der Versicherten (Hacker-Einbruch), ■ eines unbefugten Angriffs mit dem Ziel, die IT Systeme der Versicherten zu unterbrechen (DoS – Denial of Service),

Anbieter	
MARKEL	■ einer Infektion eines IT Systems der Versicherten durch Schadsoftware, insbesondere Viren, Schadcodes und Trojaner, durch ■ Dritte (z. B. Hacker, Kriminelle), ■ eine mitversicherte Person bei Gelegenheit einer dienstlichen Tätigkeit mit der Absicht die Versicherten vorsätzlich zu schädigen (Innentäter). **Cyber-Betriebsunterbrechung bei Nutzung von Cloud- und Hosting-Diensten** Zudem wird auch Versicherungsschutz gewährt für die Unterbrechung oder Beeinträchtigung des versicherten Geschäftsbetriebs der Versicherten infolge ■ eines unbefugten Eingriffs (Hacker-Einbruch) in die IT-Systeme, ■ eines unbefugten Angriffs mit dem Ziel, die IT-Systeme zu unterbrechen (DoS – Denial of Service), ■ einer Infektion der IT-Systeme durch Schadsoftware, insbesondere Viren, Schadcodes und Trojaner, die der Herrschaftsgewalt und Kontrolle eines dritten Dienstleisters (externer Hosting-Dienst, Cloud-Anbieter) unterliegen und von den Versicherten entgeltlich in Anspruch genommen werden. **A 3. Cyber-Erpressung (sofern im Versicherungsschein vereinbart)** **1. Umfang des Versicherungsschutzes** Der Versicherer gewährt den Versicherten Versicherungsschutz im Falle von Geld- oder Warenforderungen durch Dritte im Zusammenhang mit angedrohter oder bereits erfolgter Beschädigung, Zerstörung, Veränderung, Blockierung oder den Missbrauch ■ der IT-Systeme der Versicherten, insbesondere die Computer, Server, Netzwerke, Mobiltelefone, Tablets, Videokonferenzsysteme, Datenanleitungen und Intra- und Extranets, ■ der Programme der Versicherten, insbesondere Betriebssysteme, Datenbanken, Verwaltungssoftware, ■ oder der elektronischen Daten der Versicherten, insbesondere Auftragsdaten, Kundendaten, Personendaten. Versicherungsschutz wird auch gewährt, wenn der Erpresser eine mitversicherte Person, nicht jedoch ein Repräsentant der Versicherten ist. **A.4. Cyber-Zahlungsmittel (sofern im Versicherungsschein vereinbart)** Der Versicherer gewährt den Versicherten Versicherungsschutz bei dem Verstoß gegen ■ Vertragspflichten von Kreditkartenverarbeitungsvereinbarung mit einem Kreditinstitut oder ■ anderweitige Vereinbarungen im Zusammenhang mit anderen Bezahlsystemen wie beispielsweise Bankkarten (EC-Karten) oder

Anbieter	
MARKEL	■ Vereinbarungen mit Zahlungsprozessoren, die den Schutz personenbezogener Daten im Sinne des § 3 Abs. 1 BDSG oder vergleichbarer ausländischer Rechtsnormen bezwecken infolge ■ eines unbefugten Eingriffs in die IT Systeme der Versicherten (Hacker-Einbruch), ■ eines unbefugten Angriffs oder mit dem Ziel, die IT Systeme der Versicherten zu unterbrechen (DoS – Denial of Service), ■ einer Infektion eines IT Systems der Versicherten durch Schadsoftware, insbesondere Viren, Schadcodes und Trojaner, durch ■ Dritte (z. B. Hacker, Kriminelle), ■ eine mitversicherte Person bei Gelegenheit einer dienstlichen Tätigkeit mit der Absicht die Versicherten vorsätzlich zu schädigen (Innentäter). **A.5. Cyber-Vertrauensschaden (sofern im Versicherungsschein vereinbart)** **1. Umfang des Versicherungsschutzes** **Vertrauensschäden durch mitversicherte Personen** Der Versicherer gewährt den Versicherten Versicherungsschutz für unmittelbar entstandene Vermögensschäden, die durch mitversicherte Personen bei Gelegenheit einer dienstlichen Tätigkeit durch vorsätzliche Verwirklichung eines Vermögensdeliktes verursacht werden. Unter **versicherte Vermögensdelikte** fallen Betrug, Urkundenfälschung und -unterdrückung, Unterschlagung und Diebstahl von Firmengeldern, Kundendaten, Waren oder Dienstleistungen sowie Sachbeschädigung an den IT Systemen und Programmen. **Vertrauensschäden durch Dritte** Der Versicherer gewährt den Versicherten Versicherungsschutz für unmittelbar entstandene Vermögensschäden, die durch Dritte in Form eines Vermögensdeliktes begangen werden, in der Absicht, sich selbst oder einen anderen Dritten rechtswidrig zu bereichern. Unter versicherte Vermögensdelikte fallen Betrug, Urkundenfälschung und -unterdrückung, Unterschlagung und Diebstahl von Firmengeldern (zum Beispiel durch Phishing von Bankdaten), Kundendaten, Waren oder Dienstleistungen sowie Sachbeschädigung an den IT-Systemen und Programmen. **Fake President – Täuschung mit der Folge von irrtümlichen Zahlungen oder Lieferungen** Der Versicherer gewährt den Versicherten Versicherungsschutz, wenn mitversicherte Personen, nicht jedoch Repräsentanten, arglistig von Dritten

Anbieter	
MARKEL	getäuscht und dadurch zu Lasten der Versicherten **irrtümliche Zahlungstransaktionen** oder Lieferungen von Waren oder Dienstleistungen durchgeführt werden. **A.6. Cyber-Haftpflicht (sofern im Versicherungsschein vereinbart)** **1. Umfang des Versicherungsschutzes** 1.1 Versichertes Risiko Der Versicherer gewährt den Versicherten Versicherungsschutz, wenn sie von einem Dritten aufgrund gesetzlicher – auch verschuldensunabhängiger – Haftpflichtansprüche privatrechtlichen Inhalts für einen Vermögensschaden (inkl. eines etwaigen immateriellen Schadens) in Anspruch genommen werden, sofern der Schadenersatzanspruch auf einem der nachfolgenden Verstöße 1.3 bis 1.8 beruht. **1.2 Definition Vermögensschäden** Vermögensschäden sind Schäden, die weder Personenschäden (Tötung, Verletzung des Körpers oder Schädigung der Gesundheit von Menschen) noch Sachschäden (Beschädigung, Verderben, Vernichtung oder abhandenkommen von Sachen, insbesondere von Geld und geldwerten Zeichen) sind, noch sich aus solchen Schäden herleiten. Als Vermögensschäden gelten auch der Verlust, die Veränderung oder Blockade elektronischer Daten. **1.3 Verstöße gegen die Cyber-Sicherheit** Der Versicherer gewährt den Versicherten Versicherungsschutz für die Cyber-Sicherheitsverletzung durch die Weitergabe von Schadsoftware, insbesondere Viren, Schadcodes und Trojaner an Dritte aus den IT Systemen der Versicherten oder durch die Nutzung der IT Systeme der Versicherten für Angriffe auf Computersysteme Dritter (DoS – Denial of Service). **1.4 Verstöße gegen Datenschutz** Der Versicherer gewährt den Versicherten Versicherungsschutz für die Verletzung anwendbarer datenschutzrechtlicher Bestimmungen, beispielsweise die europäische Datenschutzgrundverordnung (EU-DSGVO), des Bundesdatenschutzgesetzes (BDSG) oder vergleichbarer inländischer oder ausländischer Rechtsnormen durch die Versicherten. Im Zusammenhang mit Verstößen gegen den Datenschutz bezeichnet der Begriff Daten sowohl elektronische als auch physische Daten. **1.5 Cyber-Spionage/Verstöße gegen Geheimhaltungspflichten** Der Versicherer gewährt den Versicherten Versicherungsschutz für die Verletzung von Geheimhaltungs- oder Schweigepflichten sowie Vereinbarungen über Datenvertraulichkeit durch die Versicherten.

Anbieter	
MARKEL	**1.6 Vertragsstrafen bei Verletzung von Geheimhaltungspflichten und Datenvertraulichkeitserklärungen** Der Versicherer gewährt den Versicherten Versicherungsschutz für Vertragsstrafen bei der Verletzung von Geheimhaltungs- oder Schweigepflichten sowie Vereinbarungen über Datenvertraulichkeit. **1.7 Verstöße gegen Namens- und Persönlichkeitsrechte** Der Versicherer gewährt den Versicherten Versicherungsschutz für die Verletzung von Namens- und Persönlichkeitsrechten sowie daraus entstehende immaterielle Vermögensschäden. **1.8 Verstöße durch Werbung und Marketing** Der Versicherer gewährt den Versicherten für Rechtsverletzungen durch Werbung und Marketing Versicherungsschutz, insbesondere Marken-, Urheber-, Lizenz- und Domainrechte, wenn im Zusammenhang mit Veröffentlichungen zu Werbe- und Marketingzwecken für die Produkte oder die Dienstleistungen der Versicherten Rechte Dritter verletzt werden. **A.7 Cyber-Prävention (Online-Präventionsplattform von Perseus)** In Kooperation mit Perseus stellt der Versicherer nachfolgende Trainings und Präventionsmaßnahmen zu Daten- und Cyber-Sicherheit zur Verfügung: ■ Online-Training für Cybersicherheit und Datenschutz für eine unbegrenzte Anzahl von Mitarbeitern; ■ Laufende Phishing-Test; ■ Online-Konto-Check; ■ E-Mail-Scanner; ■ Systemische und gezielte Aktivierung der Mitarbeiter zur Nutzung der Tools; ■ Angriffsalarm; ■ Reportingbereich mit Online-Training-Statistik und Cyber-Sicherheits-Scores; ■ Checkliste zum Verhalten im Cyber-Fall; ■ Passwort-Generator; ■ Browser-Check. Der Zugang zu den Trainings- und Präventionsmaßnahmen zu Daten- und Cyber-Sicherheit erfolgt per Einladung an die bei Antragstellung genannte E-Mail-Adresse der im Unternehmen zuständigen Person.

Anbieter	
TOKIO MARINE KILN	**TMK ProTEC** **Präambel** Die Deckung unter dieser Police erfolgt auf „Claims-Made-&-Reported-Basis" (Prinzip der Erhebung und Anzeige von Ansprüchen gegen die Versicherten). Dies bedeutet, dass nur Ansprüche, die erstmals gegen den Versicherten während der Policenlaufzeit bzw. des Retroactive Date (Rückwirkungsdatum) geltend gemacht und dem Versicherer während der Policenlaufzeit oder der Automatischen Nachmeldefrist (60 Tage) oder der optionalen verlängerten Nachmeldefrist angezeigt wurden unter diese Deckung fallen. **Abschnitt I. Gegenstand der Versicherung** **A. Eigenschäden** **Deckungsbaustein I.: Betriebsunterbrechung** Der Versicherer gewährt den versicherten Unternehmen Versicherungsschutz für Betriebsunterbrechungsschäden, welche während der versicherten Haftzeit entstanden sind, sofern diese direkt als Folge der vollständigen oder teilweisen Unterbrechung oder Verschlechterung der Dienste des Computersystems der versicherten Unternehmen aufgrund einer Netzwerksicherheitsverletzung oder eines Stromversorgungsfehlers verursacht wurden. Vom Versicherungsschutz mitumfasst sind IT-Forensik-Kosten aufgrund einer Netzwerksicherheitsverletzung oder eines Stromversorgungsfehlers und soweit der Versicherer dem schriftlich vor Beauftragung des IT-Forensikers zugestimmt hat. Es kommt die im Versicherungsschein dokumentierte Wartefrist und der Selbstbehalt zur Anwendung. **Deckungsbaustein II.: Datenwiederherstellungskosten** Der Versicherer gewährt den versicherten Unternehmen Versicherungsschutz für die Kosten und den Wiederherstellungsaufwand an den digitalen Daten und Software der versicherten Unternehmen, wenn diese Daten und Software in Folge einer Netzwerksicherheitsverletzung beschädigt worden sind. Es kommt der im Versicherungsschein dokumentierte Selbstbehalt zur Anwendung. **Deckungsbaustein III.: „Breach-Response"-Aufwendungen** Der Versicherer gewährt den versicherten Unternehmen Versicherungsschutz für IT-Forensik-Kosten und Breach-Response-Kosten, welche aufgrund einer Netzwerksicherheitsverletzung oder einer Datenschutzverletzung notwendig geworden sind. Es kommt der im Versicherungsschein dokumentierte Selbstbehalt zur Anwendung.

Anbieter	
TOKIO MARINE KILN	**Deckungsbaustein IV.: Industriespionage/Diebstahl von Betriebsgeheimnissen** Der Versicherer gewährt den versicherten Unternehmen Versicherungsschutz für Vermögensschäden, welche diese aufgrund eines Diebstahls von Betriebsgeheimnissen durch einen Netzwerksicherheitsvorfall erleiden. Es kommt der im Versicherungsschein dokumentierte Selbstbehalt zur Anwendung. **Deckungsbaustein V.: Reputationsverlust und Krisenmanagementkosten** Der Versicherer gewährt den Versicherten Versicherungsschutz für Ertragsausfallschäden und Krisenmanagementkosten aufgrund negativer Berichterstattung in den Medien, welche auf einen Netzwerksicherheitsvorfall oder einer Datenschutzverletzung bei einem versicherten Unternehmen beruhen. Es kommt der im Versicherungsschein dokumentierte Selbstbehalt zur Anwendung. **Deckungsbaustein VI.: Cyber-Erpressung** Der Versicherer gewährt den Versicherten nach vorheriger schriftlicher Zustimmung durch den Versicherer Versicherungsschutz für Erpressungskosten und Erpressungszahlung infolge einer glaubhaften Bedrohung gegen die Versicherten im Falle einer Cyber-Erpressung. Es kommt der im Versicherungsschein vereinbarte Selbstbehalt zur Anwendung. **Deckungsbaustein VII.: Cyber-Terror** Der Versicherer gewährt den versicherten Unternehmen Versicherungsschutz für Betriebsunterbrechungsschäden, welche während der versicherten Haftzeit entstanden sind, sofern diese direkt als Folge der vollständigen oder teilweisen Unterbrechung oder Verschlechterung der Dienste des Computersystems der versicherten Unternehmen aufgrund einer direkten terroristischen Handlung verursacht wurden. Es kommt die im Versicherungsschein dokumentierte Wartefrist zur Anwendung. **B. Drittschäden** **Deckungsbaustein VIII.: Cyber-Haftpflicht** Der Versicherer gewährt Versicherungsschutz für den Fall, dass von einem Dritten innerhalb der jeweiligen Versicherungsperiode gegen einen Versicherten ein Anspruch auf Erstattung eines Vermögensschadens geltend gemacht wird,

<table>
<tr><th>Anbieter</th><th></th></tr>
<tr><td>TOKIO MARINE KILN</td><td>sofern dieser Anspruch auf einer vermeintlichen oder tatsächlichen Netzwerksicherheitsverletzung oder Datenschutzverletzung an den Computersystemen der Versicherten gestützt wird.

Es kommt der im Versicherungsschein dokumentierte Selbstbehalt zur Anwendung.

Deckungsbaustein IX.: Behördliche Datenschutzverfahren

Der Versicherer gewährt den Versicherten im Falle eines behördlichen Datenschutzverfahrens Versicherungsschutz für:
■ Abwehrkosten,
■ Bußgelder,
■ Sicherheitsleistungen.

Es kommt der im Versicherungsschein vereinbarte Selbstbehalt zur Anwendung.

Deckungsbaustein X.: Multimedia Haftpflicht

Der Versicherer gewährt Versicherungsschutz für den Fall, dass von einem Dritten gegen einen Versicherten ein Anspruch auf Erstattung eines Vermögensschadens geltend gemacht wird, sofern dieser Anspruch auf einen vermeintlichen oder tatsächlichen Multimedia-Verstoß gestützt wird.

Deckungsbaustein XI.: PCI-Bußgelder und Vertragsstrafen

Der Versicherer gewährt den Versicherten Versicherungsschutz für Vertragsstrafen oder Bußgelder, welche auf Nichteinhaltung von Payment-Card-Industry Data Security Standards (PCI-Vertragsstrafen/PCI-Bußgelder) durch den Versicherten beruhen und die Versicherten hierfür rechtlich haftbar sind.</td></tr>
<tr><td>Württembergische</td><td>Cyber Police CPW 11/2019

Nach Abschnitt A Zielrichtung des Versicherungsschutzes der Bedingungen zur Cyber-Police (CPW 11/2019) wird nach Ziffer 1 Versicherungsschutz für Schäden auf Basis des unter Abschnitt B näher beschriebenen Deckungsumfanges für

1. Haftpflichtansprüche

2. Eigenschäden

geboten,

die der im Versicherungsschein genannte Versicherungsnehmer, die mitversicherten Unternehmen (Tochtergesellschaften) oder Dritte durch eine Verletzung der Informationssicherheit des Versicherungsnehmers und/oder der mitversicherten Unternehmen (beide im Weiteren als Versicherte bezeichnet) erfährt.

Eine Informationssicherheitsverletzung im Sinne des Vertrages liegt vor bei</td></tr>
</table>

Anbieter	
Württem-bergische	**2.1 einer Netzwerksicherheitsverletzung durch** ■ eine Übermittlung von Schadsoftware/Malware mit dem Ziel, die auf den IT-Systemen der Versicherten befindlichen Daten oder Programme zu löschen oder zu verändern oder die Vertraulichkeit, Integrität oder Verfügbarkeit von Daten; Anwendungen; Betriebssystemen oder IT-Systemen zu stören. Dazu zählen z. B. Viren, Würmer sowie Trojaner; ■ einen Angriff, der auf ein IT-System, wichtige IT-Dienste oder Netzwerke der Versicherten erfolgt, um deren Betrieb zu verzögern oder zu unterbrechen; (Denial-of-Service-Angriff) ■ eine unberechtigte Verhinderung des autorisierten Zugangs Dritter zu ihren Daten; ■ eine unberechtigte Aneignung von Authentifizierungsinformationen (Zugangscodes, Passwörter) der Versicherten oder mitversicherter Personen; ■ eine Verletzung der Netzwerksicherheit des IT-Systems der Versicherten im Sinne von § 303b StGB (Computersabotage); ■ eine unberechtigte Veränderung oder Löschung von in IT-Systemen der Versicherten gespeicherten Daten; ■ einen Diebstahl von IT-Systemen der Versicherten durch Dritte oder deren Verlust. Als Diebstahl oder Verlust gilt nicht eine Beschlagnahme, Konfiszierung, Enteignung, Verstaatlichung oder eine Zerstörung von IT-Systemen auf behördliche Anordnung; ■ eine unberechtigte Veröffentlichung oder Weitergabe von Daten Dritter durch mitversicherte Personen. IT-Systeme der Versicherten sind informationsverarbeitende Systeme, die Versicherte oder mitversicherte Personen zur Ausübung ihrer betrieblichen oder beruflichen Tätigkeit nutzen.
	2.2 einer Datenschutzverletzung. Dies ist jede Verletzung anwendbarer datenschutzrechtlicher Bestimmungen, wie beispielsweise des Bundesdatenschutzgesetzes (BDSG), EU-Datenschutz-Grundverordnung (EU-DSGVO) oder vergleichbarer inländischer oder ausländischer Rechtsnormen. **2.3 einer Datenvertraulichkeitsverletzung.** Dies ist eine Verletzung der Vertraulichkeit von Daten Dritter durch die Versicherten, sofern die Daten diesen in elektronischer Form zur Verfügung gestellt werden und sich im Verfügungsbereich der Versicherten befinden. Voraussetzung ist, dass Versicherte gegen schriftlich vereinbarte Geheimhaltungspflichten bezüglich geschäftlicher Informationen verstoßen. Keine Vertraulichkeitsverletzung liegt vor, wenn es sich um Tatsachen handelt, die offenkundig sind oder ihrer Bedeutung nach offensichtlich keiner Geheimhaltung bedürfen.

Anbieter	
ZURICH	**Zurich Cyber & Data Protection** **Zurich CDP 2013** Der Versicherungsfall wird unter Ziffer **I. Gegenstand der Versicherung** wie folgt definiert: Der Versicherer gewährt der Versicherungsnehmerin, deren Tochtergesellschaften und den versicherten Personen Versicherungsschutz für **Ziffer 1 Kosten aufgrund der Verletzung der Vertraulichkeit oder des Datenschutzes*** Kosten, die unmittelbar aufgrund einer Verletzung der Vertraulichkeit oder des Datenschutzes entstehen, sofern diese sich erstmals während der Versicherungsperiode ereignet und während der Versicherungsperiode dem Versicherer gemeldet wird. **Ziffer 2 Aufwendungen für den Ersatz von computergespeicherten Daten und Programmen** Aufwendungen für den Ersatz von computergespeicherten Daten und Programmen, die unmittelbar aufgrund eines Sicherheitsvorfalles* entstehen, sofern dieser sich erstmals während der Versicherungsperiode ereignet und während der Versicherungsperiode dem Versicherer gemeldet wird....
	Ziffer 3 Haftpflicht im Zusammenhang mit IT-Sicherheit, Datenschutz und Vertraulichkeit für den Fall, dass sie erstmals während der Versicherungsperiode oder einer Nachhaftungsfrist wegen einer Pflichtverletzung aufgrund von gesetzlichen Haftpflichtbestimmungen auf Ersatz von Vermögenseinbußen in Anspruch genommen werden und der Anspruch dem Versicherer während der Versicherungsperiode oder einer Nachhaftungsfrist gemeldet wird. ■ Versicherungsschutz besteht nur für Pflichtverletzungen, die sich am oder nach einem vereinbarten Rückwirkungsdatum und vor dem Ende der Versicherungsperiode ereignen. ■ Verteidigungsaufwendungen, die aufgrund der Reaktion auf ein behördliches oder gerichtliches Verfahren entstehen, das erstmals während der Versicherungsperiode oder einer Nachhaftungsfrist eingeleitet oder gemeldet wird. ■ Versicherungsschutz besteht nur für behördliche oder gerichtliche Verfahren wegen einer Pflichtverletzung oder einer Verletzung der Vertraulichkeit oder des Datenschutzes, sofern sich die *Pflichtverletzung bzw. Vertraulichkeits- oder Datenschutzverletzung am oder nach einem vereinbarten Rückwirkungsdatum und vor dem Ende der Versicherungsperiode ereignet.

Anbieter	
ZURICH	**Ziffer 4 Betriebliche Ertragseinbußen, mittelbare betriebliche Ertragseinbußen und Sonderaufwendungen** Betriebliche Ertragseinbußen, mittelbare betriebliche Ertragseinbußen und Sonderaufwendungen, die während des Wiederherstellungszeitraums aufgrund einer durch einen Sicherheitsvorfall ausgelösten Betriebsunterbrechung entstehen, sofern sich der *Sicherheitsvorfall und die Betriebsunterbrechung erstmals während der Versicherungsperiode ereignen und der Sicherheitsvorfall während der Versicherungsperiode dem Versicherer gemeldet wird. **Ziffer 5 Cyberbezogene Erpressungsdrohungen und Belohnungszahlungen** ■ Erpressensbedingte Aufwendungen und erpressungsbedingte Zahlungen, die die Versicherungsnehmerin als unmittelbare Folge einer cyberbezogenen Erpressungsdrohung aufwendet; ■ Belohnungszahlungen, die die Versicherungsnehmerin an Personen oder andere Institutionen entrichtet,... **VIII. Definitionen**. *Nach Ziffer 24 gilt als Sicherheitsvorfall der unbefugte Zugang zum Computersystem der Versicherungsnehmerin, der unbefugte Gebrauch des Computersystems der Versicherungsnehmerin, die Verbreitung schädlicher Codes im Computersystem der Versicherungsnehmerin oder die Ausführung eines Denial of Service-Angriffes gegen das Computersystem der Versicherungsnehmerin, mit der Folge a) einer Betriebsunterbrechung oder b) einer Veränderung, Beschädigung oder Zerstörung von computergespeicherten Daten und Programmen oder anderer geschäftlich relevanter Informationen, die von der Versicherungsnehmerin oder den Tochtergesellschaften aufbewahrt, verwaltet oder kontrolliert werden und die aufgrund einer Geheimhaltungsvereinbarung oder eines ähnlichen Vertrages als vertraulich gelten. *Nach Ziffer 19 gilt als Pflichtverletzung eine Pflichtverletzung in Bezug auf die IT-Sicherheit oder eine datenbezogene Pflichtverletzung. Als Pflichtverletzung in Bezug auf IT-Sicherheit (Ziffer 20) gilt jede tatsächliche oder behauptete Handlung oder Unterlassung einer versicherten Person oder eines Dritten, dessen Verhalten die Versicherungsnehmerin sich zurechnen lassen muss, oder eines Service Providers, die zu einer Verletzung der IT-Sicherheit führt, mit der Folge a) des Diebstahls, der Veränderung oder Zerstörung von auf dem Computersystem der Versicherungsnehmerin gespeicherten elektronischen Daten; b) des unbefugten Zugangs oder unbefugten Gebrauchs des Computersystems der Versicherungsnehmerin,

Anbieter	
ZURICH	c) der Verweigerung des Zugangs eines autorisierten Nutzers zum Computersystem der Versicherungsnehmerin, wenn die Zugangsverweigerung nicht durch ein mechanisches oder elektrisches Versagen außerhalb der Kontrollmöglichkeiten der Versicherungsnehmerin und der Tochtergesellschaften verursacht wurde, d) der Beteiligung des Computersystems der Versicherungsnehmerin an einem Denial of Service-Angriff, der gegen das Computersystem von Dritten geführt wird, e) der Übertragung von schädlichem Code vom Computersystem der Versicherungsnehmerin aus das Computersystem eines Dritten.

18 Ergebnisse der DVS-Cyber-Umfrage im März 2016

Dargestellt werden nachfolgend einige Ergebnisse einer anonymen Umfrage unter 140 DVS-Mitgliedern und Teilnehmern (VN) der „4. DVS-Veranstaltung Fokus Cyber-Versicherung und Financial Lines" vom 19.04.2016 in Köln. Zuvor wurden die Teilnehmer im Zeitraum 09. – 24.03.2016 befragt, die Rücklaufquote betrug knapp 50 %.

War Ihr Unternehmen in den letzten zwölf Monaten Ziel eines Cyber-Angriffs?

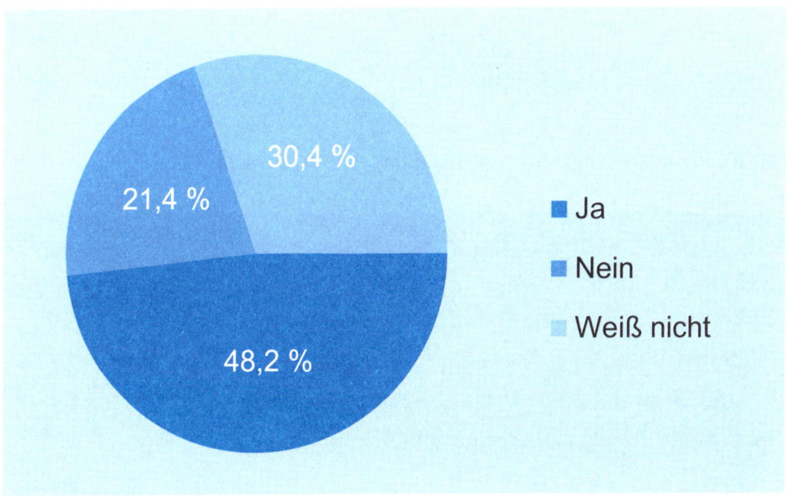

Gehören Sie laut IT-Sicherheitsgesetz zu den meldepflichtigen Unternehmen?

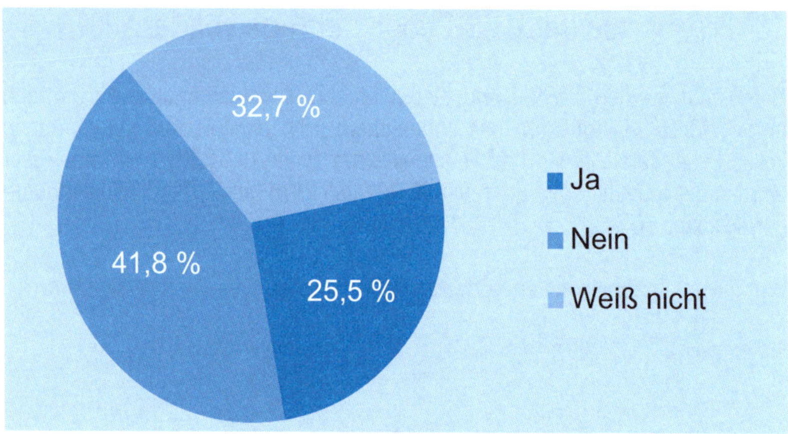

Haben Sie bereits eine Cyber-Versicherung abgeschlossen?

Antwort	In %
Nein, noch nicht, wir prüfen aber, ob dies nötig ist	66,1
Cyber-Risiken sind bei uns über die bestehenden Policen gedeckt	16,1
Ja, über eine eigenständige Cyber-Deckung	12,5
Nein, wir werden aber in jedem Fall eine Deckung abschließen	3,6
Nein, wir werden auch in keinem Fall eine Deckung einkaufen	1,8

Wenn Sie eine separate Cyber-Police abgeschlossen haben, nennen Sie bitte die Gründe.

Antwort	In %
Eigenschadenrisiko (Ertragsausfall-/Mehrkostenrisiken)	84,6
Haftungsrisiken Drittschaden	76,9
IT-Forensik	61,5
Reputation	30,8
Sonstige	7,7

(Mehrfachnennungen waren möglich)

Dabei empfanden mehr als 75 % der Befragten den administrativen Aufwand beim Einholen der Angebote bzw. zum Abschluss der Versicherung als hoch bis sehr hoch.

Aus welchen Gründen haben Sie keine Cyber-Versicherung abgeschlossen bzw. werden keine abschließen?

Antwort	**In %**
Preis	8,3
Unzureichende Kapazitäten	8,3
Unzureichender Deckungsumfang Drittschaden	8,3
Unzureichender Deckungsumfang Eigenschaden	13,9
Deckung ist über unsere bestehenden Policen gegeben	38,9
Sonstiges (keine Notwendigkeit, andere Prioritäten, Reputation nicht absicherbar, Prävention hat Vorrang, kein passendes Deckungskonzept, Zeitmangel, eigene IT mauert, Risikoermittlung läuft noch, uneinheitlicher Markt, mangelnde Vergleichbarkeit USW.)	63,9

(Mehrfachnennungen waren möglich)

Haben Sie Ihr Risikomanagement in den letzten 24 Monaten angepasst, um der Bedrohungslage durch Cyber-Risiken Rechnung zu tragen?

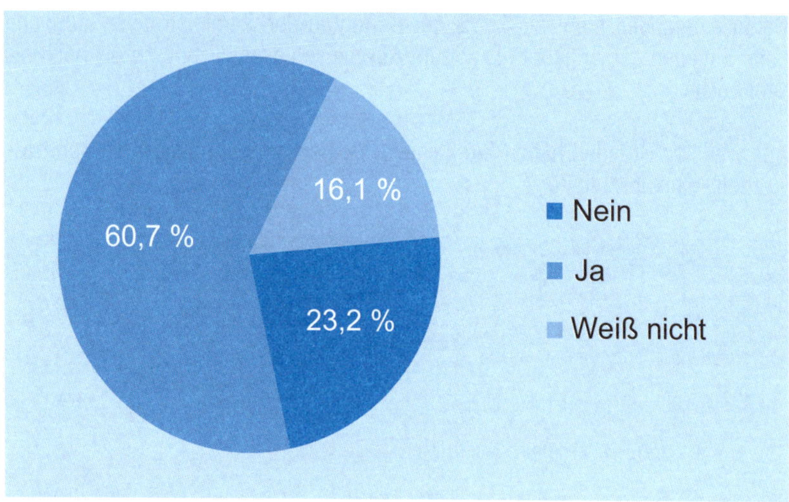

Nehmen Sie Beratungen von externen Dienstleistern in Bezug auf Cyber-Security in Anspruch?

Antwort	In %
Ja, über Versicherer und/oder Makler	37,0
Ja, über spezielle Security-Dienstleister/-Berater	25,9
Wir denken darüber nach, externe Berater hinzuzuziehen	14,8
Nein	27,8

(Mehrfachnennungen waren möglich)

19 Ergebnisse der GVNW-Cyber-Umfrage im Februar 2018

Die zweite GVNW-Umfrage basiert auf der Ansprache von Mitgliedsunternehmen unterschiedlicher Größe im Vorfeld der 6. GVNW Fachtagung Cyber und Financial Lines am 14. März 2018 in Köln.

Basierend auf 111 Antworten, die im Januar und Februar 2018 gegeben wurden, konnten aussagekräftige Aussagen zu den Themen Cyber-Risiken und Cyber-Versicherung ermittelt werden:

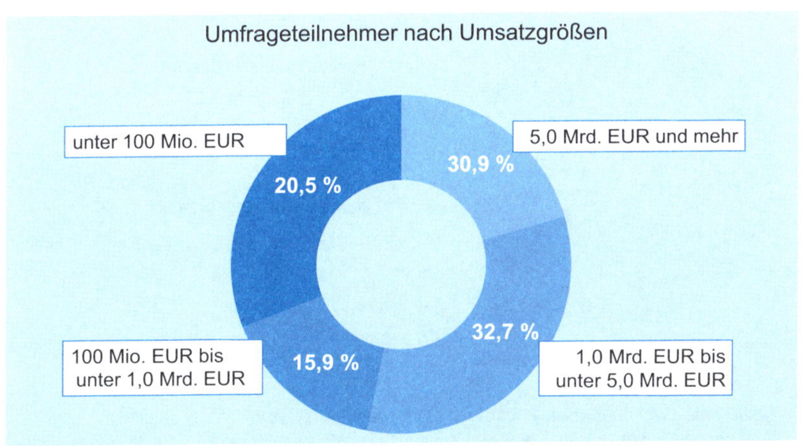

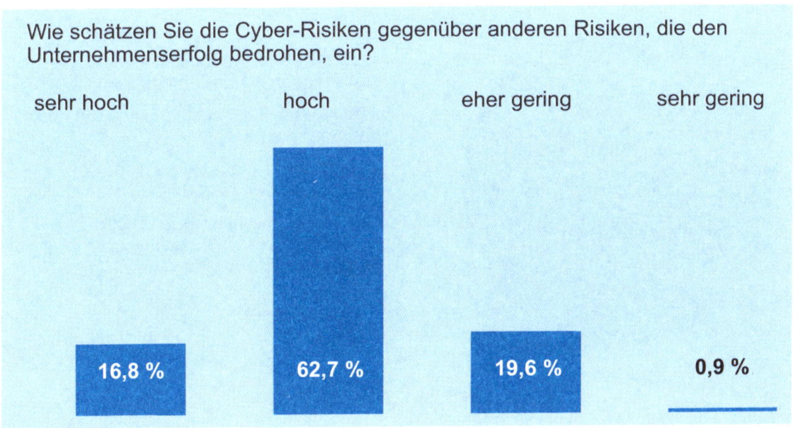

Wie schätzen Sie die Cyber-Risiken gegenüber anderen Risiken, die den Unternehmenserfolg bedrohen, ein?

- „Sehr hoch. Trotz erhöhter awareness und Budgets für Sicherheit. Erinnert an ein Hase/Igel-Rennen."
- „Hoch, Tendenz steigend."
- „Eigentlich ein mittleres Risiko, da wir nicht mit Endkundendaten arbeiten."
- „Eher gering. Elementargefahren stellen ein höheres Schadenpotenzial dar."

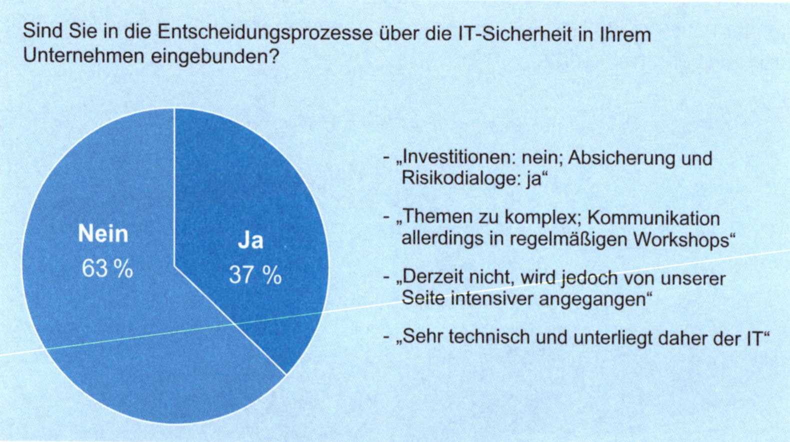

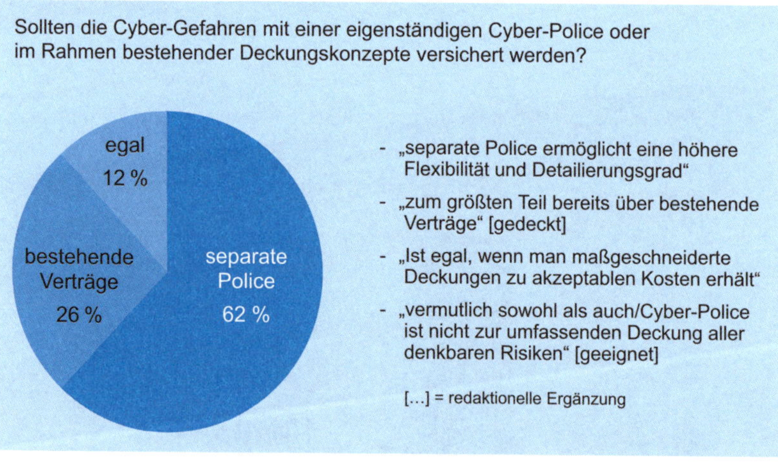

Welchen Prioritätsgrad ordnen Sie den nachfolgenden Deckungselementen zur **Drittschaden-Versicherung** zu? (Zahlenangaben in %)

	Sehr wichtig	Wichtig	Weniger wichtig	unwichtig
ausreichende Summen bzw. Sublimits	59,0	38,0	3,0	0,0
Versicherung der gesetzlichen Haftung	50,5	43,9	5,6	0,0
Versicherung vertraglicher Haftung (Erfüllung)	37,4	48,6	13,0	1,0
Vorgezogene Rettungskosten	24,1	43,5	28,7	3,7
Versicherung von Vertragsstrafen	19,4	37,0	34,3	9,3

Welchen Prioritätsgrad ordnen Sie den nachfolgenden Deckungselementen zur **Eigenschaden-Versicherung** zu? (alle Zahlenangaben in %)

	Sehr wichtig	Wichtig	Weniger wichtig	unwichtig
Ausreichende Summen bzw. Sublimits	61,3	33,0	5,7	0,0
Ertragsausfälle (insbesondere BU)	55,1	33,6	11,3	0,0
Schäden durch Infiltration der IT-Systeme von Kunden und Zulieferern	40,2	38,3	20,6	0,9
Versicherung von Kostenpositionen (IT-Forensik, Benachrichtigung Dritter usw.)	43,0	43,9	13,1	0,0
Kapitalabflüsse durch kriminelle Handlungen Dritter oder durch Mitarbeiter	32,7	42,1	23,4	1,9
Vorgezogene Rettungskosten	26,7	45,7	24,8	2,8

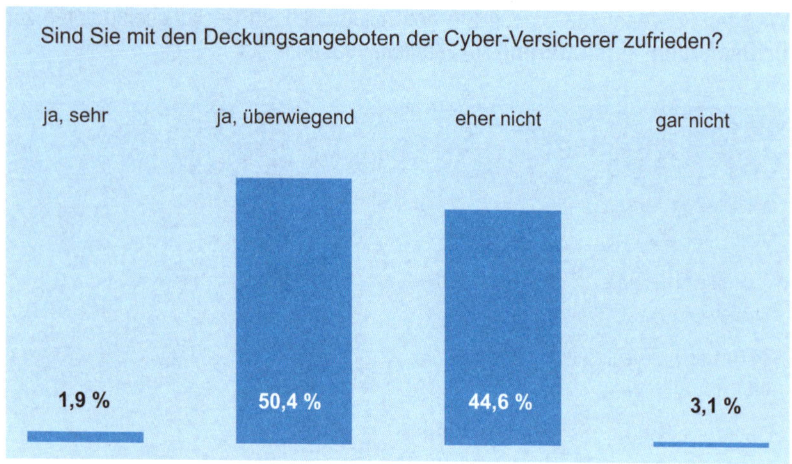

Sind Sie mit den Deckungsangeboten der Cyber-Versicherer zufrieden?

wenig Lob:

- Versicherungsangebote sind attraktiv, schwierig ist der Prozess der Eindeckung

viel Kritik:

- produktorientiert – nicht lösungsorientiert,
- zu pauschal, zu unübersichtlich, intransparent,
- kein Schadenersatz für BU/Bandstillstand beim Kunden,
- Deckungssummen sind ausbaufähig,
- EU-DSGVO-Strafzahlungen nicht versichert,
- Umweltschäden sind kaum abzusichern,
- endlose Prüfung der Einhaltung von Sanktionsklauseln.

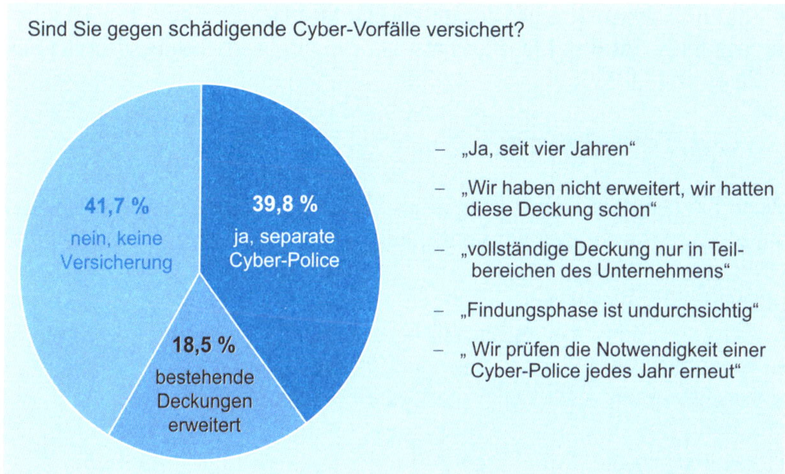

Gründe, weswegen eine Cyber-Versicherung bisher nicht in Betracht kam und vorerst auch nicht in Betracht gezogen wird (Mehrfachantworten möglich)

Risikoanalyse/-bewertung noch nicht abgeschlossen	65,5 %
Auflagen und Sanktionen wg. Vertragspflichtverletzungen	19,0 %
Keine risikoadäquate Deckung	17,3 %
Prämie unverhältnismäßig hoch	17,2 %
ausreichendes Sicherheitskonzept	13,8 %
Abschluss einer Cyber-Police zu aufwendig	12,1 %
geringer Gefährdungsgrad	3,4 %
sonstige Gründe	15,5 %

Eine Cyber-Versicherung kam/kommt nicht in Betracht, weil („sonstige Gründe“)

- „wir uns zuvor noch nicht intensiv mit den Gefahren und möglichen Deckungen befasst haben“
- „Ausschnittdeckungen noch nicht separat angeboten werden“
- „keine katastrophalen Risiken aufgrund von voneinander unabhängig operierender Geschäftsbereiche“ [existieren]

- „das Risikobewusstsein in der Entscheidungsebene nicht sehr ausgeprägt ist"
- „aus Sicht des Risk Managements das Ziel eine Versicherungsdeckung des Restrisikos" [ist]

[...] = redaktionelle Ergänzungen

Wenn Sie bereits die Abwicklung eines versicherten Cyber-Schadens begleitet haben, waren Sie mit der Regulierung zufrieden?

Die häufigsten Anmerkungen:
- es ist noch kein Cyber-Schaden eingetreten,
- wir hatten bisher keinen versicherten Cyberschaden,
- bislang in keine Abwicklung eines Cyber-Schadens involviert.

Einzelne Stimmen:
- reine Kostenpositionen, Forensik-Kosten, sind gut zu regulieren,
- nur Erfahrung mit nicht versicherten Schäden.